디지털 교육의 이해

UNDERSTANDING OF DIGITAL EDUCATION

정제영 · 계보경 · 김갑수 · 박보람 · 박휴용
전우천 · 정영식 · 조헌국 · 최숙영 · 하민수

머리말

 디지털 대전환(digital transformation)과 인공지능(artificial intelligence) 기술의 발전이 비약적으로 이루어지면서 우리의 삶을 바꾸고 있다. 기술의 변화가 사회적 변화를 선도하는 상황이 벌어지고 있는 것이다. 교육분야에서도 많은 변화가 예상되고 있다.

 디지털 대전환과 인공지능 기술의 비약적 발전은 우리의 일상과 사회 구조에 근본적인 변화를 가져오고 있다. 이러한 변화의 소용돌이 속에서, 교육 분야는 특히 중요한 변혁의 기로에 서 있다. 기술의 진보가 교육의 전달 방식, 학습의 접근성, 그리고 교육의 내용 자체를 재정의하고 있기 때문이다.

 저자들은 "디지털 교육의 이해"라는 책을 통해, 예비 교원 및 현직 교원들에게 디지털 기술이 교육에 가져오는 혁신적 변화를 소개하고자 한다. 이 책은 디지털 교육의 기초 개념부터 최신 기술의 적용 사례까지, 교육의 디지털 대전환을 체계적으로 이해하는 데 필요한 지식으로 구성되었다. 디지털 시대의 교육자와 학습자로서 필요한 역량을 개발하고, 변화하는 세계에서 성공적으로 학습하고 가르치기 위한 전략을 모색하고자 한다. 이 책은 디지털 교육 관련 지식을 13개의 주제로 나누어 국내 최고의 전문가들이 집필에 참여하였다.

 1장(정제영) "AI·디지털 대전환 시대의 미래교육"에서는 학교교육의 문제점에 대해 성찰해보고 그 결과를 바탕으로 대량교육체제를 개인별 맞춤형 교육으로 전환하는 방향에 대해 고찰해 본다. AI와 디지털 기술이 교육의 미래를 어떻게 형성할 수 있는지에 대한 전망을 제시하였다. 이 장에서는 기술이 학습 경험을 개인화하고 접근성을 향상시키는 방법을 탐구한다.

2장(조헌국) "AI·디지털 교육정책의 이해"에서는 세계적인 인공지능 및 디지털 역량과 관련된 교육정책과 방향에 대해 알아보고, 우리나라에서 추진되는 여러 정책이나 방향에 대해 함께 살펴보고자 한다. 이러한 흐름에 따라 나타나게 될 우리나라 교육현장의 변화와 이에 따라 필요로 하는 교사의 역할에 대해 함께 고민하며 논의한다.

3장(김갑수) "모두를 위한 AI·디지털 리터러시"에서는 모두를 위한 AI와 디지털 리터러시들에 대한 사례들을 소개한다. 디지털 정보 격차를 기반으로 일반인, 고령층, 저소득층, 농어민 측면에서 필요성을 설명하고, AI·디지털 리터러시 핵심 역량으로 접근, 이해, 활용 등을 간단히 설명한다. 미국과 EU 국가의 모두를 위한 전략을 간단히 소개한다.

4장(전우천) "교육 현장을 위한 AI디지털 리터러시"에서는 학교 현장의 AI 및 디지털 리터러시를 소개한다. 기본적으로 학교현장에서 필요한 리터러시를 인공지능 리터러시, 알고리즘 리터러시, 프로그래밍 리터러시, 데이터 리터러시 및 인공지능윤리 리터러시 등 5분야로 구분하였다. 각 리터러시의 핵심 주제와 내용을 소개하였으며, 내용 수준은 학년과 학생 수준에 따라 설정하도록 하였다.

5장(박보람) "AI·디지털 안전하게 이용하기"에서는 AI와 디지털 기술의 윤리적 사용에 대한 중요성을 강조한다. 먼저, 윤리적 원칙에 초점을 맞추며, AI 기술이 특히 교육 분야에서 윤리적, 사회적, 문화적 측면에서 어떻게 긍정적인 영향을 미칠 수 있는지 탐구한다. 또한, 기술적, 법적, 윤리적, 사회적 측면에서 AI 기술에서 발생할 수 있는 사고의 책임과 책무를 고려해야 한다고 주장하며, 이러한 문제에 대한 명확한 해결책 마련의 중요성을 강조한다.

6장(박보람) "교육 현장을 위한 AI·디지털 윤리"에서는 교육 분야에서 AI의 윤리적 사용에 초점을 맞춘다. 디지털 시대의 교육에 AI를 적용하면서 데이터 보호, 공정성, 투명성, 공공의 이익과 같은 윤리적 고려의 중요성을 강조한다. 2022년 교육부가 제안한 AI 윤리 원칙은 인간 중심의 AI 구현, 인간 존엄성의 존중, 교육적 가치의 충실한 실현을 목표로 한다. 이는 AI가 교육 분야에서 긍정적인 영향을 미칠 수 있도록 지향하며, 교육당사자들이 AI를 윤리적으로 개발하고 활용할 수 있도록 지원하는 자율 규범의 역할을 수행하고, 교육 현장에서 AI의 안전한 활용을 위한 사회적 논의와 학계 연구를 촉진한다.

7장(정영식) "에듀테크의 이해와 실제"에서는 디지털 전환 시대에 접어들면서 교육 분야에서 활발하게 사용되고 있는 에듀테크의 개념과 역사, 특징을 이해하고, 에듀테크의 운영 사례를 교육 콘텐츠 서비스, 교육 활동 서비스, 교육 지원 서비스, 교육 플랫폼 서비스 등 네 가지로 구분하여 구체적으로 살펴볼 수 있다.

8장(최숙영) "AI 교육의 이해와 실제"에서는 AI 개념과 AI 교육의 분류 및 교육 사례에 대한 내용을 소개한다. AI 교육은 내용교육, 활용교육, 융합교육으로 분류하여 살펴본다. 그리고 국내외 초중고에서 이루어지고 있는 AI 교육의 주요 핵심 주제와 AI가 교수학습을 지원하는 다양한 형태, AI 학습요소와 학습활동, 학습도구에 따른 AI 융합교육의 형태를 살펴본다. 또한 AI 교육의 실제 사례를 특징에 따라 분류하고 몇 가지 유형으로 나누어 소개한다.

9장(최숙영) "생성형 AI와 교육"에서는 생성형 AI의 원리와 교육에서의 활용 유형 및 활용에 따른 쟁점 등을 소개한다. 교육 현장에서 생성형 AI를 활용할 수 있는 분야로 수업설계, 교육 콘텐츠 제작, 학습자의 주도적인 학습유도, 맞춤형 학습, 튜터링 및 피드백, 진로 상담 및 교사 업무 지원 등을 구분하여 살펴본다. 또한 생성형 AI의 활용에 따른 쟁점 및 고려사항을 소개하고, 생성형 AI와 미래 교육의 방향에 대해 논의한다.

10장(계보경) "AI 디지털교과서의 이해"에서는 학교의 디지털 전환과 맞춤형 학습 체제 도입을 위해 2025년부터 도입되는 AI 디지털교과서의 개념과 특징을 이해하고 AI 기술을 적용한 개발 방향과 주요 기능, 검정 심사 체제에 대해 살펴본다. 아울러 새로운 AI 디지털교과서 체제에서 변화되는 교육주체의 역할에 대해 논의한다.

11장(하민수) "학습데이터의 이해"에서는 교육 현장에서 생성되는 학습데이터의 종류를 이해하고, 설문, 평가 활동, 교실 내 교육 활동 등을 통해 학습 데이터가 수집되는 과정을 학습한다. 또한 수집된 학습데이터를 통계적으로 분석하는 방법을 기초 통계와 고급 통계로 구분하여 학습한다.

12장(하민수) "학습데이터 활용의 실제"에서는 교육 평가, 설문, 교육 활동을 통해 수집된 학습데이터를 분석하여 활용하는 실제 사례를 소개한다. 총괄평가 결과를 활용하여 문항타당도를 확인하는 실제 사례, 직업 가치관 설문 자료를 활용하여 학생 진로 유형을 분석하는 실제 사례, 종단 데이터를 활용하여 학생의 학습 궤적을 확인하는 실제 사례를 통해 학습데이터가 어떻게 효과적으로 활용되는지를 이해한다.

13장(박휴용) "AI·디지털 교육의 미래"에서는 AI 시대를 맞아 미래 교수학습의 성격과 학교교육의 변화의 방향을 소개한다. 이를 위해 기술기반 사회에서의 학교교육의 변화, 메타버스의 등장에 따른 학습의 성격 변화, 그리고 미래의 교육과 학교의 역할 변화에 대해 논의한다.

우리는 디지털 기술이 교육의 현장에서 어떻게 통합되고 있는지, 그리고 이러한 기술이 교육 방법론, 교육 내용, 학습자와 교육자의 상호작용에 어떤 신규 동향을 가져오고 있는지에 대해 논의하고자 하였다. 우리는 인공지능, 빅데이터, 클라우드 컴퓨팅, 가상 및 증강 현실과 같은 기술이 교육에 혁명적인 변화를 가져올 수 있는 잠재력을 가지고 있다는 것을 인식해야 한다. 이러한 기술은 교육의 질을 향상시키고, 학습 경험을 개인화하며, 교육의 접근성을 넓히는 데 중요한 역할을 할 수 있을 것으로 기대한다.

예비 교원으로서, 또는 현직 교원으로서 독자들은 변화하는 교육 환경에서 핵심적인 역할을 수행하게 될 것이다. 미래의 학습자들에게 지식을 전달하는 것뿐만 아니라, 그들이 디지털 시대의 복잡한 문제를 해결하고, 새로운 기술을 효과적으로 활용할 수 있도록 준비시켜야 한다. 이 책은 디지털 교육의 기본 원리부터 시작해, 실제 교실에서 디지털 기술을 효과적으로 통합하는 전략, 그리고 교원들이 자신의 교수 활동에 이 기술을 어떻게 적용할 수 있는지에 대한 구체적인 사례와 가이드라인을 제공한다.

이 책을 통해, 여러분이 디지털 기술이 교육에 미치는 영향을 깊이 이해하고, 기술을 교육 과정에 통합하는 방법을 배우며, 미래의 학습자들을 위한 풍부하고 혁신적인 학습 경험을 설계하는 데 필요한 기술을 개발할 수 있기를 기대한다. 또한, 이 책은 여러분이 디지털 교육 환경에서 나타날 수 있는 윤리적, 사회적 문제들을 인식하고, 이에 대응하는 방법을 모색하는 데 도움을 줄 것이다.

"디지털 교육의 이해"를 통해, 여러분은 미래 교육의 혁신가로서 필요한 지식과 기술을 갖추게 되기를 기대한다. 이 책이 여러분의 교육 여정에 있어 가치 있는 자원이 되기를 바라며, 여러분이 미래 세대를 위한 효과적이고 의미 있는 교육을 제공하는 데 기여할 수 있기를 희망한다. 디지털 교육의 미래를 함께 탐구해 나가면서, 우리는 교육이 지닌 변화의 힘을 새롭게 발견하게 될 것이다.

교원양성기관에 새롭게 적용되는 '디지털 교육'이라는 교과에 우리나라 최고 권위자이신 교수님들이 뜻을 함께 하여 교재를 출판한다는 데 큰 의미가 있다. 다양한 배경의 전공을 갖고 계신 교수님들께서 한마음으로 집필에 참여해주신 것에 대해 다시 한 번 경의를 표하는 바이다. 항상 물심양면으로 저자들을 지원해주는 박영스토리 대표님과 실무자들께도 감사의 말씀을 드린다.

이 책은 '디지털 교육'이라는 새로운 교과에 입문하는 예비 교원 수업을 위해 기획하였다. 하지만 현장에 계신 많은 선생님들에게도 도움이 될 것으로 기대한다. 이번에 출판하는 1판은 새로운 분야에 도전하는 노력의 시작이고 기술의 진보에 맞추어 새 판을 거듭하면서 발전하기를 소망한다.

2024년 신년
저자 대표 정제영

차 례

◀ 13장 ▶ AI · 디지털 교육의 미래

CHAPTER
01

AI · 디지털 대전환 시대의 미래교육

01

AI · 디지털 대전환 시대의 미래교육_정제영

① 디지털 대전환과 인공지능 시대의 도래

디지털 대전환(digital transformation)과 인공지능 기술의 발전은 현재 우리 사회의 중요한 변화를 주도하고 있다. 이런 변화는 전통적인 방식의 생산, 소비, 교육, 커뮤니케이션 등 우리의 일상생활의 모든 영역에 영향을 미치고 있다. 따라서, 디지털 및 인공지능 소양은 이 시대의 필수 역량으로 간주되고 있다. 디지털 소양은 기본적인 디지털 기술 활용 능력부터 정보의 안전한 관리, 디지털 시민권, 디지털 윤리 등까지 포괄한다. 인공지능 소양은 인공지능의 기본 원리와 활용 방법, 그리고 그로 인한 사회·윤리적 문제에 대한 이해를 포함한다. 이들 소양은 새로운 기술에 대한 이해와 활용 능력을 키우는 것을 넘어서, 기술의 발전이 사회에 미치는 영향을 심도 있게 고민하고 이를 통해 더 나은 미래를 구현하는 데 중요한 역할을 하게 될 것이다.

1) 디지털 대전환의 의미

디지털 대전환은 일반적으로 디지털 기술의 활용에 의해 비즈니스 모델 확산이 생산성 향상으로 이어지는 것을 의미한다. 초기에는 디지털 산업 분야 중심으로 인터넷이 본격적으로 도입된 1990년대 말 디지털 인프라 구축 단계 '전산화(아날로그→디지털 변환)'에서 시작하였다. 2000년대에는 인터넷 상거래 및 마케팅이 활발해진 '디지털화(디지털 기술 적용)' 단계를 거쳤다. 2010년대 초 정보통신기술이 고도화되면서 현재 산업 전반을 혁신하는 '디지털 대전환(digital trans-formation) 단계'에 이르렀고, 2020년에 전 세계를 강타한 코로나19 팬데믹 이후 '디지털 우선(digital first) 단계'로 변화되었다. 특정 산업 분야에 국한된 변화가 아닌 전 인류의 일상적 삶을 모두 바꿀 수 있는 디지털 시대로의 전환은 급속하게 이루어지고 있으며 속도와 파급 효과는 가히 혁명적이라고 할 수 있다. 특히 코로나19로 인해 전 세계적으로 디지털 기술을 활용한 삶의 변화를 초래하였고, '모든 영역의 디지털화(digital everywhere)' 현상이 가속화되었다(송영근 외, 2022).

이런 디지털 대전환의 특징을 세 가지로 요약해볼 수 있는데, 첫째, 디지털 전환 속도가 가속화되고 있다는 것이다. 둘째, 디지털 전환의 파급 효과와 범위가 매우 빠르게 확장되고 있다는 점이다. 셋째, 디지털 전환은 어떤 개인과 조직에게는 위기가 될 수 있지만, 이를 잘 활용하는 개인과 조직에게는 기회가 될 수 있다는 점에서 양면성을 갖고 있다고 할 수 있다.

디지털 대전환의 핵심 요소는 기술 활용, 문화적 변화, 데이터의 중요성 강조, 맞춤형 서비스 확대 등으로 살펴볼 수 있다. 기술 활용의 측면에서 클라우드 컴퓨팅, 빅데이터, 인공지능(AI) 기술, 머신 러닝, 블록체인, 사물인터넷(IoT) 등 새로운 디지털 기술을 활용하여 업무 프로세스를 효율화하고, 고객 서비스를 개선하며, 새로운 비즈니스의 기회가 늘어나고 있다.

문화적 변화의 측면에서 디지털 대전환은 단순히 기술의 도입이 아니라, 조직의 문화와 마인드셋을 변화시키는 과정을 포함한다. 이는 실험적인 접근 방식을 촉진하고, 빠른 실패와 학습을 격려하며, 경계를 허물고 협업을 강조하는 것을 포함한다.

데이터의 중요성이 강조되는 측면에서 디지털 대전환은 데이터를 통해 통찰력을 얻고, 의사결정을 내리는 프로세스를 강조한다. 빅 데이터와 분석 도구를 활용하면, 조직은 고객 행동, 시장 동향, 그리고 비즈니스 성과에 대한 깊은 이해를 얻을 수 있다.

마지막으로 맞춤형 서비스의 확대를 특징으로 한다. 디지털 대전환은 수요자의 선택과 경험을 중심으로 한다. 디지털 기술은 개인화된 서비스, 실시간 대응, 그리고 향상된 경험을 가능하게 만들고 있다.

2) 디지털 및 인공지능 소양 함양

디지털 대전환을 맞이하여 디지털 소양과 인공지능 소양은 21세기의 핵심 역량으로 강조되고 있다. 현재 우리는 디지털화와 인공지능의 급속한 발전을 목격하고 있다. 이로 인해 일상 생활, 교육, 업무 등의 많은 부분이 디지털 플랫폼과 인공지능에 의존하게 되었다. 이러한 변화에 적응하고 효과적으로 이러한 기술을 활용하기 위해서는 디지털 소양과 인공지능 소양의 필요성이 더욱 강조되고 있다.

첨단 기술의 발전은 직업 시장에도 큰 변화를 가져왔다. 새로운 직업이 많이 생성되었고, 기존의 많은 직업은 디지털 기술이나 인공지능에 의해 대체되거나 변화되었다. 디지털 및 인공지능 소양을 갖추면, 이러한 미래의 직업 시장에서 경쟁력을 가질 수 있다. 디지털 기술과 인공지능 기술은 효과적인 학습 도구로 사용될 수 있다. 이러한 기술을 이해하고 활용하면, 개인적인 학습을 촉진하고, 독립적인 문제 해결 능력을 개발하며, 창의성을 향상시킬 수 있다.

디지털 소양과 인공지능 소양을 갖추면, 온라인에서 안전하게 활동할 수 있으며, 개인 정보를 보호하고, 허위 정보를 판별하고, 디지털 윤리를 준수할 수 있다. 또한, 인공지능의 사회적, 윤리적 영향을 이해하고, 인공지능 기술의 적절한 사용에 대한 판단을 내릴 수 있다. 따라서, 디지털 소양과 인공지능 소양은 모든 사람들이 현재와 미래의 사회에서 효과적으로 참여하고, 성공하기 위한 중요한 역량이다. 디지털 소양은 디지털 시대에 필요한 기본적인 지식과 능력을 의미한다. 이것은 단순히 기술적인 리터러시를 넘어서 사고, 행동, 가치 판단 등을 포괄한다. 다음은 디지털 소양의 주요 요소라고 할 수 있다.

디지털 정보 리터러시는 정보를 찾고, 이해하고, 평가하고, 생성하고, 사용하고, 공유하는 능력을 의미한다. 인터넷에서 정보를 검색하는 방법, 정보의 신뢰성을 판단하는 방법, 저작권과 허가에 대한 이해 등을 포함한다. 디지털 소양에는 디지털 기술을 사용한 효과적인 커뮤니케이션 능력도 포함한다. 이는 이메일, 소셜 미디어, 웹사이트, 온라인 포럼 등 다양한 디지털 플랫폼에서의 의사소통을 포함한다.

역량 중에서 창의성은 언제나 강조되어 왔지만 디지털 소양을 갖추게 되면 창의성이 더욱 강화될 수 있다. 디지털 창의성은 디지털 기술을 사용하여 새로운 아이디어를 생산하고 표현하는 능력을 포함한다. 이는 비디오, 블로그, 팟캐스트, 그래픽 등 디지털 미디어 생성, 기술적 문제 해결, 프로그래밍 능력 등을 포함한다. 다양한 기술을 활용하게 되면 본인의 창의성을 더욱 증폭시켜서 발휘할 수 있다는 점에서 중요성이 높아지고 있다.

디지털 안전은 디지털 기술 사용에 관한 안전 문제와 위험을 이해하고 관리하는 능력을 의미한다. 최근 디지털 공간에서 바이러스, 피싱, 사기 등의 사례가 급속히 늘어나고 있어서 비밀번호 관리, 개인정보보호, 온라인 위협에 대한 대응 능력 등을 포함한다. 디지털 시민 의식도 더욱 강조되고 있다. 디지털 시민 의식은 온라인에서 적절하고 안전하며 윤리적인 행동을 강조한다. 이는 사이버 폭력 예방, 개인 정보 보호, 디지털 기록 관리, 디지털 접근성 고려 등을 포함한다.

이들 요소는 모두 디지털 세계에서 효과적이고 책임감 있는 참여자가 되는 데 중요하다. 따라서 디지털 소양은 교육, 직장, 그리고 일상생활에서 모두 중요한 역량이며, 지속적으로 학습하고 발전시켜야 하는 핵심 소양이라고 할 수 있다.

인공지능 소양은 인공지능에 대한 깊은 이해와 인공지능이 사회, 경제, 직업에 미치는 영향을 이해하고, 이를 효과적으로 활용할 수 있는 능력을 의미한다. 이는 다음의 요소를 포함하고 있다. 기본적인 인공지능 이해는 인공지능(AI), 머신 러닝, 딥러닝 등의 기본 개념 및 원리를 이해하는 것을 의미한다. 이는 또한 인공지능이 우리의 일상생활과 사회에 어떤 방식으로 통합되는지에 대한 이해를 포함하고 있다. 데이터는 인공지능의 기본적인 학습 자료라고 할 수 있다. 따라서 데이터를 수집, 분석, 해석하고, 인공지능 모델의 학습 및 평가에 사용하는 방법을 이해하는 것이 중요하다.

인공지능과의 상호작용이 강조되고 있다. 인공지능 시스템과 효과적으로 상호작용하고, 인공지능 도구를 적절하게 사용하고 이해하는 능력이 중요하다. 인공지능 시스템의 사용자 인터페이스를 이해하고, 기본적인 코딩 및 프로그래밍 지식을 갖추고, 인공지능 시스템의 결과물을 해석하는 능력을 포함한다.

더불어 인공지능은 사회에 다양한 영향을 미치기 때문에 이에 따른 윤리적, 사회적 문제를 이해하는 것이 중요하다. 이는 AI의 공정성, 투명성, 프라이버시, 책임 등과 관련된 문제를 포함한다. 또한 AI가 직업 시장, 사회 구조, 사람의 행동과 사고 방식 등에 어떤 영향을 미칠 수 있는지에 대한 이해도 필요하다.

디지털 및 인공지능 소양은 오늘날의 학생들이 미래의 사회에서 성공적으로 참여하고, 다양한 문제를 해결하는 데 필요한 핵심 역량이라고 할 수 있다. 이는 디지털 세상에서 생각하는 방식, 학습하는 방식, 그리고 일하는 방식에 직접적인 영향을 미치게 된다. 따라서 인공지능 소양은 교육, 직장, 그리고 일상생활에서 모두 중요한 역량이며, 지속적으로 학습하고 발전시켜야 하는 핵심 소양이라고 할 수 있다.

② 미래 교육을 위한 학교의 혁신

1) 미래 교육을 위한 시스템적 접근

미래 교육을 고려할 때 시스템적 접근은 유용한 방법 중 하나이다. 여기서 시스템은 여러 부분이나 여러 요소의 총체를 나타내며, 이 개념은 사회과학에서 조직을 유기체로 간주하여 이해하는 데 활용되고 있다(윤정일 외, 2015). 시스템 이론은 초기에는 생물학적인 개념으로서 유기체를 설명하는 데 사용되었지만, 이후 사회과학에서는 조직을 유기체로 보는 관점으로 활용되어 왔다. 시스템 이론은 시스템적 사고로 알려져 있으며, 시스템 내부의 구조와 작동 원리를 이해하기 위한 중요한 사고 방식으로 간주된다(Sterman, 2001). 다시 말해, 시스템적 사고는 시스템 내부의 구조적 변화와 작동 원리를 직관적으로 이해하는 데 도움이 되며, 이는 시스템을 효과적으로 변화시키기 위한 전략을 찾아내는 데 기여한다(정제영, 2018).

시스템적 사고는 학교를 여러 하위 시스템으로 이루어진 총체로 인식하고, 학교 교육이 이러한 하위 시스템 간의 변환 과정을 통해 이루어진다고 이해한다. 학교 교육 시스템은 '투입－전환 과정－산출'의 과정으로 나눌 수 있으며, 환경과 긴밀하게 상호작용하며, 예상된 결과와 실제 결과 간의 차이에 따라 피드백이 발생한다. '투입'은 학생, 교원, 교육재정, 교육정책, 교육여건 등과 같은 인적 자원과 물적 자원을 포함한다. '전환 과정'은 교육과정과 교육평가를 기반으로 교수－학습 활동이 진행되는 단계이다. '산출'은 학생들의 학업 성취도, 학교 만족도, 학업 지속, 교육의 질 등을 포함한다(정제영, 2016).

모든 조직은 추구하는 목적을 가지며, 이를 달성하기 위한 중요한 전환 과정이 존재한다. 학교 교육 시스템에서는 교수자와 학생 간의 '교수－학습 활동'이 이러한 핵심 전환 과정이라 할 수 있다. 특히, 학생 주도의 학습 활동이 강조되며, 학교 교육 시스템의 모든 하위 시스템은 주로 학생의 학업 성취를 촉진하기 위해 구성되어 있다.

그러나 많은 교육정책은 단일한 원인과 결과에 초점을 맞추며, 전체 시스템을 고려하지 않는 경향이 있다. 이러한 정책은 결과를 예측하기 어렵게 하며, 원인을 파악하기 위해서는 학교 교육 시스템을 총체적으로 이해하는 것이 필수적이다(김창욱, 김동환, 2006). 이를 통해 교육정책의 부작용을 이해하고 해결하기 위한 방안을 모색할 수 있다.

Sashkin과 Egermeier(1992)의 연구에서는 미국의 교육개혁 정책을 분석하고, 이러한 개혁 접근의 한계를 제시하였다. 그들은 교육개혁을 '부분적 변화(fix the parts)', '교원의 변화(fix the people)', '학교의 변화(fix the school)' 세 가지 접근으로 설명하였다. 그러나 이러한 접근 방법은 성공적이지 못했고, 대안으로

'시스템의 변화(fix the system)'를 제안하였다. 이는 시스템 내 한 부분의 변화가 다른 부분에도 영향을 미친다는 개념으로, 전체 시스템의 모든 부분에 동시에 주의를 기울여야 한다는 것을 강조한 것이다.

　　Senge(1990)가 제시한 시스템적 사고에 기반한 학습조직 이론은 기업 분야에서 시작하여 교육 분야로 확장되었으며, 학습자의 성취도 향상을 위해 시스템을 어떻게 설계할지에 대한 이론적 기반을 교육자들에게 제공하였다. Banathy(1995)는 교육 분야에서 시스템적 사고에 대해 설명하며, 학교의 교수－학습 활동에서부터 조직 및 행정까지 하위 시스템이 복잡하게 연계되어 있으며, 이러한 하위 시스템 간의 깊은 상호 의존성을 이해하는 중요성을 강조하였다. Smith와 O'Day(1991)는 시스템적 변화를 위한 핵심 요소로 비전과 목표의 통합, 목표와 일치하는 일관된 교수 시스템, 학교 관리 시스템의 재구성을 강조하였다. Fullan(2010)은 학교의 개선을 위해 총체적인 시스템의 변화가 필요하다고 강조하며, 7가지 중요한 과제를 제시하였다. 이러한 과제는 모든 학생의 학습 가능성 고려, 목표의 우선순위 설정, 강력한 리더십의 필요성, 집합적 역량 강화, 전략의 정교화, 인지적 책무성의 중요성, 모든 하위 시스템의 개선을 포함한다(정제영, 2017).

　　우리나라의 학교 교육을 개선하기 위해서는 하위 시스템들을 효과적으로 최적화하고, 이를 전체 시스템의 개선으로 연결시키는 시스템적 사고가 필요하다. 과거 학교 수준에서 이루어지는 교육 혁신은 주로 부분 최적화 전략을 사용하여 한계를 가지고 있었으며, 이로 인해 학교의 교육은 다양한 성과를 거두었음에도 불구하고 근본적인 혁신을 이루어내지 못한 상황이다. 미래 교육 전략을 수립하기 위해서는 '시스템적 사고'가 필수적이며, 학교 교육을 지원하는 다양한 요소들이 유기적이고 종합적으로 고려되어야 한다. 이는 교육과정의 개선, 교육평가의 개선, 교육시설의 개선뿐만 아니라 교원 정책의 변화, 행정 체제의 개선 등 시스템적인 관점에서 총체적 교육 혁신을 추진해야 함을 시사한다. 수업을 중심에 두고 학교의 시스템을 총체적으로 혁신해야 학생들의 학습 성과를 높일 수 있다는 것이다.

2) 디지털 기술을 활용한 교육의 혁신 방향

국내·외에서 미래학교로의 전환을 위한 다양한 교육적 실험이 진행되고 있다. 우리나라에서는 근대식 학교교육의 한계를 극복하기 위한 교육 혁신이 다양한 이름으로 여러 학교에서 시도되고 있다. 해외에서도 국가별로 미래 교육을 위한 다양한 노력을 기울이고 있다. 국내외에서 시도되고 있는 다양한 미래학교 사례를 분석해보면 다음과 같은 공통적 노력이 이루어지고 있음을 확인할 수 있다.

개인별 맞춤형 교육이 강조되고 있다. 교수－학습의 형태가 기존 1명의 교사가 다수의 학생을 대상으로 강의식으로 수업을 진행하는 대량교육 시스템을 변화시키기 위한 것으로 변화되고 있다. 이를 위해, 빅데이터 기반의 인공지능 기술을 활용하여 개인별 맞춤형 학습(one－to－one tutoring)을 구현하고자 시도하고 있다. 우리나라의 미래학교 시범학교들이 이에 해당한다. 오랫동안 학교는 대량교육시스템으로 운영되면서 사회구성원의 양성이라는 국가적 수준의 목표와 상급학교의 진학이라는 개인 수준의 목표를 지향해 왔다. 하지만 미래학교의 방향은 학생의 개별적 성장과 지속적인 학습 경험의 축적, 삶에 적용되는 실제적 지식의 습득으로 변화하고 있다. 개인별 학습 시스템은 학습자 개인의 목표와 능력을 고려하여, 개인에게 최적화된 학습의 기회를 제공하는 것을 목적으로 한다.

다양한 수준의 학생들을 국가교육과정이라는 일정한 틀에 집어넣었던 교육과정은 개인별 학습의 속도와 수준에 맞추어 유연하게 적용하고 있다. 많은 미래학교의 성공적인 사례들은 학생들의 개별화된 미래 설계를 위해 최적의 학습 환경을 제공하고 있다. 학습의 과정에서 학생들 스스로가 지니고 있는 꿈과 재능, 진로에 맞는 학습 기회를 제공하는 것이 중요한 점이다. 이를 위해서 획일적인 교육과정에서 벗어나, 학생들의 개별적인 학습계획에 따라 유연하게 교육과정을 운영하는 것이 중요하다. 학생의 나이에 따라 교육내용을 결정하는 학년제의 틀에서 벗어나, 학습의 수준에 따라 유연하게 교육과정을 구성하는 무학년제 교육과정을 지향해야 한다.

교수-학습 과정은 교사가 주도해 정해진 진도에 따라 지식을 전달하는 형태에서 벗어나서 개념적 지식 학습을 바탕으로 미래 사회에 필요한 핵심역량을 갖추도록 하는 창의적 학습으로 전환할 필요가 있다. 지식의 암기와 이해 중심의 학습 방법을 첨단 기술 기반의 하이테크 교육으로 모든 학생이 이해할 수 있도록 지원하는 형태로 변화시키고 교사는 창의적 학습이 이루어질 수 있도록 고차원적 학습을 지도하도록 하는 것이 필요하다. 다양한 미래학교 사례에서 블렌디드 러닝이나 하이브리드 러닝의 방식을 활용하는 것을 볼 수 있는데 이는 모든 학생들이 기본적인 개념학습의 과정에서 개별화된 지원을 통해 성공적인 학습을 하도록 하는 것이다. 더욱 중요한 것은 교사가 '프로젝트 학습(PBL: project based learning)'이나 '문제기반 학습(PBL: problem based learning)'을 활용하여 고차원적인 학습이 이루어지도록 지도하는 것이다.

학교에서 지식전달 수업이 아닌 프로젝트 학습 등이 이루어지기 위해서는 기존 총괄평가와 상대평가 중심에서 과정중심 평가, 개개인의 성취에 초점을 맞춘 절대평가로의 전환이 요구된다. 학습의 결과만이 학습이 아니라 학습 자체가 성과가 될 수 있다는 인식의 전환은 제도적 혁신과 더불어 교사, 학생, 학부모 모두에게 필요하다. 국가 교육과정을 전환하여 개인별 선택이 확대된 유연한 교육과정을 도입하기 위해서는 상대평가 중심의 기존 평가 방식이 개인별 평가 방식으로 전환되어야 한다.

교육의 목적은 학생의 개별적 성장으로 전환되어야 한다. 표준화된 교육과정은 개인별 교육과정 및 무학년제로, 교사 주도의 지식전달 중심 교수-학습 과정은 학생 중심의 지식 기반 프로젝트 학습으로, 총괄평가와 상대평가 중심의 평가 방식은 과정중심 평가와 절대평가로 혁신되어야 할 것이다. 이와 같은 학교 시스템의 총체적 변화를 위해 교사는 학생을 평가하고 관리하는 주체가 아니라 개인별 학습을 독려하기 위한 학습의 조력자 혹은 설계자, 환경 조성의 역할로서 개별화된 학습 효과를 극대화시켜주는 역할로의 변화가 필요하다. 학교의 공간 역시 미래교육을 위한 창의적 학습 공간으로 변화되어야 할 것이다.

표 1.1   학교교육의 변화 방향

구분	대량교육 시스템 (Mass education system)	개인별 학습 시스템 (Personal learning system)
학교의 역할	· 사회 구성원의 양성 · 상급 학교의 진학	· 학생의 개별적 성장 · 지속적 학습 경험 축적
교육과정	· 표준화된 국가 교육과정	· 개인별 교육과정 · 무학년제
교수·학습 과정	· 교사 주도 · 지식전달 중심	· 학생 중심 · 지식 기반의 프로젝트 학습
평가방식	· 총괄평가, 상대평가	· 과정중심 평가, 절대평가
교사의 역할	· 지식의 전달자 · 엄정한 평가자	· 개인별 학습 시스템 디자이너 · 학습의 조력자, 설계자
학교 공간	· 지식전달 편의형 · 효율적 관리 중심	· 창의적 학습촉진형 · 학습 효과 중심

③ 디지털 기반 맞춤형 교육의 방향

1) 디지털 기반 미래교육: 하이터치 하이테크 교육

Bloom(1984)이 제시한 '완전학습 이론'에 따르면, 맞춤형 학습 기회를 제공함으로써 모든 학생이 학습에서 성공할 수 있다. 이 이론은 모든 학생이 동등한 학습 기회를 가져야 한다는 것이며, 그 핵심 아이디어로 두 가지 주요 측면에 집중하고 있다. 첫째로, 학습에 필요한 시간을 분석하고 최소화하는 것이다. 전통적인 교육은 동일한 시간을 할당하여 각 학생이 동일한 내용을 동일한 시간 내에 완벽히 이해하도록 요구한다. 그러나 각 학생의 학습 속도와 방식이 다르기 때문에, 완전학습은 효과적인 학습 전략과 방법을 적용하여 시간을 최소화하려고 노력한다.

둘째로, 각 학생이 개인적으로 학습에서 성공할 수 있도록 충분한 시간을 제공하는 것이다. 각 학생이 필요로 하는 만큼의 시간을 할당해야 하며, 이는 각 학생이 교육 내용을 완전히 이해하고 습득할 수 있도록 하는 데 중요하다. 완전학습의 목표는 모든 학생이 학습 목표를 달성하는 것이다.

그림 1.1 Bloom의 완전학습 이론의 학습 성과

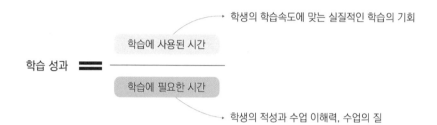

완전학습을 실현하기 위한 방안으로 교육 분야에서는 첨단 기술의 활용이 높아지고 있다. 특히 AI 기반의 지능형 튜터링 시스템(ITS: Intelligent Tutoring System)은 학생들의 학습 데이터를 기반으로 맞춤형 교육을 지원할 수 있는 도구로 주목받고 있다. ITS는 각 학생의 수준을 진단하고, 맞춤형으로 학습을 지원하여 완전학습의 원칙을 실현할 수 있다(정제영, 김갑수 외, 2023).

인공지능을 활용한 교육은 각 학생이 필요로 하는 수준의 학습을 지원함으로써 맞춤형 개별화 학습을 구현할 수 있는 역할을 한다. 미래 교육은 이러한 다양한 에듀테크를 활용하여 지식을 학습하고, 하이브리드 러닝을 통해 창의적 교육을 이루는 방향으로 나아갈 것으로 기대된다(정제영, 강지영 외, 2023). 이는 하이터치 하이테크 교육의 원칙과 AI 기술을 결합하여 교수자와 학생이 함께하는 교육 방법을 제안한다. 이러한 접근은 학생 중심의 학습을 장려하며, 생성형 AI 등 다양한 기술이 교수자를 지원하는 역할을 수행할 것으로 예상된다.

하이터치 하이테크(HTHT: High Touch High Tech) 교육은 첨단 기술을 활용하여 개인별 맞춤형 창의적 학습을 이끌어내는 방식으로 제안되었다(이주호, 정제영, 정영식, 2021). 하이터치 하이테크 교육은 인간 교사가 첨단 기술을 잘 활용하여 개인별 맞춤형으로 창의적 학습을 이끌어내는 것이다. 특히 교육 분야에서 인공지능 등 첨단의 기술을 잘 활용하는 것을 포함한다. AI의 교육적 활용 (AI in Education)은 학생 개인이 필요로 하는 수준 학습, 즉 적은 비용으로 맞춤형 개별화 학습을 구현하는 역할을 할 수 있다. 다양한 에듀테크를 활용해 지식을 학습하고, 이를 기반으로 창의적 교육이 이루어지는 하이브리드 러닝으로 정의할 수 있다. 이는 AI 기술을 적극 활용하되 창의적 교육은 교사 주도로 학생들과 함께 이루어질 수 있도록 하는 것으로 이를 교수자와 함께하는 하이터치(High Touch) 교육, 에듀테크 기술을 활용한 하이테크(High Tech) 교육의 결합으로 정의할 수 있을 것이다.

하이터치 하이테크 교육을 구현하기 위해 학교는 기존 학습관리시스템(LMS)을 확장하여 ITS의 원리를 적용한 'AI 조교 시스템'으로 재설계할 필요가 있다. AI 조교 시스템은 다양한 방식으로 교사의 역할을 보조해 줄 수 있다. 교수자의 주요 역할인 '수업설계-교수-학습-평가-기록-피드백'의 과정에서 AI 조교 시스템의 도움을 받아 개별화된 교육 관리가 가능하다는 점이다. 인공지능 활용 교육의 의미는 AI 조교 시스템을 활용하여 교수자가 주도하여 학생 개인별 맞춤형 교육을 수행하는 것이다.

하이터치 교육은 사전 학습, 본 수업, 후속 학습의 과정에서 학습자의 교육 성과를 이끌어내는 교수자의 역할을 의미한다. 아무리 좋은 교육자료와 시스템이 있어도 학생의 학습 동기가 부족하다면 교육의 성과를 기대하기 어렵다. 개인별 목표를 설정하고 학습 계획을 수립하는 자기주도적 학습의 과정을 이끌어주는 역할이 무엇보다 중요하다. 이를 위해서는 개별 학생에 대한 정확한 진단 데이터가 필요한데 이를 AI 조교가 도와주는 것이다. 본 수업에서는 교사가 창의적 학습에 이를 수 있도록 지식을 바탕으로 '적용, 분석, 평가, 창조'의 고차원적 학습의 경험을 할 수 있도록 진행하는 것이 필요하다. 이를 위해 토론, 문제기반 학습, 프로젝트 학습 등의 다양한 창의적 교육 방법을 활용할 수 있다. 교수자는 이후의 후속 학습 과정에서 학생들이 학습의 결과를 이후의 학습에 이어갈 수 있도록 전이(transfer)될 수 있도록 지원하는 역할을 수행해야 한다.

2) 미래 교수자의 역할과 역량 변화

2020년에는 코로나19로 인해 온라인 원격수업이 일상화되면서 교육에서 IT 기술의 활용에 대한 교수자들의 인식이 높아졌다. 하지만 수업 인정 기준의 중점이 주로 출석에 있었기 때문에 다양한 소프트웨어 지원 부족 등의 한계가 있었다. 클라우드 기반 교수-학습 플랫폼과 에듀테크 시스템이 등장했지만, 교수자들이 이를 효과적으로 활용하는 것이 어려웠다. 그러나, 교원의 에듀테크 활용 역량은 매우 중요하다.

에듀테크 시스템을 효과적으로 활용하려면 교수자들의 온라인 원격수업 능력을 강화하는 교육과 연수가 필요하다. 교수자들은 아직 에듀테크를 활용한 창의적 수업에 익숙하지 않아 두려움을 느끼며 시행착오를 겪고 있다. 교수자의 교육, 연수, 경험 공유, 문화 전파가 필요하다. 특히 교수자들이 에듀테크를 통해 다양한 수업과 학습 콘텐츠를 스스로 만들어 나갈 수 있도록 지원해야 한다. 정부의 대규모 투자와 재정 지원이 필요하다.

코로나19 상황에서 온라인 원격수업 경험은 교수자의 성공적인 운영에 있어 가장 중요한 역할을 한 것으로 확인되었다. 교수자들은 에듀테크를 활용한 창의적 수업에 대한 지식, 긍정적 태도, 디지털 역량 등 종합적인 역량이 필요하다. 에듀테크를 활용한 창의적 수업을 위해서는 교실에서의 상호작용뿐만 아니라 온라인과 오프라인에서의 학생 상호작용, 온라인 튜터링 및 학습 퍼실리테이션 기법 등에 대한 새로운 교육 내용이 필요하다.

학교에서 에듀테크를 활용한 창의적 수업을 진행하기 위해서는 온라인과 오프라인을 넘나들 수 있는 하이브리드 수업 능력이 필요하다. 특히 포스트 코로나 시대에는 원격수업이 더욱 확대될 것이므로 효과적인 교육 계획과 운영이 필요하다. 미래의 학교 수업은 교실 수업, 현장학습, 플립러닝 등의 다양한 형태를 결합한 하이브리드 형태가 될 것으로 예상된다. 이를 위해서는 국내외 학교의 수업 혁신 사례를 토대로 가이드라인, 사례, 수업 모델 등을 제공하는 것이 필요하다.

코로나19 상황에서 경험한 온라인과 오프라인의 병행 수업에서 얻은 교수자들의 전문성과 자율성을 활용하여 미래 교육을 대비하는 것이 중요하다. 미래를 대비해 온라인과 오프라인 수업이 유연하게 혼합된 교육 체제를 구축해야 한다. 교원들이 가진 역량은 오프라인뿐만 아니라 온라인에서 학생들과 소통하는 능력을 높이는 것이 필요하다. 학부모, 학생, 교수자 등 현장의 어려움을 면밀하게 파악하고, 다양하고 분산된 플랫폼을 효율적으로 관리할 수 있는 능력이 요구된다.

한 분야의 전문성을 갖추고 있는 인재(expert)가 인공지능 기술로 대표되는 첨단 분야의 전문성을 갖추는 경우 이를 '인공지능 분야의 역량을 갖춘 분야별 전문가'라는 표현으로 'X with AI'라고 지칭한다. 교수자는 해당 교육 분야의 내용과 방법적 전문성을 갖추고 있는 교육전문가(EX : Educational Expert)라고 할 수 있는데, 이제는 인공지능 등 첨단 분야의 전문성을 결합하는 것이 필수적인 과제라고 볼 수 있다. '인공지능 분야의 역량을 갖춘 교육 전문가'라는 표현으로 'EX with AI'라고 표현하고 싶다. EX with AI가 바로 미래형 인재인 교육 분야의 'M자형 인재'라고 할 수 있다.

인간 교수자가 AI 조교를 잘 활용하여 도움을 받게 되면 이는 증강지능(augmented intelligence)이라는 강력한 역량을 갖춘 EX with AI라고 할 수 있다. 교육과정의 재구성에서부터 수업 중에 개별화된 지식 이해와 전달, 평가에 있어서의 개별화된 접근과 평가 결과의 정리, 맞춤형 평가 결과의 기록을 위한 기초자료 생성, 학생별로 필요로 하는 피드백의 기초 자료 제공 등의 역할을 인공지능에게 맡길 수 있을 것이다.

영화 '아이언맨'에서처럼 인간이 AI 조교를 활용하면 증강지능을 갖춘 강력한 역량을 발휘할 수 있다. 학교의 교수자들도 AI 조교의 지원을 받게 되면 지금보다는 더 뛰어난 교육적 역량을 발휘할 수 있을 것으로 기대된다. 인공지능 기술을 교육에 적극적으로 활용하되 창의적 교육은 교수자의 주도로 학생들과 함께 이루어져야 한다. 교수자는 에듀테크 기술을 활용한 하이테크 교육을 기반으로 학생별 개성에 맞는 하이터치 교육을 결합하여 미래교육을 완성할 수 있을 것이다. 모든 학생이 학습에 성공하고 각자의 역량을 키울 수 있는 교육이 미래교육의 지향점이다.

　미래 교육의 시작은 디지털 대전환과 함께 되었으며, 미래 교육의 성공을 위해서는 교육부, 교육청뿐 아니라 학교의 구성원인 교직원, 학생, 학부모, 지역사회의 적극적인 협력과 노력이 필요하다. 방향을 고민하는 동시에 실행을 위한 참여와 협력이 중요하며, 첨단 기술을 효과적으로 활용해야 교육의 혁신을 구현할 수 있을 것이다.

참고문헌

송영근, 박안선, 심진보(2022). 디지털 전환의 개념과 디지털 전환 R&D의 범위. 한국전 자통신연구원.

윤정일, 송기창, 조동섭, 김병주(2015). 교육행정학 원론. 서울: 학지사.

이주호, 정제영, 정영식(2021). AI 교육혁명. 서울: 시원북스.

정제영(2016). 지능정보사회에 대비한 학교교육 시스템 재설계 연구. 교육행정학연구, 34(4), 49−71.

정제영(2017). 4차 산업혁명 시대의 학교제도 개선 방안: 개인별 학습 시스템 구축을 중 심으로. 교육정치학연구, 24(3), 53−72.

정제영(2018). 디지털 시대와 4차 산업혁명에 대비한 교육의 시대. 박영스토리.

정제영(2023). 2028 대학입시: 학교 교육에 집중하라. 포르체.

정제영, 폴 김, 최재화, 조기성(2021). 뉴 이퀼리브리엄 : 미래교육의 새로운 균형을 찾아 서. 테크빌교육.

정제영, 강지영, 강태훈, 김동호, 김준엽, 박소영, 박주형, 이상무, 이한종, 임효진(2023). 이슈 중심의 교육학개론. 박영스토리.

정제영, 김갑수, 박보람, 박휴용, 이선복, 전우천, 정영식, 조헌국, 최숙영, 하민수(2023). AI융합교육개론. 박영스토리.

정제영, 조현명, 황재운, 문명현, 김인재(2023). 챗GPT 교육혁명. 포르체.

Banathy, B. H. (1995). Developing a systems view of education. Educational Technology, 35(3), 53−57.

Bloom, B. S. (1984). The 2 sigma problem: The search for methods of group instruction as effective as one−to−one tutoring. Educational Researcher, 13(6), 4−16.

Fullan, M. (2010). All systems go. Thousand Oaks, CA. : Corwin Press; Toronto: Ontario Principals Council.

Sashkin, M., & Egermeier, J. (1992). School Change Models and Processes: A Review of Research and Practice. Paper presented at the Annual Meeting of the American Educational Research Association, San Francisco, CA, April 20−24, 1992.

Senge, P. M. (1990). The fifth discipline. Doubleday/Currency.

Smith, M. S., & O'Day, J. A. (1991). Systemic school reform. In The Politics of curriculum and testing, Politics of Education Association yearbook 1990, ed. Susan Fuhrman and Betty Malen, 233-267. London: Falmer Press.

Sterman, J. D. (2001). System Dynamics Modeling: Tools for Learning in a Complex World. California Management Review, 43(4), 8−25.

CHAPTER

02

CHAPTER
02

AI · 디지털 교육정책의 이해

AI · 디지털 교육정책의 이해_조현국

1 변화하는 미래사회와 교육의 중요성

미래사회는 여러 가지 중요한 특징을 갖는데, 그중 하나는 과학기술로 인해 산업 구조나 직업 생태계 등이 빠르게 변화할 것이라는 점이다(Schwab, 2016). 이미 인공지능 및 기계의 발달을 통한 직업의 대체 및 전통적인 일자리의 축소는 현실로 나타나고 있다. 많은 식당과 패스트푸드, 카페, 병원 등에서는 사람 대신 기계를 통해 주문받고 있으며, 자율주행 기술의 발달은 버스나 택시 등의 운송과 물류 수송을 하는 운전기사라는 직업을 사라지게 할 것으로 추정하고 있다. 과학 기술의 발달은 노동생산성의 증가를 통해 가격 인하를 가져오는 긍정적인 효과도 있지만 동시에 고용과의 디커플링이 일어나기도 하는데, 이미 여러 나라에서는 고용과 임금 사이의 격차가 심해지는 현상을 보인다(Bernstein, 2008). 로봇과 인공지능의 등장은 오늘날 많은 직업군에서의 일자리 축소를 가져올 것으로 예상되는데 영국의 <고용의 미래>라는 보고서에서는 향후 10년 이내에 단순노무직과 서비스, 육체 활동이 기반이 되는 직업군을 가장 취약한 영역으로 꼽고 있으며 의료, 법률, 회계 등 전문 영역 역시 인공지능으로 대체될 수 있다고 예상하였다(Frey & Osborne, 2017). 한국고용정보원(2021)에서 발간한 <2021 한국 직업 전망>이라는 보고서에서는 향후 10년간 전문직 종사자의 취업자 증가율은 높겠지만(2.3%), 기계조작이나 조립, 기능 관련 생산직은 생산설비의 자동화, 기계화로 인해 취업자가 감소할 것으로 예측하고 있다. 이러한 신기술을 통한 일자리 감소와 부의 편

중으로 불평등이 심화되리라는 예상을 로봇 가설(Robot Hypothesis)이라고 한다 (Westlake, 2014).

그러나 과학기술의 발달을 통한 산업 구조의 재편은 부정적인 면만 있는 것은 아니다. 인공지능 비서를 활용한 인간 활동의 지원과 같은 앰비언트 컴퓨팅 (Ambient Computing)을 통해 더욱 우리의 삶이 편리해지며 3D 프린터와 인공지능과 로봇을 통한 효율적인 제조공정의 혁신은 스마트 팩토리와 개인 제조 시대를 통해 창업이 더욱 활성화될 수 있을 것으로 전망하고 있다(Wilson et al., 2017).

미래사회의 산업이나 직업군의 변화가 예측하기 어렵고, 직업과 지식에 대한 수명이 점차 짧아지고 있다. 현재 자라나는 아이들이 성인이 되어 40세가 될 무렵 과연 학교에서 배운 지식은 얼마나 유용하고 쓸모 있을까? 80~90% 가량의 내용은 전혀 쓸모가 없을 것이라고 예측하며, 고등교육기관인 대학은 향후 전 세계에서 절반가량은 사라질 것으로 전망하고 있다(Glenn et al., 2014). 이와 같은 급격한 변화에 대처하기 위해서는 학습자는 변화하는 환경과 내용에 빠르게 적응하고 대처할 수 있어야 하며, 이에 따라 제공된 학습 콘텐츠를 수용하는 것에 그치지 않고 스스로 학습할 뿐만 아니라 학습할 내용 역시 스스로 결정할 수 있는 능력이 필요하다고 주장한다(MacBeath, 2012). 과거의 인재상이나 교육에서는 필요한 기술이나 방법, 지식을 가르치는 것이 중요했다면 오늘날에는 유동적이고 수명이 얇은 지식 자체가 아니라, 새로운 지식이나 내용을 파악하고 학습하며, 이를 활용해 실천할 수 있는 능력을 강조하고 있으며 이를 역량(Competence)이라고 부른다.

오늘날 인공지능 및 빅데이터 등 디지털과 관련된 기술적인 변화가 산업사회 전반의 변화를 주도하면서 이에 대한 높은 관심과 함께 이를 육성하기 위한 다양한 방안이 대두되고 있다. 이에 따라 인공지능 및 디지털 소양을 갖춘 인재를 육성하는 것이 중요한 목표로 간주되고 있다. 인공지능을 포함한 디지털 기술의 발전은 사고 방식과 의사결정, 노동과 고용 형태 등 미래세대 삶 전반에 광범위한 영향을 미칠 것으로 예상하며, 이에 따라 교육의 모습도 완전히 바꾸어 놓을 것으로 예상된다. 이른바 디지털 전환이 가속화되면서 교육 현장에서도 학생뿐만 아니라 교사 역시 이를 어떻게 활용할 수 있는 능력을 갖출 것인가가 매우 중요한 쟁점이 되고 있다.

OECD(2020)는 과거 산업혁명 등의 시기에 급격한 과학기술 발전과 현실 사이의 간극이 발생할 때 교육을 통해 그 간극을 좁히면서 번영을 이뤄냈다. 최근 인공지능 및 정보통신 기술의 발달로 인한 디지털 혁명으로 기술과 교육 간의 간극이 확대되면서 사회적 불평등을 포함한 여러 가지 문제가 발생할 가능성에 대해 우려하는 반면, 인공지능이 교육 환경의 변화와 개선 등 많은 변화를 가져올 것으로 예상된다. 결국 기술 격차로 인한 사회적 문제를 새로운 기술을 통해 대응하고 해결할 수 있다는 것을 의미한다. 즉, 개인의 미래 사회에서의 생존과 사회와 국가 공동체의 성장과 발전을 위해서는 인공지능 및 디지털 인재를 길러내는 것이 중요하다.

여기서 말하는 인공지능 인재란 인공지능의 한계를 극복하기 위한 연구를 수행하거나 인공지능을 활용해 문제를 해결할 수 있는 인재를 의미한다(추형석 외, 2019). 이는 단순히 컴퓨터 과학 영역에서의 인재만을 의미하지 않으며, 인공지능을 활용할 수 있는 다양한 분야가 활용적 측면에서 포함될 수 있다. 국가직무능력표준(NCS)에서는 인공지능 분야 직무 능력을 인공지능 플랫폼 구축, 인공지능 서비스 기획, 인공지능 모델링, 인공지능 서비스 운영 관리, 인공지능 서비스 구현의 5가지로 제시하고 있다(국가직무능력표준, 2021).

인공지능 인재는 그 방향과 수준에 따라 인공지능 고급인재, 인공지능 전문인재, 인공지능 실무인재로 구분할 수 있다(추형석 외, 2019). 인공지능 고급인재는 인공지능의 한계를 극복하기 위한 연구를 수행하는 인재로서 새로운 이론이나 알고리즘을 구현하는 인재를 의미한다. 인공지능 분야의 개발 및 연구자가 될 수 있는 전문성을 갖추는 것이 목표라 할 수 있다. 인공지능 전문인재는 도구적 측면에서 인공지능을 활용해 문제를 해결하는 인재로서 컴퓨터과학이나 데이터과학 분야 외에도 인공지능을 활용해서 그 외의 분야에서 문제를 해결할 수 있는 것들을 모두 포함한다. 예를 들면 자연어 처리 기술을 활용해 유전자의 변이를 분석하거나 볼츠만 머신을 활용해 새로운 화합물의 가능성을 예측하는 것 등이다. 끝으로 인공지능 실무인재는 실무적 측면에서의 문제해결을 위한 인재로 개발된 인공지능 라이브러리나 도구들을 통해서 현실적인 상황에서 문제를 해결할 수 있는 능력을 갖춘 인재를 말한다.

그렇다면 오늘날 인공지능을 강조하면서 인공지능의 학습을 포함하는 교육은 어떤 인재를 기르고자 하는 것일지 생각해야 한다. 인공지능 분야의 전문 인재를 기르는 것이 목적이라면 이는 인공지능 고급인재 양성이 그 목표가 되며, 높은 수준의 프로그래밍 능력과 이론 교육 등이 요구된다. 그러나 이와 같은 교육의 대상은 소수이며 정보과학 분야의 영재를 대상으로 할 가능성이 크다.

인공지능을 활용해서 다양한 분야에서의 문제해결과 새로운 기술과 연구 개발에 기여할 수 있는데 이는 인공지능 고급인재 또는 인공지능 전문인재를 양성하려는 목적에 해당한다. 예를 들면 언어 분야에서 인공지능을 활용해 다양한 문헌들을 분석하거나, 인공지능을 활용해 경영이나 자원 배분 등을 효율적으로 처리하고, 새로운 신약 물질의 후보들을 발굴하는 것들에도 인공지능이 사용되고 있다. 이와 같은 인재의 양성은 여러 알고리즘에 관한 사례와 효과, 이를 적용할 수 있는 코드 사용 등을 다루게 될 것이다. 인공지능 고급인재와 인공지능 전문인재의 양성은 인공지능 전문인재에 비해 더 많은 교육 대상을 갖지만 모든 학생들에게 필요한 수준이나 내용을 다루지는 않게 된다.

그렇다면 인공지능을 활용해 전문적인 기술이나 능력이 필요하지 않은 대다수의 학생들에게 인공지능은 어떤 의미를 가질까? 전문적인 능력이 아닌, 미래사회를 살아가기 위해 인공지능을 포함한 다양한 디지털 기기와 정보를 활용하고 판단할 수 있는 능력이 필요하다고 주장할 수 있는데 이를 디지털 리터러시(Digital Literacy)라고 부른다. 디지털 리터러시에 대한 개념은 4차 산업혁명에만 국한된 새롭게 등장한 용어는 아니다. 1990년대 이후 다양한 미디어 매체의 변화에 따라 어떻게 이해하고 판단해야 할지 다루는 미디어 리터러시(Media Literacy) 로부터 파생된 개념이며, 디지털 미디어에 의해 생산된 텍스트와 메시지를 이해 하고 판단하며 생산하고 유통할 수 있는 능력을 말한다(이용욱, 2018). 여기서 말 하는 텍스트는 단순히 문자로 이루어진 글만을 의미하지 않으며, 읽거나 쓰고 이 해할 수 있는 모든 종류의 정보 소통 방식을 말하며, 사진과 동영상, 다양한 도표 와 음성 정보 등 오늘날 이른바 소셜 미디어를 통해 유통되는 미디어 매체 전반 을 포함한다. 디지털 리터러시는 공동체나 학자마다 다양하게 정의되지만, 다음 과 같은 요소들을 포함한다.

① 디지털 기술, 커뮤니케이션 도구 또는 네트워크를 사용해 정보를 찾고, 평가하고, 사용하고 생성하는 기능
② 컴퓨터를 통해 제시될 때 광범위한 출처에서 다양한 형식의 정보를 이해 하고 사용할 수 있는 능력
③ 디지털 환경에서 효과적으로 작업을 수행할 수 있는 능력

2 국내외 인공지능 · 디지털 교육의 현황

디지털 및 인공지능과 관련된 교육은 우리나라뿐만 아니라 미국과 영국, 일 본 등 주요 선진국에서도 매우 중요하게 다뤄지고 있다. 영국의 경우, 교육부를 중심으로 영국교육기자재협회(BESA)를 지원함으로써 학교를 위한 에듀테크 오픈 플랫폼인 'LendED'를 구축하고, 학교는 맞춤형 에듀테크 제품을 검색 및 무료로 체험하고, 이를 열람하거나 활용할 수 있도록 하고 있다. 이는 교육계 종사자를 위한 시범 플랫폼으로 미리 소프트웨어를 활용할 기회를 제공하고 있다. 또한 디 지털 기술과 관련된 제품을 구매할 경우에는 영국의 조달청을 통하거나 절차에 따라 학교에서 자체적으로 조달할 수 있도록 하고 있다. 또한 2020년 '에듀테크

시범학교 프로그램(Edtech Demonstrator Programme)'을 통해 시범학교가 희망학교에 디지털·원격교육에 대한 컨설팅 등을 제공하도록 지원하며(총 4,000개 학교 참여), 디지털 기술을 활용한 교원의 업무 경감과 학습자의 성과 향상 및 학교가 가진 여러 자원들을 효율적으로 관리하는 것을 목표로 하고 있다.

독일의 경우, 연방 교육부는 2019년부터 2024년까지 독일 전역의 학교에 디지털 인프라를 구축하고 이를 확장하기 위한 사업인 「디지털팍트(DigitalPakt Schule)」를 추진하고 있다. 또한 모든 학습자가 교육·업무·일상생활 전반에 디지털 수단을 통한 학습 기회를 확대하기 위한 디지털 교육 이니셔티브 정책을 발표하고 국가 교육 플랫폼도 구축하고 있는데, 이른바 「디지털 교육 이니셔티브」를 발표하여 디지털 교육 활성화를 위한 네트워크 및 국가 교육 플랫폼을 추진 중이다.

미국은 교육자치제에 따라 연방 정부는 5년 단위로 「국가교육기술계획(National Education Technology Plan)」을 수립하여 미국 교육 내 기술 활용 방향을 제시하고, 주별 디지털 교육격차 해소에 주력하고 있다. 특히 2015년 발표한 「국가교육기술계획」은 미국 교육 전환을 위한 기술의 역할을 제시하고, 교사·정책가·행정가 등을 위해 여러 분야에 대한 추진 전략 등을 제시하고 있다. 여기서 다루는 주요 내용으로는 기술을 통한 학습, 기술을 활용하는 교수, 혁신·변화의 문화를 조성하는 리더십, 배움을 위한 평가, 사용 접근성과 효과성을 제고하는 인프라 등으로 구분된다.

가까운 나라인 일본은 문부과학성을 중심으로 '기가(GIGA) 스쿨 구상' 정책을 통해 학생 1인 1기기(교육용 PC 1대당 학생 0.9명) 추진 및 일반 교실 초고속 무선망(94.8%)을 정비하고, 디지털교과서 교수학습 플랫폼 '학습e포털'을 구축하고 있다. 디지털교과서는 이전에도 존재했으나 주로 민간에서 유료로 판매되고 있었는데 이와 같은 계획에 따라 무상으로 제공하는 것을 추진하고 있으며, 2022년 일본의 디지털교과서 활용률은 교사용 81.4%, 학생용 36.1%로 우리나라에 비해 상대적으로 매우 높은 비율을 차지하고 있다.

정보통신 분야의 첨단 기술을 가진 것으로 알려진 에스토니아는 1997년 '타이거 리프 프로젝트'를 시작으로 현재 모든 학교에서 디지털 학습자료 및 학교-가정 커뮤니케이션을 지원하는 e-솔루션(Opiq, e-schoolbag)을 사용하고 있다.

　　싱가포르의 경우, 교육부는 교육현장(초등학교~예비대학교)에 디지털 기술 적용 및 활용을 목표하는 2023년 「Transforming Education through Technology 2030」을 발표한 바 있는데, 이 마스터플랜은 교육과정에서 디지털 기술을 활용하여 교육의 질을 높이는 방법을 제시하고 있다. 마스터플랜 2030은 이전의 2020 EdTech Plan 및 ICT Master plans를 기반으로 하며, 코로나 이후의 기회와 도전에 대응하고 있다. 마스터플랜 2030은 "기술 변혁의 사회에 대처하기 위한 기술 변혁적 학습"을 비전으로 제시하고 있으며, 이를 위해 학생들은 디지털 역량을 갖춘 미래 지향적인 학습자 및 혁신가가 되어야 하며, 교사들은 기술적으로 능숙한 협력적인 학습 디자이너가 되어야 함을 주장하고 있다. 또한 각급 학교는 지능형 기반의 높은 상호작용을 갖춘 디지털 기반의 교육환경을 갖추고 있어야 하며 교육 전체는 네트워크 기반의 거대한 생태계를 갖출 것을 제시하고 있다. 마스터플랜 2030은 다섯 가지 전략적 중심축과 세 가지 핵심 역량을 중점적으로 다루고 있다. 전략적 중심축은 학생들의 학습을 더욱 맞춤화하는 것, 학생들의 디지털 문해력과 기술적 역량을 강화하는 것, 학생들의 21세기 역량 개발을 촉진하는 것, 학교 및 부서 문화의 협력과 EdTech 실천을 강화하는 것, 교사들의 EdTech 실천을 강화하는 것이다.

　　우리나라 역시 인공지능 및 디지털 기술에 대해 높은 관심을 가지고 있으며 이를 적극적으로 추진하고 있다. 우리나라의 경우, 수학이나 과학, 읽기에서 최상위권의 성적을 보이는 것과 달리 OECD의 평가에 따르면 성인(16~65세)과 청소년(만 15세)의 디지털 역량(문해력) 수준은 OECD 평균보다 약간 낮은 수준을 보이고 있다. 한편 디지털 분야 인재양성 규모는 정부의 재정사업 기준 연 9만 9천여명으로, 이 중 석·박사급은 1만 7천여 명에 그치고 있다. 이에 반해 향후 디지털 인재에 대한 수요는 최대 100만 명에 이를 것으로 추산되고 있어 수요-공급

간 미스매치가 심화될 것으로 우려되고 있다.

이에 따라 우리나라 역시 최근에 인공지능 및 디지털 역량강화를 위한 구체적이고 다양한 정책을 내놓고 이를 정부 차원에서 추진하고 있다. 우리나라는 인공지능 교육정책의 방향으로 감성적 창조 인재, 초개인화 학습환경, 따듯한 지능화 정책 등 인재상과 학습환경, 정책과정에 대한 거시적인 목표를 수립하고 이에 따라 여러 제도나 지원책을 운영하고 있다(남윤철, 2021).

감성적 창조 인재는 인공지능을 통해 대체될 수 없는 인간만의 능력을 강조하는 의미에서 감성 및 창의력을 강조하고 있으며, 다른 사람을 이해하고 공감할 줄 아는 마음, 타인과 소통할 줄 아는 능력, 그리고 인간이 왜 존재하는지, 어떻게 살아야 하는지 탐구하는 자세 등을 중요하게 간주하고 있다.

그림 2.1 우리나라 성인 및 청소년의 디지털 문해력 수준

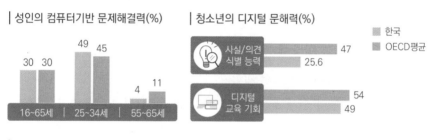

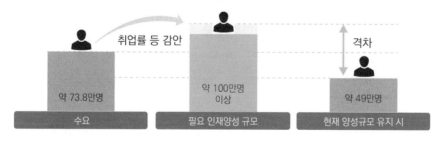

출처: 한국직업능력연구원('22.7).

학습환경의 관점에서 사용되는 초개인화 학습환경은 학습자의 적성과 흥미, 학습 수준을 고려한 개별화된 교육과정의 운영과 학습지원을 의미한다. 교육환경에서 생성되거나 수집되는 여러 데이터를 기반으로 학습자에게 최적화된 맞춤형 교육 서비스를 제공하는 것을 잠재적이고 궁극적인 목표로 제시하고 있다. 이와 같은 인공지능 기술의 발전이 교사의 자리를 대체하는 것이 아니라, 단순·반복적인 업무로부터 자유롭게 하고 교사 본연의 업무에 보다 집중하고 교사를 돕기 위한 인공지능의 기능을 강조하고 있다. 또한 이와 같은 접근은 궁극적으로는 학습자가 자기주도적인 능력을 길러 학습의 성과를 극대화하는 것에 있다.

정책적으로 인공지능을 활용하게 되면 우선 다양한 포용정책이 기대된다. 모두를 위해 공평한 교육 기회를 제공하는 데 첨단기술이 활용될 것이다. 반면에 인공지능으로 인한 새로운 사각지대가 발생할 수 있다. 인공지능 발전이 정보격차를 발생시키면서 정보 접근성에 따라 교육격차가 발생하는 것이다. 따라서 이에 대한 대응책이 함께 병행될 필요가 있음을 강조하고 있다.

뒤이어 발표된 2022년의 디지털 인재양성 종합방안 기본계획 역시 앞서 제시한 여러 문제의식과 방향에 동조하고 있다. 지능형 로봇, 무인 항공기, 자율 자동차, 지능형 금융 등의 디지털 신기술을 개발, 활용, 운용할 수 있는 지식과 역량을 갖춘 인재를 디지털 인재로 정의하고 향후 2026년까지 100만 명의 초급(고졸, 전문학사), 중급(학사), 고급(석박사) 인재 양성을 목표로 하고 있다. 인공지능 인재에 대한 구분과 유사하게 고도화된 디지털 전문 인재, 도메인 분야에 디지털 기술을 적용하는 인재, 일상에서 디지털 기술을 활용하는 인재 등 다양한 수준과 분야에서 활용하는 것을 강조하고 있다. 이 중 교양으로서 디지털 이해 제고와 관련된 계획을 포함하고 있는데, 이는 유·초·중등에서의 SW, AI 교육의 확대를 포함하고 있다.

해당 계획에 따르면 과학·수학·인문사회 등 다양한 교과와 연계·활용 가능한 SW·AI 융합교육 프로그램 개발·보급하는 것 외에도 이와 같은 교육을 전문적으로 제공할 수 있는 특화된 학교로서 2023년부터 융합교육 선도학교 300개

학교를 운영하며, SW·AI 융합 교육프로그램 및 교수학습자료 등 여러 학습자료를 제공하는 것을 목표로 하고 있다. 특히 SW·AI 교육 기회 및 정보 선택과목 확대 등 단위학교 SW·AI 교육역량 강화를 위한 'AI교육 선도학교'를 지속하여 2022년 1,000개에서 2024년 1,500개, 2027년에는 2,200개로 확대할 계획을 가지고 있다. 또한 지역 내 SW·AI 교육의 거점학교 역할을 수행할 수 있는 'AI 융합교육 중심고'의 지정을 2022년 57개에서 2026년 180개까지 확대할 계획이다.

표 2.1 AI교육 선도학교와 AI융합교육 중심고등학교의 비교

구분	AI교육 선도학교	AI 융합교육 중심고
사업목적	SW ·AI 교육 우수 모델 구현 · 확산	지역 내 AI교육 거점고 역할
사업내용	• 교과연계 SW ·AI 융합 교육 • 동아리 및 방과 후 활동 지원 • 학교 밖 SW ·AI 학습장 연계 • 디지털 튜터 배치	• SW ·AI 집중 교육과정 운영 • 지역연계 공동교육과정 운영 • 정보교사 배치 등 인력풀 확보 • 디지털 기반 정보교육실 구축
현황('22.)	총 1,000개교(160억원)	57개교(10.2억원)
주관부처	교육부, 과기정통부	교육부

학생들에게는 AI 융합교육 중심고, SW 마이스터고, 영재학교·과학고 SW·AI 특화 교육과정 등 다양한 경로와 진로에 따라서 고등학교부터 정보·컴퓨터 교과 이수 기회 확대를 위한 공동교육과정을 지원할 예정이며, 개별 학교에서 개설이 어려운 과목을 개방·운영하는 '(가칭)온라인 고교'(신설 예정)를 통해 디지털 교육 기회를 제공할 것이라고 밝히고 있다.

무엇보다 인공지능 및 디지털 인재를 기르기 위해서는 이를 교육할 수 있는 교사의 양성이 무엇보다 필수적이다. 우리나라 교육부는 디지털 교육체제로의 대전환을 천명하면서 교원에 대한 전문성 확보를 중요한 목표로 제시하고 있다. 초중등 교사의 경우에는 동아리, 창체활동 등 지원을 위해 일정 규모 이상 학교에 정보교육을 담당하는 교원 배치와 함께 컴퓨터 등의 정보교과에서의 교직이수과정의 정원 확대, 복수(부)전공 연계 확대, 첨단 분야 전문가의 교직 진출 활성화를 위한 대학원 및 일반학과 교직이수과정 제도 개선 등을 추진하고 있으며, 시도

별로 현직 교원을 대상으로 한 특별 연수를 계획하고 있다. 이 외에도 「교원자격검정령」 제4조 제4항 제1호를 활성화하여 정보·컴퓨터 표시과목 부전공을 가진 교원을 확대할 것을 목표로 하고 있다.

2022년부터 추진 중인 디지털 역량 함양 교원 양성을 위한 추진 체계 구축 사업인 AIEDAP(AI Eduction Alliance & Policy Lab)은 현직 교사와 예비 교사, 교육대학교 및 사범대학 재직 교수까지 포괄적인 대상을 위한 전문성 함양을 목적으로 하고 있다. 해당 사업은 초중등 교원을 양성하는 교육대학교 및 사범대학이 중심이 되나 디지털 분야의 특화된 대학 및 대학원, 출연기관이나 민간기업 등을 포괄하고 있으며 1차년도 계획을 수립하고, 2~3차년도에는 시범사업을 운영하고, 이를 4차년도 이후 확장하는 것을 골자로 하고 있다. 특히 2023년부터 개별 교사의 인공지능 및 디지털 역량 함양에 그치지 않고 교사를 교육하고, 교육현장의 변화를 선도할 수 있는 강사요원의 양성을 위한 별도의 연수 체계를 운영하고 있다. 이에 따라 마스터교원양성연수, 리더교원양성연수, 일반교원연수 등으로 전국 단위로 여러 교과를 대상으로 교사를 모집해 교육을 실시하고 있다.

그림 2.2   AIEDAP 단계별 역할 로드맵

| AIEDAP 단계별 역할 로드맵(안)

1단계 (1~2년차)	'22년 방향 설정 연구·평가 및 기회	• '중앙 주도+지역 참여'의 전국 단위 연합체제(AIEDAP) 구성·운영 • AI·디지털 분야 교원 역량 체계 정립 등 연구 – 교원 AI·디지털 역량 강화 관련 기준 사업 평가 및 발전방안(규제개선) 도출
2단계 (2~3년차)	'23~'24년 모델링 시범사업 운영	• 전국 연합 체제(AIEDAP)의 지역 확산 • (예비)교원 AI·디지털 역량 제고를 위한 시범사업 추진 – 기존 사업의 안정적 추진 지원(도출된 역량체계 반영 등)
3단계 (4년차 이후)	'25년~ 확산 및 안착 역량체계에 기반한 본격 사업 추진	• 5개 권역별 연합 체제(지역 AIEDAP) 출범(중앙은 연구·지원담당) • 시범사업의 정규화, 기존사업의 통합으로 지역 여건에 맞는 일원화된 통합체계로서 맞춤형 교원 양성·연수(재교육) 실시 등

또한 2023년 발표된 디지털 기반 교육혁신 방안 역시 디지털 기술에 대한 교사들의 전문성 향상을 위한 교육의 중요성을 강조하고 있다. 이른바 T.O.U.C.H 교사단(Teachers who Upgrade Class with High-tech)을 선발해 중심으로 교사들의 학습공동체를 활성화하는 것을 목표로 하는데, 이는 수업 혁신을 선도하는 교사 전문가로서 향후 다른 교사를 교육하는데 중요한 역할을 하기 위한 목적으로 교육하고 있다. 해당 교사단의 선발은 시도교육청의 추천을 받아 선발하며, 선발 이후 민간전문가 등을 활용하여 방학 중 집중 연수(부트캠프)를 실시하고 있다. 2023년 400명에서 2025년 1,500명까지 확대할 계획이다. 이 외에도 AI 및 디지털 교과서를 확대하고 이를 활용할 수 있는 교육환경을 2025년부터 갖추어 운영할 계획을 발표하였다.

교육환경 내에서의 인공지능의 도입은 학습자의 학습성과를 극대화하고 지원하는 AI 보조교사 및 여러 가지 제반 교원 업무를 지원하는 것에 초점을 두고 있다.

AI 보조교사란 디지털 교수·학습 통합 플랫폼 및 학력진단시스템 등에 축적된 학습 빅데이터를 AI 분석을 통해 기초학력 미달자가 없도록 맞춤형 학습 지원에 활용하는 'AI 학습 튜터링(AI 보조교사)' 시스템을 말한다. 이와 같은 시스템은 단계별 학습, 주제와 교수법에 대한 전문가의 지식을 활용해 개별 학생의 오개념을 바로 잡아주고 학습 성취를 도우며, 교재와 학습 활동들에 대한 최적 학습 경로를 선정하는 데에 사용됨으로써 개별적인 학생의 지도나 학생의 상담, 적절한 과제의 배분 등을 통해 교사의 업무 부담을 경감시킬 수 있을 것으로 기대한다.

디지털 교육을 위한 콘텐츠 개발의 일환으로 디지털 교과서가 점차 중요해지고 있다. 2022년 및 2023년 발표된 교육부의 계획에 따라 2025년부터 인공지능을 활용한 디지털 교과서를 이용한 수업을 천명하고 있으며, 이에 따라 교육부와 시도교육청에서는 실감형 콘텐츠나 시뮬레이션 등 다양한 디지털 기술을 활용한 콘텐츠나 교수학습자료 개발을 위한 여러 지원사업이 정부 공공기관을 중심으로 이뤄지고 있다. 특히, 2022 개정 교육과정의 발표에 따라 이를 후속 지원하기 위한 목적에서 더욱 활발하게 활용될 것으로 기대되고 있다.

　한편, 인공지능·디지털 기술의 활용을 통한 교원 업무 지원 역시 개발되고 있다. 2022년 디지털 인재양성 종합방안 기본계획에 따르면 활용 행정업무 자동화, 지능형 클라우드 구현 등으로 교원 업무 경감 및 대국민(학생, 학부모 등) 서비스를 구축하고, 에듀테크 기업(디지털 기업)들과 학교(대학) 단위로 협업을 지원해 단순, 반복적 업무 등에 인공지능을 활용한 교직원 행정 업무를 줄일 수 있는 시스템 개발 계획을 포함하고 있다. 이와 유사한 국내외 시도들을 참고할 수 있는데 우리나라의 경우, 서울시 교육청에서 채점, 과제관리, 통계 등 단순화, 패턴화된 교원들의 업무 경감을 위한 가능성을 탐색하는 기초 연구를 수행한 바 있다. 또한 영국에서는 우드베리의 초등학교에서 민간 분야가 참여하여 교수학습, 교사-학생 간 의사소통, 학습 성과 수집·분석, 행정(인프라, 조달, 보안 등)에 인공지능 기술을 도입해 교직원의 업무 부담을 줄인 사례가 있다.

3 변화하는 교육환경에서의 교사의 역할에 대한 고민

　변화하는 교육환경과 미래사회의 요구에 따라 교사는 어떠한 역할을 수행해야 하는지 몇 가지 질문에 대해 논의해 보고자 한다. OECD(2020)의 학교의 미래 예측에서도 7가지 질문과 긴장 관계를 통해 미래를 조망해 보고 있다. 학교는 어떤 점에서 변화될 수 있거나 변화되어야 하는가? 학교의 목표와 구조는 서로 일치하는가? 지역적 목표 달성을 위해 얼마나 공동체 또는 지구적 관점의 거시적 통합과 연결이 필요한가? 새로운 기술을 도입하는 시행착오를 얼마나 수용할 것인가? 현실적 목표와 잠재적 미래 중 어디에 초점을 두어야 하는가? 디지털 환경과 전통적인 물리 세계 사이에서 어떻게 균형을 이뤄야 하는가? 가르치는 것과 배우는 것은 얼마나 일치하거나 차이가 나는가? 등 7개의 질문으로 제시하고 있다.

우선 학교는 무엇을 위해 존재하는가? 이는 학교의 기능과 목적이 무엇인가 묻는 질문이다. 오늘날 학교의 기능은 학습과 사회화의 두 가지 측면을 가지며 초등 교육기관은 보육 기능까지 담당하고 있다. 미래에 이 세 가지를 대체할 방안이 존재하는지 하나씩 살펴보면 우선 학습 기능에 대해서는 학원 및 교습소 등 사교육을 중심으로 이뤄지고 있으며, 최근에는 온라인을 활용한 학습, 과학관이나 미술관 등에서 실험, 실습 교육 등도 이뤄지고 있다. 특히 인공지능과 빅데이터, 가상현실 등을 결합한 서비스의 발전은 학생의 필요와 수준 등을 고려한 맞춤형 학습을 가능하게 할 수 있을 것으로 기대된다. 사회화의 경우, 사람과 사람 사이에서 익히고 배워야 할 예절이나 배려, 공감 등의 정서·행동과 관련되므로 학교라는 장소에서만 가능한 것처럼 보인다. 그런데 자연이나 생태 체험, 장단기 캠프 등이 늘어나게 되면 이러한 기회를 조금씩 제공할 수 있을지도 모르며, 무엇보다 메타버스의 약진을 통해 소셜 VR(Virtual Reality)가 등장하게 되면 온라인 또는 가상공간에서의 상호작용과 토론으로 이러한 기능이 대체될지도 모른다. 물론 이러한 방식의 의사소통과 공감, 협력이 실제 학생들이 살아갈 사회에서 필요한 사회적 기능들을 모두 학습하는 데에 충분할 것인가 하는 데에서는 여러 가지 논의가 가능하겠지만 사회화의 의미 자체가 달라질 수 있다는 점에서는 매우 주목해서 살펴보아야 한다. 게다가 사회화의 의미는 기본적으로 인간과 인간 사이에 일어나는 언어적, 비언어적 상호작용과 규칙의 준수로 간주할 수 있지만 인공지능과 로봇의 발달은 인간-인간의 상호작용 외에도 인간-기계의 상호작용도 매우 중요하다는 점을 드러낸다. 과학영화(Science Fiction)를 중심으로 인간과 사람의 우정이나 사랑, 갈등 등을 다루고 있는데 휴머노이드(인간과 같이 지능을 가지고 행동하는 로봇)는 차치하더라도 단말기, 휴대폰 등 대화형 인터페이스를 갖춘 다양한 기기들의 조절과 상호작용은 미래 사회를 살아가기 위해 꼭 필요한 능력으로 간주된다. 현재 많은 식당이나 편의점 등에서 기계를 통해 음식이나 제품을 주문하고 결제하는 시스템을 갖춘 곳이 많으며, 이러한 시스템은 앞으로 더욱 증가할 것으로 여겨지며, 미래사회에서 살아가기 위해서는 이러한 기기와의 의사소통을 배우지 않으면 안 된다. 이는 포스트휴머니즘에 대한 부분에서 보다 자세하게 다룰 예정이다. 끝으로 보육 기능의 경우, 직접 사람이 개입되지 않으면 불가능하기 때문에 쉽게 대체되기 어려울 것으로 보인다. 문제는 보육이라는 기능은 애초에 학교에서 오랫동안 다루지 않았던 것이며 영·유아의 위탁교육 기관에서 주로 담당하던 것들이다. 그리고 현재의 교사교육에서는 보육과 관련된 내용들은 거의 다루지 않고 있으며, 현재 학교의 시스템에서는 별도의 지원 인력이 이를 수행하고 있다. 물론 이 또한 휴머노이드가 등장하게 되면 그 역할을 넘겨주게 될지도 모르겠지만 적어도 가까운 시일 내에 일어나기는 어려워 보인다. 지금까지의 내용을 토대로 살펴보면 학교의 학습은 거의 학교 밖의 여러 기관이나 매체에게 내어 주고 사회화의 기능 중 일부를, 그리고 초등 교육기관을 중심으로 보육 기능이 중심이 되는 지금과는 전혀 다른 모습이 될 것으로 예측된다. 그런데 좀 더 구체적으로 살펴보면 직접 사람인 교사의 도움이 있어야만 학습자들이 존재한다. 예를 들면 컴퓨터나 기계와의 의사소통이 익숙하지 않은 계층의 학습자들(낮은 연령 또는 고연령의 성인 학습자), 그리고 신체적·정서적·정신적 장애가 있는 학습자, 학습에 대한 동기나 의욕이 낮아 스스로 학습에 참여할 의사가 적은 학생들은 교사의 직접적이고 긴밀한 접촉과 상담이 요구된다.

또 다른 질문은 학교가 현재 학교에 요구하는 역할을 잘 감당하며, 기대에 부응할 수 있을까 하는 점이다. 우리나라의 경우, 학습에 대한 사교육의 의존도가 매우 높은 것은 사실이며 이는 사회적으로도 많은 문제가 되고 있는 것이 사실이다. 그러나 이러한 역할은 주로 대학 입시와 관련된, 정해진 내용에 관한 것이지 미래와 직접적으로 연관되는 것들은 아니다. 이전 질문에서 논의한 학습과 사회화의 기능은 지금 현재에 필요한 능력이나 지식보다는 미래에 필요하다고 예측하는 것들에 대해 얼마나 잘 대비하고 도움이 되는가 하는 점이다. 그런데 문제는 변화하는 미래사회의 추이나 새롭게 등장하는 지식과 방법들 역시 현재의 학교 시스템에서도 잘 다뤄지지 못하고 있으며, 이러한 내용들은 디지털 미디어 플랫폼을 중심으로 주로 논의되고 있다. 학교가 빠르게 변화하는 사회에서 도움이 되는 지식을 공급하는 역할(Pop-up Reality Producer)을 하려면 가르치고자 하는 내용의 구성과 체계가 좀 더 유연해야 하며, 또한 이를 가르칠 수 있는 전문성도 함께 요구된다. 더구나 인공지능과 관련된 기술은 하루가 다르게 빠르게 변화하고 있으며 6개월만 지나도 이미 오래된 것이 되고 말 정도로 그 변화 속도가 매우 엄청난 상황이다. 해당 분야의 전문적인 지식과 경험이 없는 상태에서 과연 얼마나 많은 교사가 이와 같은 능력을 갖출 수 있는지 회의적인 시각이 존재한다. 게다가 단지 인공지능과 관련된 기술의 개발과 이를 효과적으로 교육하고 활용하는 것은 서로 다른 문제이기 때문에 어떻게 적용하느냐, 어떻게 활용하느냐가 교육에서의 중요한 능력에 해당한다. 따라서 이에 대한 관심과 고민도 지식 및 기술의 습득 못지않게 중요하다.

이러한 어려움에 관한 질문 중에서 과연 교사는 무엇을 할 수 있고 무엇을 할 수 없는지도 고려할 수밖에 없다. 현재의 학교는 그렇지 않더라도 교사가 실제 교육과정을 설계하거나 학습성과를 컨설팅하는 주체의 역할이 주어진다면 이러한 문제를 해결할 수 있는 주인공이 될 수 있다. 다만 그러한 역할을 수행하기 위해서는 학습자의 학습상황과 인지적 성향, 태도 등을 종합적으로 이해하고 판단할 수 있어야 하며 수많은 교수 기능을 가진 전문가나 인력 및 환경과의 연결, 다양한 맥락에서의 학습을 제공할 수 있는 플랫폼 등을 다룰 수 있는 역량도 갖추어야 한다. 과연 현재의 교사교육 양성 시스템은 이러한 미래를 준비할 수 있도록 교사를 훈련하고 기회를 제공하고 있는가?

이러한 미래학교에 대한 여러 질문은 교사는 그러한 변화된 학교라는 개념 속에서 무엇을 해야 하는가 하는 질문으로 연결된다. 무엇보다 학습의 시공간이 확장되는 환경 속에서 교사는 학교 외에 다양한 곳에서, 다양한 분야의 전문가인 교수자들과 공존할지 모르며, 가르치는 것 자체보다 무엇을 어떻게 가르쳐야 하는지 지도하고 운영하는 것이 더욱 중요하게 여겨질지 모른다. 최근 디지털 미디어 플랫폼과 MOOC 등의 새로운 학습 플랫폼의 등장은 수많은 사람들을 통해 흥미롭고 자극적인 콘텐츠의 생산을 가속화하고 있다. 코로나19 이후 원격 학습이 널리 퍼지면서 다양한 학습자료와 운영 방법들이 생겨나고 있지만 여전히 해결되지 않는 문제가 존재하는데, 그것은 새롭게 변화하는 환경에서 이뤄지는 교육이 실제 얼마나 효과적인가 하는 점이다. 온라인과 인공지능 등을 활용한 교육의 필요성에 대한 논리적 근거와는 별개로 실제 학생들의 반응과 경험을 토대로 한 근거가 없이 함부로 교육환경을 급격히 전환하는 것은 예기치 않은 위험을 초래할 수 있다. 교사와 함께 다양한 교육 전문가들이 새로운 학습환경에서 일어나는 학습자의 다양한 정보를 수집하고, 실제 얼마나 이러한 방식들이 효과적인지, 그리고 어떤 한계가 존재하는지 규명하고 해결할 수 있는 실천 방안을 마련하는 것이 중요하다.

동시에 새로운 콘텐츠와 관심 주제들의 폭발 속에서 교사는 무엇을 어떻게 제공할 것인지 학습자에 맞게 설계하고 진단하는 것이 매우 중요하다. 미디어 시장에서의 플랫폼을 중심으로 한 공유, 그리고 구독 경제의 형성이 교육에서도 이뤄진다면 교사의 역할은 더 이상 매시간 학생들을 가르칠 수업 지도안을 계획하고 자료를 만드는 일이 아니라 학습에 필요한 콘텐츠를 학습자의 기대와 흥미, 수준 등에 맞게 추천하고 그러한 결과에 대해 얼마나 효과적인지 분석하여 수정하는 일들이 될 것이다. 그리고 한 명의 교사가 아닌, 여러 교사들이 함께 협력하며 새롭게 등장하는 교육의 문제에 대처하면서 공동체로서의 전문성을 발휘하게 될 것으로 예상된다(곽영순 외, 2021; 홍선주 외, 2018).

한편, 빠르게 변환하는 사회 속에서 새로운 지식과 콘텐츠를 소개하고 추천하려면 산업이나 문화, 사회의 변화에 대해 민감하게 반응하고 빠르게 이러한 추이를 파악하는 것이 매우 중요하다. 특히 기술이 발전할수록 점차 학습의 생명 주기가 짧아지므로 새로운 내용을 이해하고 가르치더라도 그 수명은 몇 년이 아니라 1~2년, 또는 몇 개월이 될지도 모른다. 그렇다면 교사 자신도 학습자로서 빠르게 학습하고 이해하는 능력(Learn How to Learn)이 매우 중요해진다. 그리고 새로운 내용이 점점 구체화되고 체계화될수록 단기간의 집중 교육 및 인증 방식이 교사의 학습에도 보편화될 가능성이 있다. 이미 2021년 <Horizon Report>

에서도 마이크로 인증의 확대를 예상하며, 대학 등의 고등 교육기관에서도 인증 단위에 대한 축소와 단순화 과정이 빠르게 이뤄지고 있다.

교사가 사람뿐만 아니라 기계나 컴퓨터를 포함한다면 교사는 이러한 다른 교수자들이 할 수 없는 역할에 더욱 집중하게 될 것이다. 인공지능과 빅데이터를 활용한 기술의 고도화는 개인별 맞춤형 학습이 가능하게 할지 모르지만, 이는 스스로 학습할 의지가 없고 학습 성취가 지나치게 낮은 학습자들이나 신체적 장애로 어려움을 겪는 학생에게는 도움이 되지 못한다. 한편, 학생들의 비정형화된 데이터(보고서나 포트폴리오 등)에 대한 평가 역시 인공지능을 통해 대체되기에는 많은 어려움이 있으므로 실습이나 실기 등의 활동 등을 중심으로 교사의 역할이 더욱 요구될지도 모르겠다.

시각 정보 및 음성 정보를 활용한 인공지능 기반 복제 기술과 가상현실·증강현실을 활용한 서비스가 활성화되면 온라인상에서의 교육은 실제 사람인 교사가 담당하지 않게 될지도 모른다. 교사의 음성이나 동영상 등 시각 정보를 토대로 학습해, 교사를 모방한 인공지능 비서를 통해 상담이나 질의응답을 제공하게 되면 사용자는 이를 구분하기 어려울 것이다. 이러한 서비스의 도입은 해킹이나 사생활, 개인정보의 침해 등 다양한 윤리적 문제와 관련이 있으므로 신중하게 처리해야 하며, 한편 이러한 기능이 발전할수록 가르치는 역할뿐만 아니라 상담 등의 역할에서도 교사들에게 도전하게 될 것이다

변화하는 교육환경 속에서 교사는 과연 어떤 역할을 하며, 가르치는 사람으로서의 정체성은 무엇에 대해, 언제, 어디에서 수행할 것인가? 교사는 가르쳐야 할 지식을 잘 이해하고 전달할 수 있는 내용의 전문가인가, 학습자의 요구와 관심, 수준 등을 파악해 적절하게 설계하고 제공하는 학습의 전문가인가, 학습자가 겪는 생활이나 심리 문제를 도와주는 상담 전문가인가, 아니면 지금까지 존재하지 않았던 새로운 분야의 일을 하게 될까? 그리고 미래 학교가 어떤 시나리오에 따라 움직이게 되느냐에 따라 교사가 일하는 장소는 학교가 될 수도, 또는 학교 밖의 새로운 학습 공간, 또는 가상의 공간이 될지도 모른다. 이러한 변화를 결정

하는 요인은 어쩌면 교사 자신이 아니라 교육에서 인공지능과 같은 기술이 얼마나 빠르게 적용되고 그 수준이 얼마나 발전할 수 있는지에 달려 있을지도 모른다.

참고문헌

남윤철(2021). 인공지능시대 교육정책의 방향과 핵심과제. 행복한교육, 2021년 01월호.

이용욱(2018). 디지털리터러시 교육의 방향성 연구: 텍스트와 하이퍼텍스트, 그리고 네트워크-공간. 인문콘텐츠, 50, 115-135.

추형석, 김용성, 안성원, 이중엽(2019). 4차 산업혁명 대응을 위한 인공지능 인재양성 방안 연구. 서울: 소프트웨어정책연구소.

한국고용정보원(2021). 2021 한국직업전망. 세종: 한국고용정보원.

Bernstein, J. (2008). Crunch: Why do you feel so squeezed? San Francisco, CA: Berrett-Koehler Publishers.

Frey, C. B., & Osborne, M. A. (2017). The future of employment: How susceptible are jobs to computerisation? Technological Forecasting and Social Change, 114, 254-280.

Glenn, J. C., Gordon, T. J., & Florescu, F. (2014). The state of the future. Washington, DC: The Millennium Project.

MacBeath, J. (2012). Learning in and out of school. New York: Routledge.

Organisation for Economic Co-operation and Development (OECD). (2020). Trustworthy artificial intelligence in education. Retrieved from https://www.oecd.org/education/trustworthy-artificial-intelligence-ai-in-education-a6c90fa9-en.htm

Schwab, K. (2016). The fourth industrial revolution. Geneva, Switzerland: World Economic Forum.

Westlake, S. (2014). Our work here is done: Visions of a robot economy. London: National Endowment for Science, Technology and the Arts.

Wilson, H. J., Daugherty, P., & Bianzino, N. (2017). The jobs that artificial intelligence will create. MIT Sloan Management Review, 58(4), 14-16.

CHAPTER
03

모두를 위한 AI · 디지털 리터러시

모두를 위한 AI · 디지털 리터러시_김갑수

오늘날 사람들은 아침뉴스나 날씨, 교통 정보를 디지털 기기로 검색하며 하루를 시작하고 있다. AI가 탑재된 디지털 기기는 검색 내용을 요약해주고 읽어주기도 한다. AI는 우리들의 사회, 가정 및 학교를 포함한 생활 속에 깊숙이 들어와 있다. 특히 코로나 이후 우리는 생활의 일부가 디지털로 전환된 사회를 살아간다.

과학기술정보통신부의 무선통신서비스 통계 현황[과기부, 2024-a, 과기부, 2024_b]을 보면 2023년 11월 기준 휴대폰 가입자는 56,238,339회선, 스마트 폰 가입자는 55,149,709회선으로 우리나라 인구수보다 많다는 것을 알 수 있다. 이것을 통해 모두가 디지털 기기를 가지고 있다는 것을 알 수 있고, 이 기기들을 사용하는 능력에 따라 삶의 변화 등이 많이 있을 것으로 생각해 볼 수 있다. 이 디지털 기기들은 이제 AI가 탑재되어 매우 빠르게 진화하고 있다. 보통 10년이면 강산도 변한다고 하는데 AI 및 디지털 사회에서는 6개월 아니, 1개월마다 새로운 것이 개발되어 세상이 변화하고 있다. 하드웨어 기기들은 사용법 등이 단순하지만 AI와 디지털 기기들은 사용법 등도 계속 변화하고 있다. 따라서 AI와 디지털 리터러시는 원리를 아는 것이 매우 중요하다는 것을 알 수 있다. 원리를 알면 쉽게 사용할 수 있다. 다른 리터러시보다 원리를 알아야 하는 이유가 AI와 디지털은 매우 빠르게 진화하기 때문이다. 따라서 AI · 디지털 리터러시가 학생들을 포함한 모두에게 매우 중요한 요소가 되었다. 본 장에서는 먼저 모든 이들에게 필요한 AI · 디지털 리터러시의 정의들을 설명하고, 제2절에서는 국가별로 AI · 디지털 리터러시 활동들을 소개한다.

① AI · 디지털 리터러시

1) 정의 및 특성

AI(Artificial Intelligence, 인공지능)는 디지털 리터러시 영역에 포함될 수도 있고, 반대로 디지털이 AI 영역에 포함될 수도 있다. 이것은 AI가 디지털의 한 분야일 수도 있고, 디지털이 AI의 한 분야일 수도 있기 때문이다. 즉 인공지능이 디지털 도구의 종류 중에 한 개일 수도 있다. 그러면 AI이 디지털에 포함될 것이다. AI는 디지털 도구와 다르게 데이터를 기반으로 스스로 학습하여 진화하는 것이다. 다음의 예제는 쉽게 이해할 수 있을 것이다. 'MS사에서 개발한 MS365를 많이 사용하고 있을 것입니다. MS365에 chatGPT를 탑제한 MS Copilot이 바로 인공지능 도구이다. 지금까지의 디지털 도구의 기능에 AI기능을 추가할 수 있다.' 2024년 현시점에서 AI와 디지털 리터러시를 통합적으로 기술하기는 어렵다. AI · 디지털 리터러시는 [그림 3.1]과 같이 표현할 수 있다. 따라서 본 절에서는 AI · 디지털 리터러시를 한 개의 영역으로 보는 것이 아니라 AI 리터러시와 디지털 리터러시로 두 가지로 나누어 살펴본다.

그림 3.1 AI · 디지털 리터러시

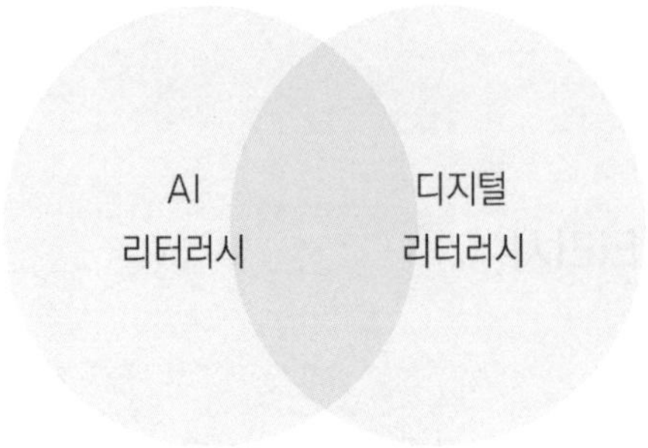

(1) AI 리터러시

AI는 우리 생활에 매우 깊숙이 들어왔다. CES(Consumer Electronics Show−세 개 최대의 IT 분야의 박람회) 2024에서는 모든 분야에 AI가 침투해 있었다. 기존의 하드웨어 및 소프트웨어 제품에 AI를 탑재하여 기기의 기능을 혁신적으로 변화시키거나 성능을 매우 빠르게 향상시킨 것을 알 수 있다.

2022년 11월부터 chatGPT가 많은 정보를 학습하여 정보를 요약해 정리해주는 시대에서 우리는 새로운 지식을 구성할 수 있게 되었다. AI가 우리 생활에 들어와 있기 때문에 모두를 위한 AI 리터러시가 필요하게 되었다.

2023년 MIT대학의 신시아 브리질(Cynthia Breazeal) 교수[Cynthia Breazeal, 2023]는 "AI 지니가 병 밖으로 나왔다(The AI genie is out of the bottle)"고 말했다. AI 지니가 이제 세상에 나와서 우리와 같이 더불어 살아가야 한다고 표현했을 정도로 AI는 우리의 삶과 매우 연관되어 있다. 또한 AI 기술은 이제 완성되어 우리와 더불어 살아갈 것이다. 세상에 나온 이상 절대로 다시 병으로 들어갈수 없을 것이다. 따라서 AI를 얼마나 많이 알고 있는지가 중요해졌기 때문에 우리 모두에게 AI 리터러시는 매우 중요하다.

하버드 대학의 마이클 조던(Michael Jordan)[Michael Jordan, 2018]은 AI 리터러시를 "AI 기술과 관련된 정보를 이해하고 이를 적절하게 활용하며, 그로 인한 결과를 비판적으로 평가할 수 있는 능력"으로 정의했다. 세부 구성 요소는 먼저, AI 지식을 갖추어야 한다. AI가 어떻게 작동하는지 기본 원리를 이해하고 사용하는 사람과 그렇지 않은 사람은 많은 차이가 있다. 따라서 AI가 어떻게 동작하고 있는지를 알아야 하고 AI가 우리의 일상생활과 사회의 각 영역에 어떠한 영향을 미치는지를 인식해야 한다.

두 번째는 AI 활용 능력이다. 자신의 직업 또는 생활 속에서 AI 기술을 적절하게 활용할 수 있어야 하고, AI를 이용하여 자신의 문제들을 해결할 수 있는 능력을 갖추어야 한다.

세 번째는 AI의 비판적 사용이다. 즉, AI에 대한 비판적인 사고를 말한다. AI를 통해 생성된 많은 결과에 대해서 비판적으로 평가할 수 있어야 하고, AI로 발생할 수 있는 윤리적, 사회적 이슈에 대해서 평가할 수 있는 능력을 길러야 한다.

롱과 브라이언 메거코(Long, D., & Magerko, B)는 AI 리터러시를 다음과 같이 정의하고 있다. AI 기술을 비판적으로 사용하여 평가할 수 있는 능력, AI와 효과적으로 의사소통하여 협업할 수 있는 능력 그리고 집이나 일터에서 온라인 도구로써 AI를 사용할 수 있는 능력으로 정의하고 있다.

롱과 브라이언 메거코는 이 정의를 위하여 다음의 5개 분야별로 AI에 대한 개념적인 프레임워크를 만들었다.

1. AI가 무엇인가?(What is AI?)
2. AI가 어떤 것을 할 수 있는가?(What can AI do?)
3. AI가 어떻게 동작하는가?(How does AI work?)
4. AI가 어떻게 사용되어야 하는가?(How should AI be used?)
5. AI를 어떻게 인식하는가?(How do people perceive AI?)

'AI가 무엇인가?'의 영역에서는 AI 인식을 알아야 하고 지능을 이해해야 하고, 이를 학제간으로 연계해서 이해해야 하며 일반 AI와 좁은 의미의 AI를 알아야 하는 것을 역량으로 정의하였다. 구체적인 내용은 다음과 같다.

- 역량 1(AI 인식): AI를 사용한 도구와 AI를 사용하지 않은 도구를 구별할 수 있는 능력을 정의하였다.
- 역량 2(지능 이해): 인간, 동물 및 기계 지능의 차이점을 논의하는 것을 포함하여 실체 AI를 만드는 기능을 비판적으로 분석하고 논의할 수 있는 능력을 정의하였다.
- 역량 3(학제 간): '지능형' 기계를 생각하고 개발하는 방법에는 여러 가지가 있다는 것을 인식하고 인지 시스템, 로봇 공학 및 기계 학습을 포함한 AI를 사용하는 다양한 기술을 식별할 수 있는 능력을 정의하였다.
- 역량 4(일반 대 협의): 일반 AI와 좁은 AI를 구별하는 능력을 정의하였다.

다음은 'AI가 어떤 것을 할 수 있는가?'의 영역에서는 AI의 강점과 약점을 알아야 하고, 미래에는 AI가 어떤 것을 할 수 있지는가에 대해서 구체적으로 알아야 한다. 구체적인 내용은 다음과 같다.

- 역량 5(AI의 강점과 약점): AI가 뛰어난 문제 유형들과 더 도전적인 문제들은 어떤 것들이 있는지 알 수 있고, 이 정보들을 이용하여 AI를 사용할 수 있는 시기를 알 수 있는 능력을 정의하였다.
- 역량 6(미래 AI 상상): AI의 향후 적용 가능한 응용 분야를 상상할 수 있는 능력과 이러한 AI 응용 프로그램이 세계에 미치는 영향을 생각할 수 있는 능력을 정의하였다.

다음은 'AI가 어떻게 동작하는가?'의 영역에서는 AI의 영역은 인지 시스템 (Cognitive systems), 기계학습, 로보틱스의 영역을 알아야 한다. 구체적인 내용은 다음과 같다.

첫 번째 인지 시스템 분야는 표현과 의사결정을 알아야 한다. 이에 대한 구체적인 내용은 다음과 같다.

- 역량 7(표현): 지식 표현이 무엇인지 이해하고 지식 표현의 몇 가지 예를 설명할 수 있는 능력을 정의하였다.
- 역량 8(의사 결정): 컴퓨터가 어떻게 추론하고 결정을 내리는지에 대한 예를 인식하고 설명하는 능력을 정의하였다.
- 설계 고려사항 1(설명): AI에 대한 학습자의 이해를 돕기 위해서 그래픽 시각화, 시뮬레이션, 에이전트, 의사 결정 프로세스에 대해 설명할 수 있거나 상호작용으로 대화식으로 설명할 수 있는 것을 생각할 수 있는 능력을 정의하였다.

기계 학습 분야에는 기계학습 단계, AI에 대한 인간의 역할, 데이터 리터러시, 데이터로부터 학습, 비판적인 데이터 해석을 할 수 있는 역량이 있어야 한다. 이에 대한 구체적인 내용은 다음과 같다.

- 역량 9(기계학습 단계): 기계학습의 각 단계를 이해하고, 각 단계별로 실제 실습할 수 있는 능력을 정의하였다.
- 역량 10(AI에 대한 인간 역할): 실제 사람이 프로그래밍하고, 기계 학습 모델들을 선택하고, AI 시스템을 미세 조정하는 데 중요한 역할을 한다는 것을 인식하는 것을 정의하였다.
- 역량 11(데이터 리터러시): 기본적인 데이터 개념들을 이해하고 설명할 수 있는 능력을 정의하였다.
- 역량 12(데이터로부터 학습): 컴퓨터가 종종 데이터에서 배운다는 것을 인식하는 능력을 정의하였다.
- 역량 13(비판적 데이터 해석): 데이터는 그 자체만으로는 가치를 알 수 없으며 해석이 필요하다는 것을 이해할 수 있는 능력이다. 초기 데이터 집합에서 학습함으로써 알고리즘의 결과에 어떤 영향을 줄 수 있는지 설명할 수 있는 능력을 정의하였다.

로보틱 분야에는 로봇의 행동과 반응 및 센서에 대해서 알아야 하는 역량이 있어야 한다. 이에 대한 구체적인 내용은 다음과 같다.

- 역량 14(행동 및 반응): 일부 AI 시스템은 세계에서 물리적으로 행동할 수 있다는 것을 이해한다. 계획된 경로를 따라 걷는 것과 같은 더 높은 수준의 추론을 할 수 있거나 감지된 장애물을 피하려고 뒤로 점프하는 것과 같이 반응할 수 있다는 것을 알아야 하는 능력을 정의하였다.
- 역량 15(센서): 센서가 무엇인지 이해할 수 있어야 하고, 컴퓨터가 센서를 통하여 세상을 인지한다는 것과, 다양한 디바이스에 다양한 센서가 있다는 것을 알 수 있어야 하는 능력을 정의하였다.

다음은 'AI가 어떻게 사용되어야 하는가?'의 영역에서는 윤리적인 측면에서 AI 능력을 알아야 한다. 이에 대한 구체적인 내용은 다음과 같다.
- 역량 16(윤리): AI를 둘러싼 주요 윤리적 문제(즉, 프라이버시, 고용, 잘못된 정보, 특이성, 윤리적 의사 결정, 다양성, 편견, 투명성, 책임성)에 대한 다양한 관점을 알아야 하고 설명할 수 있는 능력을 정의하였다.

마지막으로 사람은 'AI를 어떻게 인식하는가?'에 대한 능력이 있어야 한다. 이 역량은 다음과 같이 정의하였다.
- 역량 17(프로그램 가능성): 에이전트는 프로그래밍이 가능하다는 것을 이해할 수 있어야 한다.

마이클 조던(Michael Jordan)은 AI 리터러시는 AI의 원리를 이해하고, AI를 자신의 업무에 활용할 수 있어야 하고, AI를 비판적으로 사용할 수 있는 것으로 정의했지만 롱과 브라이언 메거코는 17개의 역량으로 정의하여 좀 더 기술적인 내용을 세분화하여 AI 리터러시를 정의하였다.

이 같은 두 그룹의 정의를 바탕으로 모두를 위한 AI 리터러시를 다음과 같이 간단히 정의하였다.

첫 번째, AI 도구를 이용해 보는 능력이다. 스마트폰이나 PC로 필요한 기능을 찾아서 많은 AI 도구를 사용해 보는 것이다. 예를 들어 chatGPT(chat.openai.com)를 이용하여 글을 작성하거나 달리를 이용하여 그림을 그려볼 수 있다.

두 번째는 AI 도구를 비판적으로 사용하고, 다른 사람들과 토론할 수 있다. chatGPT가 생성한 글을 비판적으로 평가할 수 있어야 하고, chatGPT가 생성한 정보가 잘못된 것일 수도 있음을 판단할 수 있어야 한다.

세 번째는 AI 도구의 원리를 이해하는 것이다. AI 도구가 어떻게 만들어지고 어떻게 작동하는지를 이해할 수 있어야 한다. 매우 간단히 구글 터쳐블 머신(teachablemachine.withgoogle.com)을 사용하여 이미지, 소리, 자세를 인식하고 인식하는 원리를 알아야 한다.

네 번째는 AI 도구와 더불어 생활할 수 있는 능력이다. 즉 효과적으로 AI 도구와 상호작용할 수 있는 능력이다. chatGPT를 활용하여 글을 작성(AI 도구 이용)할 수 있었다면 효과적인 상호작용을 위해 chatGPT에게 질문할 수 있어야 한다.

(2) 디지털 리터러시

코로나19 이후에 모든 분야가 비대면으로 발전하고 있고, 이런 변화의 핵심에 디지털 대전환이 있다. 따라서 학교뿐만 아니라 사회의 모든 영역에 디지털 대전환이 일어나기 때문에 모든 영역에서 디지털 리터러시가 필요하다. 1980년에는 타자를 쳐서 문서를 만들어 주는 직업이 있었지만 이제 모두 문서를 직접 만들 수 있는 시대로 발전한 것처럼 모든 분야에서 디지털 대전환으로 디지털 역량을 갖추어야 한다.

2022개정 교육과정[교육부, 2022a]에서 디지털 리터러시는 언어 능력, 수리 능력과 더불어 매우 중요한 역량으로 다룬다. 교육부에서는 디지털 리터러시란, 디지털 시대에 필수적으로 요구되는 정보 이해 및 표현 능력이라고 설명한다. '읽고 쓸 수 있는 능력'이라는 리터러시(Literacy)가 디지털 플랫폼과 만나 다양한 미디어를 접하면서 명확한 정보를 찾고, 평가하며, 조합할 수 있는 개인의 능력을 뜻한다[교육부 공식블로그].

UNESCO DKAP(Digital Kids ASIA-Pacific) 프로젝트[UNESCO, 2024]에서는 모든 학생이 ICT에 동등하게 접근하기 위하여 디지털 리터러시 능력, 디지털 참여 능력, 디지털 정서 지능 능력, 디지털 보안 및 탄력성 능력 및 창의와 혁신 능력으로 광의의 디지털 리터러시를 정의한다.

협의의 디지털 리터러시는 정보를 기반으로 결정하기 위해 디지털 도구와 정보를 찾고, 비판적으로 평가하고 사용하는 능력이다. 이 영역에는 ICT 리터러시와 정보 리터러시로 구별하였다.

1. ICT 리터러시 능력은 디지털 환경에서 ICT 하드웨어 및 소프트웨어를 책임감 있게 관리하고 운영하여 데이터, 정보 및 콘텐츠에 접근할 수 있고, 검색하여 이를 활용할 수 있는 능력이다.

2. 정보 활용 능력(Information Literacy)은 정보를 기반으로 결정을 내리기 위해 디지털 정보를 효과적으로 찾고, 비판적으로 평가하고, 사용하는 능력이다.

디지털 참여 능력은 다음과 같이 세 개의 능력을 요구한다.

1. 상호작용, 공유 및 협력 능력이다. 이 능력은 공동의 목표를 달성하기 위하여 적절한 디지털 기술을 사용하여 상호 협력하여 사용하고, 데이터와 정보를 다른 사람들과 공유하고, 협력하는 능력이다.

2. 시민 참여 능력이다. 이 능력은 서로 적절한 디지털 기술을 사용하여 온라인 또는 오프라인으로 지역적으로 또는 국제적인 커뮤니티에 긍정적인 영향을 미칠 수 있는 활동을 인식하고 찾고 행동할 수 있는 능력이다.

3. 네티켓 능력이다. 이 능력은 다양한 디지털 환경 및 다양한 사용자와 상호작용하며 참여할 때 윤리적으로 정중한 행동을 보여주는 능력이다.

디지털 정서 지능 능력에는 다음과 같이 5개의 능력이 갖추어져야 한다.

1. 자기 인식 능력이다. 이 능력은 자기 성찰을 통해서 자신의 기분, 감정, 추진력, 그리고 디지털 맥락에서 자신과 타인에게 어떤 영향을 미치는지 설명할 수 있는 능력이다.

2. 자기 조절 능력이다. 이 능력은 온라인 활동 중에서 자신의 감정, 기분, 충동을 관리할 수 있는 능력이다.

3. 자기 동기 부여 능력이다. 디지털 사회에서 주도권을 보여주는 능력과 더불어 어떤 상황에서 좌절에도 불구하고 자신의 내적 또는 외적 목표를 달성하려는 의지이다.

4. 대인관계 기술 능력이다. 이 능력은 다른 사람과 온라인 관계를 긍정적으로 구축하고 소통하고, 친밀감과 신뢰를 구축하고, 다양성을 포용하고, 갈등을 잘 관리하고 좋은 결정을 할 수 있는 능력이다.

5. 공감 능력이다. 이 능력은 다른 사람과 디지털 상호작용 중에 다른 사람의 감정, 요구 및 우려 사항을 인식하여 연민을 보여주는 능력이다.

디지털 안전 및 회복력은 사람들이 디지털 공간에서 발생하는 위험으로부터 자신뿐만 아니라 다른 사람을 보호하는 능력이다. 이를 위해서 다음과 같은 역량이 필요하다.

1. 아동 권리를 이해하는 능력이다. 이 능력은 지역적으로 또는 국제적인 지역적 맥락에서 법적 권리와 의무가 무엇인지 이해하는 능력이다.

2. 개인의 데이터, 개인 정보 보호 및 평판에 대한 능력이다. 이 능력은 자신뿐만 아니라 다른 사람을 위험으로부터 보호하고 개인 식별 정보를 이용하여 서로 공유하는 방법을 아는 능력이다. 또한 정보 및 장치 보안뿐만 아니라 개인 보안 규정에 대한 것을 알 수 있다.

3. 건강과 웰빙 증진 및 보호 능력이다. 이 능력은 자신과 다른 사람의 신체적 또는 정신적으로 웰빙을 보호하고 개선하기 위해서 건강상의 위험을

알고 관리하기 위하여 디지털 기술을 사용하는 능력이다.

4. 디지털 회복탄력성(Digital Resilience) 능력이다. 이 능력은 예방적, 대응적, 변혁적 능력을 통해 사람들이 직면한 위험한 상황을 피하거나 대처하고 스스로 발전할 수 있도록 지원할 수 있는 능력이다.

디지털 창의성과 혁신은 ICT 도구를 활용한 콘텐츠 제작을 통해 자신을 표현하고 탐색하는 능력이다. 이 능력은 다음과 같이 두 개가 있다.

1. 창의적 리터러시 능력이다. 이 능력은 정보 기술을 적용하고 디지털 도구를 이용하여 디지털 콘텐츠를 제작하고, 수정하고 선별할 수 있는 능력이다.

2. 표현 능력이다. 이 능력은 정보 기술을 사용하여 자신의 정체성을 창의적으로 표현하는 능력이다.

2013년에는 얀센, 호세 등[Janssen, José; Stoyanov, Slavi; Ferrari, Anusca; Punie, Yves; Pannekeet, Kees; Sloep, Peter(October 2013)]은 네덜란드의 Open Universiteit에서 12가지 디지털 역량을 정의하였다.

1. 일반 지식 및 기능적 기술에 대해서 알아야 하는 능력이다. 이 능력은 디지털 기기의 기본을 알고 초보적인 용도로 사용할 수 있는 것이다.

2. 일상생활에서 사용할 수 있는 능력이다. 이 능력은 디지털 기술을 일상생활에서 활동할 때 사용할 수 있는 것이다.

3. 일상 업무뿐만 아니라 창의적으로 표현할 때 전문적이고 고도화된 역량이 있어야 한다. 이 능력은 ICT(정보 통신 기술)를 사용하여 창의성을 표현하고 전문적인 결과를 낼 수 있는 능력이다.

4. 정보기술을 이용하여 커뮤니케이션과 협업할 수 있는 능력이다. 이 능력은 디지털 환경에서 다른 사람들과 효과적으로 서로 연결할 수 있고, 서로 소통하고, 정보를 공유할 수 있고 협업할 수 있는 능력이다.

5. 정보 처리 및 관리 능력이다. 이 능력은 정보통신기술을 사용하여 디지털 정보를 이용하여 목적을 달성하기 위해서 정보를 수집하고, 분석하고 판단하는 능력이다.

6. 개인정보 보호 및 보안 능력이다. 이 능력은 어떤 사람의 개인정보를 보호하고 적절한 보안 조치를 취할 수 있는 능력이다.

7. 법적, 윤리적 측면을 다룰 수 있는 능력이다. 이 능력은 디지털 환경에서 사회적 책임으로 적절하게 행동하고 ICT 사용의 법적, 윤리적 측면에서 인식할 수 있는 능력이다.

8. 정보 기술에 대한 균형 잡힌 태도를 갖는 능력이다. 이 능력은 정보 사회와 디지털 기술을 사용할 때 정보를 기반으로 개방적이고 균형 잡힌 태도를 갖추게 하는 능력이다.

9. 사회에서 ICT의 역할에 대해 이해하고 인식하는 능력이다. 이 능력은 ICT를 사용하고 개발하는데 더 넓은 맥락을 이해하는 능력이다.

10. 디지털 기술에 대해 배우고 학습하는 능력이다. 이 능력은 새로운 디지털 기술을 항상 탐색하고 기존 기술과 같이 사용하는 능력이다.

11. 적절한 디지털 기술을 정보 기반으로 결정하는 능력이다. 이 능력은 여러 가지 기술을 평가하여 사용하는 능력이다.

12. 자기 효능을 입증하기 위하여 원활하게 사용하는 능력이다. 이 능력은 디지털 기술을 자신감 있고 창의적으로 적용하여 개인적으로 또는 직업적으로 잘 사용하여 효율성을 높이는 능력이다.

UNESCO DKAP의 디지털 리터러시의 16개 역량과 네덜란드의 Open Universiteit에서 제시한 12가지 디지털 역량들을 기반으로 모두를 위한 디지털 리터러시를 정의할 필요가 있다.

2) 모두를 위한 AI·디지털 리터러시 설계

(1) 필요성

디지털 격차라는 용어는 Lloyd Morrisett[Allan Martin & Jan Grudziecki (2006)]이 만들었다. 휴대전화 보급률이 증가함에 따라 상대적인 정보격차 또는 디지털 정보격차가 발생하고 있고, 디지털과 AI를 사용하는 격차가 생기고 있다.

우리나라 과학기술정보통신부에서는 해마다 정보격차의 용어를 달리하여 발표하고 있다. '2022 디지털 정보격차 실태조사'[과기부]는 디지털 정보격차를 접근 부분, 디지털 정보 역량 부분, 활용 부분으로 나누어 조사하였다.

그림 3.2 디지털 정보화 수준

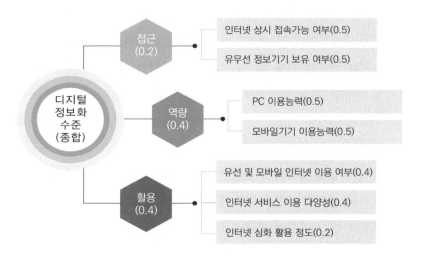

출처: 과기부, 2023.

계층별 디지털 정보화 수준들은 일반인과 더불어 취약 계층을 장애인, 고령층, 저소득층 및 농어민 집단을 비교하여 발표하고 있고, 이들에 대한 최근 3년간의 디지털 정보화 수준은 다음 [그림 3.3]과 같다.

그림 3.3 최근 3년간 디지털 정보 격차

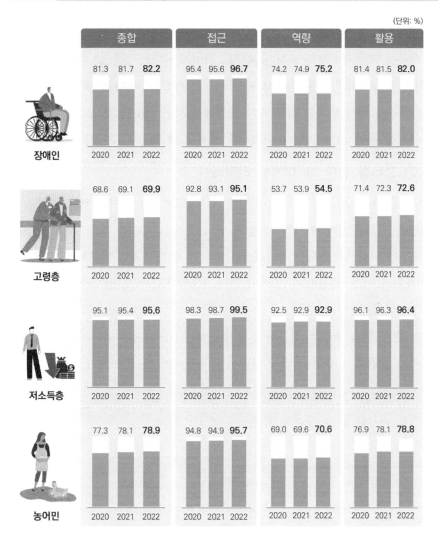

(단위: %)

	종합			접근			역량			활용		
장애인	81.3	81.7	**82.2**	95.4	95.6	**96.7**	74.2	74.9	**75.2**	81.4	81.5	**82.0**
	2020	2021	2022	2020	2021	2022	2020	2021	2022	2020	2021	2022
고령층	68.6	69.1	**69.9**	92.8	93.1	**95.1**	53.7	53.9	**54.5**	71.4	72.3	**72.6**
	2020	2021	2022	2020	2021	2022	2020	2021	2022	2020	2021	2022
저소득층	95.1	95.4	**95.6**	98.3	98.7	**99.5**	92.5	92.9	**92.9**	96.1	96.3	**96.4**
	2020	2021	2022	2020	2021	2022	2020	2021	2022	2020	2021	2022
농어민	77.3	78.1	**78.9**	94.8	94.9	**95.7**	69.0	69.6	**70.6**	76.9	78.1	**78.8**
	2020	2021	2022	2020	2021	2022	2020	2021	2022	2020	2021	2022

출처: 과기부, 2022.

　[그림 3.3]의 내용을 분석해 보면 장애인, 고령층, 저소득층, 농어민의 디지털 정보 접근 능력은 95% 이상이므로 접근할 수 있는 기본 기기들은 거의 다 갖

추고 있다고 볼 수 있고, 역량 부분에는 장애인은 75.2%, 고령층은 54.5%, 저소득
층은 92.9%, 농어민은 70.6%이기 때문에 많은 차이가 난다는 것을 알 수 있다. 활
용 부분에는 장애인은 82.0%, 고령층은 72.6%, 저소득층은 96.4%, 농어민은 78.8%
이기 때문에 역량 부분보다 크지는 않지만, 차이가 난다는 것을 알 수 있다. 역량은
부족하지만, 그런대로 생활 속에서 활용도는 상대적으로 높다고 볼 수 있다.

인공지능 역시 디지털 정보 격차 관점에서 보면 비슷할 것으로 예측된다. 따
라서 모두를 위한 AI·디지털 리터러시를 설계할 때 계층별 조사가 필요하다.

(2) 모두를 위한 AI·디지털 리터러시

모두를 위한 AI·디지털 리터러시는 AI·디지털 리터러시의 핵심 역량과 핵
심 역량을 기르는 방법에 대한 것이다.

모두를 위한 AI·디지털 리터러시란 모두가 AI와 디지털 도구에 쉽게 접근하
고, 이해하고, 이를 활용할 수 있어야 한다. [그림 3.4]는 모두를 위한 AI·디지털
리터러시의 핵심 역량이다.

첫 번째 핵심 역량은 접근성이다. 접근성은 AI·디지털 리터러시의 핵심 역
량을 기르기 위해서 AI·디지털 리터러시 교육을 해야 하고 모두가 AI·디지털 도

그림 3.4   AI·디지털 리터러시 핵심 역량

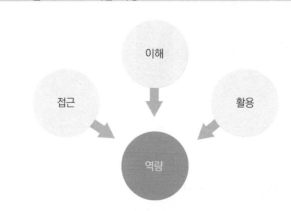

구들에 쉽게 접근할 수 있어야 한다. 사람들이 AI 디지털 도구들을 사용할 수 있는 인프라 구조가 만들어져야 하고, 그 인프라 구조에서 하드웨어와 소프트웨어를 쉽게 접할 수 있어야 한다.

두 번째는 AI 및 디지털 도구의 원리의 이해이다. 이것은 단순한 기능만 익히고 새로운 도구들이 나오면 다시 그 도구를 학습하는 것보다 원리를 이해하면 새로운 도구도 쉽게 사용할 수 있으므로 원리를 이해해야 한다.

다음은 자신의 생활 속에서 또는 직업에서 AI 및 디지털 도구를 이용하여 생산성과 품질이 향상되어야 한다. 문서 작성기가 나왔을 때 손으로 작성하는 것보다 좀 더 아름답게 좋은 문서를 작성할 수 있고, 엑셀을 이용하여 여러 가지 통계자료를 쉽게 처리할 수 있는 것처럼 자신의 업무를 좀 더 효율적으로 할 수 있다. 또한 디지털 도구들의 기본적인 원리를 이해하면 각종 도구를 쉽게 적용하여 사용할 수 있다. AI 도구도 원리를 알고 어떻게 만들어지는지 과정을 알면 AI 도구를 각 영역에서 효과적으로 사용할 수 있다.

NIA에서는 디지털 정보 역량으로 PC 이용 능력과 모바일 기기 이용 능력을 말한다. PC 이용 능력은 소프트웨어 설치 및 삭제, 인터넷 연결 및 사용, 웹브라우저 환경 설정, 다양한 외장기기 연결 및 이용, 인터넷을 통한 파일 전송, 악성코드 검사 및 치료, 문서 및 자료 작성 능력이고, 모바일 기기 이용능력은 기본적인 환경 설정, 무선 네트워크 설정, 파일을 컴퓨터에 이동, 다른 사람에게 파일 전송, 필요한 앱 설치와 이용, 악성코드 검사 및 치료, 문서 및 자료 작성의 7개 능력이다.

세 번째는 AI 도구와 디지털 도구의 활용성이다. 이것은 일상생활이나 업무의 생산성을 향상하기 위하여 사용할 수 있는 능력을 갖추는 것이다. 출판하는 편집자는 그래픽 도구를 잘 사용하는 것이 업무에 디지털 리터러시가 있는 것이고, 광고 기획자는 온라인 광고를 위해 유튜브, 메신저 등 SNS를 잘 활용하는 것 등이 자신의 업무에 디지털 도구를 활용하는 것이다. AI 도구인 미드저니(Midjourney)를 그래픽 디자이너가 잘 사용하여 창의적인 아이디어 등을 얻는 것이 바로 AI 도구 활용 능력이다. 그래픽 디자이너는 생각하지 못했던 다양한 아이디어를 AI

도구를 통해 영감을 얻을 수 있다. 실제 여러분도 Midjourney(미드저니) 사용법을 알아보고 직접 다양한 그림을 그려 볼 수 있다. 아래 [그림 3.5]는 골프 코스에 대한 구상을 미드저니를 통해서 만들어 본 것이다.

그림 3.5 미드저니로 만든 그림

고려 사항은 AI 디지털 핵심 역량의 각 요소를 탐색할 수 있고, 서로 비판적으로 사용할 수 있고 평가하며, 또 공유하고 공동으로 협업할 수 있는 역량과 비판적으로 사용, 선택할 수 있어야 한다.

(3) 모두의 AI · 디지털 리터러시 분류군

AI · 디지털 리터러시는 모두에 대해서 AI · 디지털 리터러시를 갖추게 하는 것이다. 한 사회를 구성하는 요소들은 매우 다양하게 구성되어 있고, 각각에 대한

AI·디지털 리터러시가 다를 수 있다. AI·디지털 리터러시를 교육하기 위하여 AI·디지털 리터러시 조사 그룹을 분류할 필요가 있다.

우리나라 NIA에서는 다음과 같은 그룹으로 나누어 디지멀 정보 격차를 조사하고 있다.

일반국민은 아래 [표 3.1]과 같이 나누어 조사하였다.

표 3.1 모두를 분류하는 방법

구분	항목	사례 수	비율(%)
성별	남성	3491	49.9
	여성	3509	50.1
연령별	19세 이하	842	12.0
	20대	955	13.6
	30대	973	13.9
	40대	1146	16.4
	50대	1218	17.4
	60대 이상	1866	26.7
학력별	초등졸 이하	613	8.8
	중졸	892	12.7
	고졸	2824	40.3
	대졸 이상	2671	38.2
직업별	농/임/어업	104	1.5
	서비스/판매직	1660	23.7
	생산관련직	794	11.3
	전문관리/사무직	1581	22.6
	주부	1267	18.1
	학생	1119	16.0
	무직/기타	475	6.8
거주지 규모별	시지역	6461	92.3
	군지역	539	7.7
월가구 소득별	100만원 미만	263	3.8
	100~199만원	445	6.4
	200~299만원	758	10.8
	300~399만원	1029	14.7
	400만원 이상	4505	64.4
합계		7000	100.0

출처: 과학기술부, 2022.

이것을 참고로 AI·디지털 리터러시를 조사하고 교육하는 방법을 생각할 수 있다.

장애인은 장애 유형별로, 고령층은 50대, 60대, 70대 이상으로 나눠 조사하고, 저소득층은 소득을 더 세분화하고, 농어민은 농민과 어민으로 구분하고, 결혼이민자 등도 NIA에서는 직군을 나누었다.

2 국가별 AI·디지털 리터러시 활동

1) EU 국가들

2030년도의 유럽국가의 디지털 전환 가이드 라인은 [그림 3.6]과 같다.

그림 3.6 EU 전략

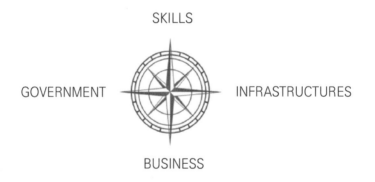

기술(SKILL) 분야에서는 ICT 전문가를 2천만 명을 양성하는 것이고, 유럽 인구의 80%에게 AI 디지털 기본 기술을 갖게 하는 것이다. 비지니스(BUSINESS) 분야에서의 디지털 혁신은 클라우드, AI 또는 빅데이터 기술을 사용하는 EU 기업들이 75%에 도달하는 것, 유니콘의 혁신 기업을 2배 이상 만들고, 중소기업들은 적어도 90% 이상이 최소한 기본 수준의 디지털 강도에 도달하게 한다는 것이다.

인프라 구조는 모두를 위한 기가비트로 서로 연결되고, 최첨단 반도체의 글로벌 생산량에서 EU가 두 배 점유율 유지, 10,000개의 기후 중립적이고 보안이 뛰어난 엣지 노드를 만들고, 양자 가속 기능을 갖춘 최초의 컴퓨터를 만든다는 것이다.

공공 서비스의 디지털화는 주요 공공 서비스는 100% 온라인화하고, 시민 100%가 온라인으로 의료 기록에 접근할 수 있고, 시민 80%가 디지털 ID에 액세스할 수 있게 한다는 것이다.

이를 위한 EU 국가에서는 Digital Education Action Plan(2021−2027)[(europa.eu)]을 만들었고, 이 계획에서는 두 개의 전략적 우선순위와 14개의 행동 조치를 발표하였다.

첫 번째에 전략적 우선순위는 성능 디지털 교육 생태계를 개발하고 촉진하는 것이다.

- Action 1: 디지털 교육 및 기술에 대한 회원국과의 주기적인 대화를 한다. 주기적으로 회원국 간의 대화를 함으로써 성공적인 디지털 교육 및 훈련을 위한 핵심 지원 요소에 대해서 이사회 권고안을 만든다.
- Action 2: 양질의 포용적 초등 및 중등 교육을 위한 블렌디드 러닝 접근법에 대한 위원회 권고안을 만든다.
- Action 3: 유럽 국가들의 디지털 교육을 위한 디지털 콘텐츠 프레임워크를 만든다.
- Action 4: 교육 및 훈련을 위한 서로 연결하고 디지털 장비를 잘 구축한다.
- Action 5: 교육 및 훈련 기관을 위한 디지털 전환을 위해 혁신 계획을 세운다.
- Action 6: 교육자를 위한 교육 및 학습에서의 AI 및 데이터 사용에 대한 윤리적 가이드라인을 만든다.

두 번째에 전략적 우선순위는 디지털 전환을 통한 디지털 기술 및 역량 강화하는 것이다.

- Action 7: 교육과 훈련을 통해 디지털 리터러시를 키우고 허위 정보를 대처하기

위해서 교사와 교육자를 위한 공통지침을 자세히 만든다.

- Action 8: AI 및 데이터에 관련된 기술을 포함하도록 유럽 디지털 역량 프레임워크를 업데이트한다.
- Action 9: 유럽 디지털 기술 자격증(EDSC)을 만든다.
- Action 10: 교육 및 훈련에서 디지털 기술 제공에 대한 개선에 관한 이사회 권고안을 만든다.
- Action 11: 국가 간 데이터 수집 및 학생 디지털 기술에 대한 EU 차원의 목표를 설정한다.
- Action 12: 디지털 기회 교육 프로그램을 만든다.
- Action 13: 여성이 STEM분야에 참여하게 한다.
- Action 14: 유럽 디지털 교육 허브를 만든다.

2) 미국

(1) 모두를 위한 컴퓨터 과학교육

① [Computer Science For All | whitehouse.gov(archives.gov)]

미국은 2016년에 UN 연설에서 오바마 대통령이 '모두를 위한 컴퓨터 과학 정책(Computer Science for All Initiative)'을 제안하였다. 주요 정책 내용은 다음과 같다. 이 정책들은 모두를 위한 정책이라기보다 유치원부터 고등학생까지 해당하는 정책이다.

- 교사 교육, 좋은 교육 자료를 만들어서 누구나 접근할 수 있게 접근성을 좋게 하고, 효율적인 지역 유대관계를 만들어서 유치원부터 고등학교(K12)까지 컴퓨터 과학 교육을 활성화하기 위해서 예산을 지원한다.
- NSF(National Science Foundation)와 CNCS(Corporation for National And Community Service)에서 올해부터 1억 3,500만 달러의 컴퓨터 공학 자금을 지원한다.

- 컴퓨터 과학 교사 10,000명을 양성하는 국립과학재단(NSF)의 컴퓨터 과학 10K 프로그램을 확대해 교육과정을 개선한다.
- CS10k 이니셔티브를 통해 이전 NSF 지원 프로그램 및 전문 학습 커뮤니티에 대한 액세스를 확대하여 컴퓨터 과학 탐색 및 AP(Advanced Placement) 컴퓨터 과학원칙을 포함하여 보다 포괄적이고 접근 가능한 컴퓨터 과학 커리큘럼을 만든다.
- 델라웨어, 하와이, 워싱턴, 아칸소와 같은 주와 이미 컴퓨터 과학 기회를 확대하기 시작한 30개 이상의 교육구의 리더십에 따라 더 많은 주지사, 시장 및 교육 지도자를 참여시켜 컴퓨터 과학을 강화한다. 또한 CEO, 자선가, 창의적인 미디어, 기술 및 교육 전문가를 참여시켜 컴퓨터 과학에 대한 헌신을 강화한다.

(2) STEM 교육 5개년 전략 계획

2018년 수립된 「연방 STEM 교육 5개년 전략 계획(Federal 5−Year STEM Education Strategic Plan)」의 전략 계획은 모든 미국인이 평생 동안 수준 높은 STEM 교육을 받을 수 있고 미국이 STEM 활용 능력, 혁신 및 고용 분야에서 글로벌 리더로 남을 미래에 대한 비전을 제시한다.

첫 번째로 STEM 활용 능력을 위한 강력한 기반을 구축한다. 즉 모든 미국인이 기본적인 STEM 개념을 숙지하고 디지털 지식을 습득할 수 있는 기회를 얻도록 보장한다.

두 번째는 STEM의 다양성, 형평성, 포용성을 증대한다. 즉 모든 미국인에게 고품질 STEM 교육에 대한 평생 접근권을 제공함으로써, 특히 STEM 분야 및 고용 분야에서 역사적으로 대표성이 낮고 혜택을 받지 못한 사람들에게 새로운 혜택을 주게 한다.

세 번째는 미래를 위한 STEM 인력을 준비한다. 즉 대학 교육을 받은 STEM 실무자와 4년제 학위가 필요하지 않은 숙련된 직업에 종사하는 사람 모두를 위한 진정한 학습 경험을 창출하여 학습자가 STEM 경력을 추구하도록 격려하고 준비한다.

참고문헌

과기부(2024A). https://www.itstat.go.kr/itstat/main.html

과기부(2024B). https://www.msit.go.kr/bbs/list.do?sCode＝user&mPid＝74&mId＝99 1161 게시문서

과기부(2022). 디지털 정보 격차 실태조사(과학기술정보통신부 2022년 12월)

교육부(2024). https://if－blog.tistory.com/13288

Allan Martin & Jan Grudziecki(2006) DigEuLit: Concepts and Tools for DigitalLiteracy Development, Innovation in Teaching and Learning in Information and ComputerSciences, 5:4, 249－267, DOI: 10.11120/ital.2006.05040249

Alyson Klein(2023) https://openlearning.mit.edu/news/ai－literacy－explained

Cynthia Breazeal(2023) https://news.mit.edu/news－clip/education－week－0

EU(2021) Digital Education Action Plan(2021－2027) [Digital Education Action Plan (2021－2027)

Janssen, José; Stoyanov, Slavi; Ferrari, Anusca; Punie, Yves; Pannekeet, Kees; Sloep, Peter (October 2013). "Experts' views on digital competence: Commonalities and differences". Computers &Education. 68: 473-481. doi:10.1016/j.compedu.2013.06.008. hdl:1820/4986.

Long, D. & Magerko, B.,(2020). What is AI Literacy? Competencies and Design Considerations, Proceedings of the 2020 CHI Conference on Human Factors in Computing Systems, 1－16.

Michael Jordan(2018) "Artificial Intelligence — The Revolution Hasn't Happened Yet" (Michael Jordan, Harvard Business Review, 2018)

NSTC(2023) 2022 PROGRESS REPORT ON THE IMPLEMENTATION OF THE FEDERAL STEM EDUCATION STRATEGIC PLAN

UNESCO(2024) Digital Kids Asia－PacificInsights into Children's Digital Citizenship

CHAPTER
04

교육 현장을 위한 AI디지털 리터러시

교육 현장을 위한 AI디지털 리터러시_전우천

AI디지털 리터러시는 현대 사회의 모두에게 필요한 필수소양이 되어가고 있다. 현대 인공지능시대에서 올바로 살아가기 위한 AI디지털 리터러시는 무엇보다도 학교현장에서 잘 교육되어야 한다.

본 장에서는 교육 현장에서 필요한 AI디지털 리터러시 교육내용을 소개한다. 학령에 상관없이 기본적으로 다섯 종류의 리터러시, 즉 인공지능 리터러시, 알고리즘 리터러시, 프로그래밍 리터러시, 데이터 리터러시 및 인공지능윤리 리터러시로 구분하였으며, 각각의 리터러시에 대해서 세부적인 교육내용을 지양하고 전체적으로 필요한 교육내용을 개괄적으로 소개하고자 한다.

1 인공지능 리터러시

인공지능 리터러시란 인공지능에 대한 기본적인 정의, 개념 및 역사, 발달과정 등 전반적인 인공지능에 대한 이해를 의미한다. 본 절에서는 인공지능 리터러시를 간략하여 3가지 관점, 즉 인공지능의 정의 및 발달역사, 인공지능의 연구 분야, 인공지능기술의 발전과정 등을 중심으로 기술한다.

1) 인공지능의 정의 및 발달 역사

인공지능(AI: Artificial Intelligence)은 단순하게 요약하면 '기계가 스스로 만드는 지능'이라고 표현할 수 있다. 이는 인간이 할 수 있는 지능적인 행동, 학습, 추론, 문제 해결 등을 컴퓨터가 수행하는 데 관련된 분야를 포함한다. 인공지능은 기계 학습, 신경망, 자연어 처리 등과 같은 여러 기술과 알고리즘을 포함하고 있다(김대수, 2020).

인공지능의 발달 역사는 크게 세 가지 단계로 나눌 수 있다.

① 초기 단계(1950년대-1970년대)

인공지능의 초기 단계는 컴퓨터 프로그래밍에 기반한 규칙 기반 시스템이라고 할 수 있다. 1950년대에는 Alan Turing이 '계산 기계와 지능(Computing Machinery and Intelligence)'이라는 논문에서 기계가 지능을 가질 수 있다는 개념을 소개했다. 또한, 1956년에는 다트머스 콘퍼런스에서 인공지능이라는 용어가 처음 등장하였다. 이 단계에서는 주로 추론 및 문제 해결과 같은 지능적인 작업을 수행하기 위한 규칙 기반 시스템이 개발되었다.

② 침체기(1970년대 후반-1990년대 초반)

초기 성공에도 불구하고, 인공지능 연구는 한계에 직면하게 되었다. 즉, 실제 세계의 불확실성에 대응하기 어려웠고, 전문가 시스템(Expert System)이 복잡한 문제에 대응하기에는 제한적이었다. 이로 인해 지원되는 자금이 줄어들었고, 'AI 겨울'이라 불리는 침체기가 찾아왔다.

③ 부흥과 현대적 발전(1990년대 중반-현재까지)

1990년대 중반 이후, 기술의 발전과 컴퓨팅 성능의 향상으로 인공지능 연구가 부흥하게 되었다. 기계 학습 및 신경망과 같은 새로운 접근 방식이 부상하였고, 대량의 데이터를 활용한 학습이 가능해졌다. 특히 딥러닝 기술의 발전은 이미지 인식, 영상 인식, 음성 처리 등 다양한 영역에서 인공지능의 성과를 크게 향상시켰다. 현재에 이르러 인공지능은 의료, 금융, 자동차, 로봇 공학 등 다양한 산업 분야에 적용되어 사회 전반에 걸쳐 긍정적인 영향을 미치고 있다.

2) 인공지능 연구의 분류

인공지능의 연구는 다양한 관점에서 분류될 수 있으며, 여러 차원에서의 목표를 가질 수 있다. 인공지능의 연구는 다음과 같이 크게 4가지 방향으로 진행하고 있다(김의중, 2016).

① 인간처럼 생각하는 인공지능(Human-like Thinking AI)
- 목표: 인간의 사고 및 추론 능력을 모방하고, 지능적인 결정과 문제 해결 능력을 갖춘다.
- 특징 및 기술: 인공 신경망 및 딥러닝과 같은 기계 학습 기술을 사용하여 학습하고, 추론 및 판단을 수행할 수 있도록 설계된다. 자연어 처리 및 이미지 처리와 같은 분야에서 주로 활용된다.

② 인간처럼 행동하는 인공지능(Human-like Acting AI)
- 목표: 인간과 유사한 동작 및 상호 작용 능력을 개발하여 협력 및 소통이 가능한 인공지능을 만든다.
- 특징 및 기술: 로봇 공학 및 감정 인식과 같은 기술을 사용하여 환경에 대응하고, 사람과 상호 작용하며, 물리적인 활동을 수행할 수 있도록 구현된다.

③ 이성적으로 생각하는 인공지능(Rationally Thinking AI)
- 목표: 논리적이고 합리적으로 문제를 해결하며, 목표를 달성하기 위해 최적의 결정을 내리는 데 중점을 둔 인공지능을 만든다.
- 특징 및 기술: 논리 프로그래밍 및 전문가 시스템과 같은 논리 기반 시스템을 사용하여 문제 해결 및 의사 결정에 중점을 둔다.

④ 이성적으로 행동하는 인공지능(Rationally Acting AI)
- 목표: 목표 달성을 위해 효율적이고 합리적으로 행동하는 자동 시스템을 구축하는 것을 목표로 한다.

- 특징 및 기술: 자동 운전 시스템, 경제 시뮬레이션 및 자원 최적화와 같은 분야에서 사용되며, 최적의 의사 결정을 내릴 수 있도록 알고리즘을 개발한다.

3) 인공지능기술의 발전과정

인공지능기술은 1943년에 시작되어 다양한 발전을 이루었다. 다양한 발전역사를 정리하면 다음과 같다.

① 1950년대-규칙기반 인공지능 시스템

초기에는 규칙 기반 시스템을 통한 추론 및 문제 해결이 중심이었으며, 논리기반의 프로그래밍이 주로 사용되었다.

② 1960년대-심볼릭 AI와 전문가 시스템

심볼릭 인공지능이 강조되었으며, 프레임워크와 전문가 시스템이 개발되었다.

③ 1970년대-연결주의

이 시기에는 한계에 직면하여 연구가 침체되는 'AI 겨울'이라고 불리는 시기가 시작되었다. 또한 이 시기에는 연결주의가 강조되며, 기계 학습 및 인공 신경망에 대한 관심이 부족했다.

④ 1980년대-전문가 시스템의 성장

전문가 시스템이 산업 분야에서 사용되며, 응용 분야에서 일부 성과를 보였다.

⑤ 1990년대-통계 기반 기계 학습

이 시기에는 컴퓨팅 성능의 향상과 통계 기반 기계 학습 기술의 부상으로 AI 연구가 부흥했다. SVM(Support Vector Machine)과 의사 결정 트리(Decision Tree)와 같은 알고리즘들이 주목받았다.

⑥ 2000년대-딥러닝의 부상과 대용량 데이터 활용

딥러닝 기술의 부상과 함께 대용량 데이터셋을 활용한 학습이 가능해지면서 이미지, 음성, 텍스트 인식 분야에서 큰 성과를 이뤘다. 또한, GPU와 분산 컴퓨팅 등 기술적 발전이 딥러닝의 발전을 가속화시켰다.

⑦ 2010년대 이후-다양한 응용 분야와 강화학습

딥러닝의 발전은 음성 인식, 자연어 처리, 이미지 분류 등 다양한 응용 분야에 적용되었다. 또한, 강화학습이 주목받으며, 게임이나 로봇 제어 등에서 높은 수준의 성과를 보이고 있다.

2 알고리즘 리터러시

알고리즘은 프로그램을 작성하거나 소프트웨어를 제작할 때 일종의 설계도로서 프로그래밍과 더불어 인공지능 리터러시의 핵심이라고 할 수 있다. 특히 알고리즘에 대한 올바른 이해와 더불어 이를 작성하는 능력은 전산학에서의 핵심이며 또한 정보교육의 핵심이라고 할 수 있다(김영민 외, 2022).

1) 알고리즘의 정의 및 특성

알고리즘(Algorithm)이란 '주어진 문제를 해결하기 위해 정해진 일련의 규칙이나 절차'를 의미한다. 즉 컴퓨터 과학 및 수학 분야에서, 알고리즘은 입력값을 받아 원하는 출력값을 생성하기 위해 명확하게 정의된 단계들의 순서로 이루어진 계산 과정이다.

알고리즘은 다음과 같은 특성을 가지고 있다.

① 유한성(Finiteness)

알고리즘이 유한한 단계로 구성되어야 한다. 즉, 실행이 특정 시간 내에 종료되어야 한다.

② 정확성(Correctness)

알고리즘이 주어진 문제에 대해 정확한 결과를 도출할 수 있어야 한다. 즉, 입력에 대해 올바른 출력을 생성해야 한다.

③ 입력(Input)

알고리즘은 하나 이상의 입력을 받아들이고, 이를 처리하여 원하는 출력을 생성한다.

④ 출력(Output)

알고리즘은 최소한 하나의 출력을 생성해야 한다. 이 출력은 주어진 입력에 대한 문제의 해결책이 된다.

⑤ 명확성(Definiteness)

각 단계가 명확하게 정의되어야 한다. 실행 과정이 모호하거나 다양한 해석이 가능해서는 안된다.

⑥ 효과성(Effectiveness)

모든 단계는 간단하게 이해되고 실행 가능한 연산이어야 한다. 또한 각각의 단계는 실행이 가능하고 실현 가능한 연산이어야 한다.

2) 알고리즘 작성방법

알고리즘을 작성하는 과정은 주어진 문제를 해결하는 단계적이고 명확한 절차를 정의하는 것이다. 다양한 문제에 따라서 알고리즘을 작성하는 방법은 조금씩 다를 수 있지만, 일반적으로 다음과 같은 단계들을 따른다.

① 문제 이해

문제를 정확하게 이해하고, 어떤 입력이 주어지고 어떤 출력이 기대되는지를 명확히 파악한다.

② 입력과 출력 정의

알고리즘이 어떤 입력을 받아 어떤 출력을 내놓아야 하는지를 정의한다.

③ 의사코드 작성

알고리즘의 간단한 버전인 의사코드(Pseudocode)를 작성한다. 의사코드는 일반적인 언어보다는 자연어에 가깝게 작성된 코드로, 알고리즘의 전체 구조와 각 단계를 나타낸다.

④ 세부 단계 작성

의사코드의 각 단계를 더욱 세부화하고, 어떤 연산이나 조건문이 필요한지를 결정한다.

⑤ 테스트 계획 수립

다양한 입력 값에 대해 알고리즘이 정확하게 동작하는지 확인하기 위한 테스트를 준비한다.

⑥ 코드 작성

의사코드를 바탕으로 실제로 코드를 작성한다. 사용하는 프로그래밍 언어에 따라 문법에 맞게 코드를 작성한다.

⑦ 디버깅 및 최적화

작성한 코드를 실행해보면서 버그를 찾고 수정하며, 알고리즘의 성능을 향상시킬 수 있는 최적화를 고려한다.

⑧ 테스트 및 검증

알고리즘을 정의한 입력값으로 실행하여 올바른 결과가 나오는지 확인하고, 예상한 대로 동작하는지 검증한다.

⑨ 문서화

알고리즘에 대한 문서를 작성하여 다른 사람이 이해하고 사용할 수 있도록 한다. 문서는 알고리즘의 목적, 입력 및 출력 형식, 시간 복잡도, 공간 복잡도 등을 기술한다.

3) 알고리즘 분석

알고리즘 분석은 알고리즘이 어떻게 동작하고, 얼마나 효율적으로 동작하는지를 평가하는 과정이다. 알고리즘의 성능을 분석하는 주요 방법으로는 시간 복잡도(Time Complexity)와 공간 복잡도(Space Complexity)를 평가하는 것이 일반적이다.

① 시간 복잡도 분석

• 기본 연산 수행 횟수 계산

알고리즘이 수행하는 기본 연산(Assignment, Comparison, Arithmetic Operation 등)을 파악하고, 각 연산이 몇 번 수행되는지 계산한다.

• 입력 크기에 대한 함수 정의

기본 연산의 실행 횟수를 입력 크기에 대한 함수로 표현한다.

• 점근 표기법 사용

대표적인 점근 표기법인 빅오(Big-O) 표기법을 사용하여 알고리즘의 성능을 나타내며, 최선, 평균, 최악 시나리오를 고려하여 표기한다.

② 공간 복잡도 분석

• 메모리 사용 계산

알고리즘이 실행되는 동안 사용하는 메모리의 양을 계산한다. 변수, 데이터 구조, 임시 저장 등을 고려한다.

• 입력 크기에 대한 함수 정의

메모리 사용량을 입력 크기에 대한 함수로 표현한다. 이를 알고리즘의 공간 복잡도 함수라고 한다.

• 점근 표기법 사용

빅오(Big-O) 표기법을 사용하여 알고리즘의 메모리 사용에 대한 상한을 나타낸다.

3 프로그래밍 리터러시

프로그래밍은 알고리즘으로 표현된 설계에 기반하여 실제 프로그램을 제작하기 위해서 프로그래밍 언어를 통해서 구현하는 작업이다. 알고리즘 작성과 더불어 프로그래밍은 전산학자들에게 가장 기본적이고 핵심적인 능력이며 또한 정보

교육에 있어서도 알고리즘 교육과 더불어 가장 중요한 교육의 하나로 볼 수 있다.

1) 프로그래밍 언어

프로그래밍 언어는 사람이 컴퓨터에게 특정 작업을 수행하도록 지시하는 형식화된 규칙의 집합으로, 프로그램을 작성하고 실행하기 위한 문법과 의미론적 규칙을 제공한다. 이는 사람이 이해할 수 있는 자연어와는 다르게 컴퓨터가 이해할 수 있는 기계어로 변환된다.

프로그래밍 언어의 기본적인 특성은 다음과 같다.

① 문법(Syntax)

프로그래밍 언어의 문법은 언어의 구조를 정의하고, 코드를 어떻게 작성해야 하는지를 규정한다. 문법은 특정한 규칙에 따라야 하며, 올바르게 작성된 프로그램은 해당 언어의 문법 규칙을 준수해야 한다.

② 의미론(Semantics)

의미론은 프로그램의 명령을 해석하고 실행하는데 필요한 규칙을 정의한다. 즉, 코드의 의미나 의도를 나타내며, 프로그램이 어떻게 동작해야 하는지에 대한 규칙을 제공한다.

③ 변수와 데이터 타입

프로그래밍 언어는 변수를 정의하고, 변수에 어떤 종류의 데이터가 저장될 수 있는지를 명시하는 데이터 타입을 제공한다.

④ 연산자와 표현식

연산자는 변수나 값에 대한 특정 연산을 수행하는 기호이며, 표현식은 연산자와 피연산자를 조합하여 값을 계산하는 방식을 나타낸다.

⑤ 제어 구조(Control Structures)

조건문과 반복문 등의 제어 구조를 제공하여 프로그램의 실행 흐름을 제어할 수 있게 한다.

⑥ 함수(Function)

함수는 코드의 재사용을 촉진하고 모듈화를 지원하는 기능을 제공한다.

⑦ 입출력 기능

사용자로부터의 입력을 받고, 결과를 출력하는 기능을 제공하여 프로그램이 외부 환경과 상호 작용할 수 있게 한다.

⑧ 이식성(Portability)

프로그래밍 언어는 다양한 플랫폼에서 동작할 수 있도록 이식성을 제공해야 한다.

⑨ 라이브러리와 프레임워크 지원

다양한 라이브러리와 프레임워크를 지원하여 개발자가 효과적으로 코드를 작성하고 기능을 확장할 수 있도록 한다.

2) 프로그래밍 방법

프로그래밍을 하는 일반적인 방법은 다음과 같다. 이는 일반적인 프로그래밍 프로젝트의 생명주기를 기술한 것으로, 각 단계는 상황에 따라 다를 수 있다.

① 요구사항 분석

프로그래밍 프로젝트를 시작하기 전에 요구사항을 분석한다. 사용자의 요구 사항을 이해하고 문서화하여 프로젝트의 범위와 목적을 명확히 한다.

② 계획

프로젝트의 범위, 일정, 예산 등을 고려하여 전체적인 계획을 수립한다.

③ 설계

프로젝트의 구조와 흐름을 논리적으로 구상하고, 필요한 기술과 도구를 선택 한다.

④ 구현(코딩)

설계된 내용을 바탕으로 실제로 코드를 작성한다. 선택된 프로그래밍 언어와 도구를 사용하여 알고리즘과 데이터 구조를 구현하고, 모듈화하여 코드를 작성한다.

⑤ 테스트

작성된 코드를 테스트한다. 코드의 정확성과 안정성을 확인하고, 발생한 버그를 수정한다.

⑥ 디버깅 및 최적화

테스트를 통해 발견된 버그를 수정하고, 코드의 성능을 향상시키기 위해 최적화 작업을 수행한다. 디버깅 도구를 활용하여 코드의 오류를 찾아 수정한다.

⑦ 문서화

작성된 코드에 주석을 추가하고, 프로그램의 사용 방법에 대한 문서를 작성한다. 문서화는 코드를 이해하고 유지보수하는 데 도움이 된다.

3) 프로그래밍 능력 개발

프로그래밍 능력을 향상시키려면 지속적인 학습과 실제 코딩 경험이 필요하다. 다음은 프로그래밍 능력을 개발하는데 도움이 되는 몇 가지 방법을 소개한다.

① 기초 지식 쌓기

프로그래밍 언어의 기본 문법, 데이터 구조, 알고리즘 등에 대한 기초 지식을 쌓는 것이 중요하다.

② 다양한 프로젝트 참여

실제 프로젝트를 진행하면서 문제 해결 능력과 실전 경험을 쌓을 수 있다. 프로젝트를 통해 새로운 기술을 습득하고, 코드를 작성하며 성장할 수 있다.

③ 코드 리뷰

다른 개발자 또는 프로그래머들의 코드를 읽고 분석하는 것은 중요한 학습 경험이 된다. 다양한 스타일과 접근 방법을 이해하고, 효율적인 코드 작성법을 습득한다.

④ 프로그래밍 커뮤니티 참여

오프라인 또는 온라인 프로그래밍 커뮤니티에 참여하면 다양한 경험을 공유하고 토론할 수 있다. 다른 개발자들과 소통하며 학습하면서 네트워크를 확장할 수 있다.

4 데이터 리터러시

데이터 리터러시(Data Literacy)는 현대 사회에서 중요한 기술과 역량 중 하나로, 한마디로 데이터를 이해하고 활용하는 능력을 의미한다. 인공지능은 한마디로 요약하면 앞서 기술한 바와 같이 기계가 스스로 만드는 지능을 의미하는데, 기계는 학습을 통해서 지능을 습득하고, 또한 기계가 학습을 하기 위해서는 데이터를 바탕으로 학습을 하는 형태여서 데이터 리터러시는 인공지능 리터러시의 중요한 부분이라고 할 수 있다(김슬기, 2021).

데이터 리터러시는 인공지능 리터러시의 한 요소로서의 중요성뿐만 아니라, 데이터 리터러시는 현대사회에서 다음과 같은 중요성을 가지고 있다. 먼저 정보의 홍수에 대응하기 위함이다. 즉 디지털 시대에는 수많은 양의 데이터가 생성되고 소비되고 있다. 데이터 리터러시를 가진 개인이나 조직은 이런 정보의 홍수 속에서 필요한 정보를 신속하게 식별하고 해석할 수 있다. 둘째, 신속한 의사 결정을 위해서 필요하다. 기업 및 조직에서는 데이터를 기반으로 한 의사 결정이 중요하다. 데이터 리터러시를 갖춘 조직원들은 데이터를 수집하고 분석하여 조직의 전략과 의사 결정에 기여할 수 있다. 또한, 개인 수준에서도 건강, 금융, 교육 등 다양한 분야에서 데이터를 활용하여 더 현명한 의사 결정을 할 수 있다. 예를 들어, 건강 데이터를 이해하고 활용하여 건강한 라이프 스타일을 유지하는 데 도움이 된다. 셋째, 데이터 리터러시는 사회적 참여와 인식을 하는 데 도움이 된다. 즉 데이터 리터러시는 사회 문제에 대한 인식과 참여를 높일 수 있다. 정치, 환경, 사회 경제 등 다양한 주제에 대한 데이터를 분석하여 사회적으로 책임감 있는 시민이 되는 데 도움이 된다.

본 절에서는 데이터 리터러시를 3가지 관점, 즉 데이터 수집, 데이터 분석 및 데이터 표현으로 기술한다.

1) 데이터 수집

데이터 리터러시 차원에서 데이터를 수집하는 기본적인 방법은 다양하며, 이는 수집하려는 데이터의 종류와 목적, 환경에 따라 달라진다. 다음은 몇 가지 일반적인 데이터 수집 방법을 소개한다.

① 설문 조사 및 설문지

설문지를 사용하여 대상 그룹에게 질문을 하고 응답을 기록하는 방법이다. 이는 대규모 데이터 수집에 유용하며, 의견 조사, 시장 조사 등에서 활용된다.

② 실험 및 실험 데이터 수집

실험을 통해 데이터를 수집하는 방법으로, 실험 조건을 설정하고 결과를 관찰하거나 측정하여 데이터를 얻는다. 과학 연구나 의학 분야에서 주로 사용된다.

③ 웹 스크래핑 및 크롤링

웹 사이트에서 정보를 추출하는 기술로, 웹 스크래핑(Web Scraping)은 웹 페이지의 특정 부분을 추출하는 것이고, 웹 크롤링(Web Crawling)은 여러 웹 페이지를 탐색하여 데이터를 수집하는 것이다.

④ 센서 데이터 수집

센서를 사용하여 환경에서 발생하는 물리적인 데이터를 수집할 수 있으며, 센서는 온도, 습도, 소리, 광도 등 다양한 환경 변수를 측정할 수 있다.

⑤ 로그 데이터 수집

시스템이나 소프트웨어에서 생성되는 로그를 수집하여 분석한다. 로그 데이터는 시스템 동작, 사용자 활동, 에러 등을 기록하며, 문제 해결이나 성능 향상에 활용된다.

⑥ 사회 네트워크 데이터 수집

소셜 미디어 플랫폼이나 온라인 커뮤니티에서 발생하는 데이터를 수집한다. 이는 사용자 행동, 의견, 트렌드 등을 이해하는 데 활용될 수 있다.

⑦ 모바일 앱 데이터 수집

모바일 앱을 통해 사용자 행동 데이터를 수집한다. 앱 사용 패턴, 위치 정보, 기기 정보 등을 분석하여 개인화된 경험을 제공하거나 비즈니스 인텔리전스에 활용된다.

⑧ 데이터베이스 질의

데이터베이스에서 질의를 사용하여 필요한 정보를 추출하는 방법이다. SQL 등의 언어를 사용하여 데이터베이스로부터 특정 데이터를 가져올 수 있다.

⑨ 공공 데이터 활용

정부 기관이나 다양한 조직에서 제공하는 공공 데이터를 활용하여 정보를 수집한다. 예를 들어, 인구 통계, 기상 정보 등이 있다.

한편, 데이터 수집 방법을 선택할 때는 윤리적인 측면과 법적인 요건을 고려해야 하며, 수집한 데이터를 안전하게 보관하고 처리하는 것도 중요하다.

2) 데이터 분석

데이터 리터러시 관점에서 데이터를 분석하는 일반적인 방법은 다양하며, 데이터의 특성과 목적에 따라 적절한 분석 방법을 선택해야 한다. 다음은 데이터 분석을 수행하는 일반적인 방법과 절차이다.

① 문제 정의

분석의 목적을 명확히 이해하고, 해결하려는 문제를 정의한다. 어떤 정보를 얻고자 하는지, 분석 결과를 통해 어떤 의사 결정을 내릴 것인지 등을 명확히 설정한다.

② 데이터 수집 및 전처리

필요한 데이터를 수집하고, 또한 데이터를 전처리(Preprocessing)하여 분석에 적합한 형태로 가공한다. 이 단계에서는 결측치 처리, 이상치 제거, 데이터 변환 등을 수행한다.

③ 탐색적 데이터 분석(Exploratory Data Analysis)

데이터의 특성을 살펴보고 기본적인 통계량을 계산하여 데이터의 패턴이나 트렌드를 이해한다. 시각화 기법을 활용하여 데이터의 분포, 상관 관계, 이상치 등을 확인한다.

④ 통계적 분석

데이터에 대한 통계적인 분석을 수행한다. 평균, 중앙값, 표준편차 등의 통계량을 계산하고, t−검정, ANOVA, 회귀 분석 등의 통계적 테스트를 활용하여 데이터 간의 차이나 관계를 평가한다.

⑤ 머신러닝 및 예측 모델링

데이터를 활용하여 예측 모델을 구축하는 머신러닝 기법을 적용한다. 회귀 분석, 의사 결정 트리, 신경망 등 다양한 알고리즘을 사용하여 예측을 수행한다.

⑥ 시각화 및 해석

분석 결과를 시각적으로 표현하고 해석한다. 그래프, 차트, 대시보드 등을 사용하여 데이터의 특징을 시각적으로 확인하고 결과를 이해하기 쉽게 표현한다.

⑦ 결과 해석 및 의사 결정

분석 결과를 해석하고, 해당 결과를 기반으로 의사 결정을 내린다.

⑧ 반복 및 개선

분석 결과와 의사 결정을 피드백으로 활용하여 분석 접근 방법을 개선하고 모델을 조정한다. 필요에 따라 데이터 수집, 전처리, 모델 학습 등의 단계를 반복하여 분석의 정확성과 유의미성을 향상시킨다.

3) 데이터 표현

데이터 리터러시에서 데이터를 효과적으로 표현하는 것은 중요한 스킬 중 하나이다. 다양한 데이터 표현 방법이 있으며, 선택할 때는 데이터의 특성과 목적을 고려해야 한다. 또한, 데이터 표현 방법은 데이터의 성격과 목적, 대상 그룹의 이해 수준 등을 고려하여 선택해야 한다. 효과적인 데이터 표현은 데이터의 의미를 명확하게 전달하고 이해를 돕는 역할을 한다. 다음은 데이터 표현의 일반적인 방법을 소개한다.

① 테이블(Table) 및 그리드(Grid)

데이터를 행과 열로 정렬된 표 형식으로 나타내는 것이다. 주로 스프레드시트 소프트웨어에서 사용되며, 정형화된 데이터를 보여주기에 유용하다.

② 막대 그래프(Bar Chart)

범주형 데이터를 막대로 나타내어 비교하는 데 사용된다. 각 막대의 길이는 해당 범주의 수량이나 비율을 나타낸다.

③ 선 그래프(Line Chart)

시간에 따른 변화를 보여주거나 연속적인 데이터를 시각화하는 데 사용된다. 데이터 포인트를 선으로 연결하여 추세를 보여준다.

④ 원 그래프(Pie Chart)

전체에서 각 범주가 차지하는 비율을 원형으로 나타낸다. 주로 범주의 상대적인 비율을 강조할 때 사용된다.

⑤ 히스토그램(Histogram)

연속형 데이터를 구간별로 나누어 각각의 구간에 속하는 데이터의 빈도를 막대로 표현한다. 데이터 분포를 시각적으로 확인할 때 유용하다.

⑥ 산점도(Scatter Plot)

두 변수 간의 관계를 나타내기 위해 사용된다. 각 데이터 포인트를 좌표 평면에 표시하여 패턴이나 규칙을 확인할 수 있다.

⑦ 상자수염 그림(Box-and-Whisker Plot)

데이터의 중앙 경향, 분산, 이상치 등을 나타내는 통계적인 정보를 제공하는 그래픽 표현 방법이다.

⑧ 지도 시각화(Map Visualization)

지리적 데이터를 지도상에 표현하여 지리적인 패턴을 확인할 수 있다. 도표, 색상 등을 활용하여 지역별 차이를 시각적으로 나타낸다.

⑨ 열지도(Heatmap)

2차원 데이터의 값을 색상으로 표현하여 패턴이나 관계를 시각적으로 확인할 수 있다. 주로 행렬 형태의 데이터를 표현할 때 사용된다.

⑩ 벤 다이어그램(Venn Diagram)

벤 다이어그램은 범주 간의 중첩을 시각적으로 나타낸다. 공통된 요소나 관계를 이해하는 데 도움이 된다.

5 인공지능윤리 리터러시

인공지능윤리 리터러시는 인공지능(AI)과 관련된 윤리적인 문제와 도덕적 책임에 대한 이해와 인식을 의미한다. 다양한 인공지능기술이 사회에 점점 더 많이 활용되면서, 이에 따른 윤리적인 고민과 책임이 더욱 중요해지고 있다. 특히 인공지능윤리는 기존의 정보통신윤리의 범위를 벗어나 매우 빠르게 확대되고 있으며 다양한 윤리적인 이슈를 해결해야 하는 과제를 포함하고 있다. 즉 1990년대부터 2010년까지의 기존의 정보통신윤리는 정보통신기술이 앞서 나가고 윤리적인 이슈는 사후에 해결되는 특징을 가지는 반면, 현재 인공지능윤리는 무인자동차의 경우와 같이 윤리적인 이슈가 먼저 해결되어야만 기술을 구현할 수 있는 일종의 사전윤리의 성격이 점차 강해지고 있다(박연정 외, 2023; 변순용, 2018).

따라서 인공지능윤리에 대한 올바른 이해와 인식은 현대 인공지능사회를 살아가는 모두에게 매우 필요한 리터러시라고 할 수 있으며, 다양한 윤리적인 이슈에 대한 논의와 더불어 가이드라인 제공이 필요한 시점이다.

1) 정보윤리와 인공지능윤리의 요소

정보윤리와 인공지능윤리는 각각 정보 기술 및 인공지능 분야에서 윤리적인 이슈와 가치를 다루는 분야이다. 아래는 각각의 윤리 분야에서 고려해야 할 주요 요소들을 기술한다.

① 정보윤리 요소
• 개인정보 보호

개인정보는 민감한 정보로 간주되며, 이를 적절히 보호하고 처리하는 것이 필요하다. 데이터 수집, 저장, 처리, 공유에 대한 윤리적 가이드라인이 필요하다.

• 데이터 정확성과 신뢰성

정보는 정확하고 신뢰성 있어야 한다. 오류가 있는 정보를 전파하는 것은 신뢰를 훼손할 수 있으며, 이에 대한 윤리적 처리 방법이 필요하다.

• 접근 가능성과 공정성

정보에 대한 접근은 모든 사람에게 공평하게 이루어져야 한다. 디지털 격차를 최소화하고, 정보에 공정하게 접근할 수 있는 방법을 고려해야 한다.

• 지식재산권

정보 및 지식의 소유와 공유에 대한 윤리적 고려가 필요하다. 즉 지식 재산권을 존중하면서도, 사회적인 이익과 지식의 공유에 대한 적절한 균형을 유지해야 한다.

• 사이버 보안과 공격 대응

정보시스템과 데이터의 보안 문제에 대한 윤리적 접근이 필요하다. 개인 및 기업의 데이터를 보호하고, 사이버 공격에 대비하는 방법에 대한 윤리적 가이드라인이 필요하다.

② 인공지능윤리 요소

• 투명성과 해명 가능성

인공지능 알고리즘의 의사 결정 과정과 결과를 설명할 수 있어야 한다. 투명성이 부족하면 편향성이나 오류에 대한 이해와 대처가 어려워진다.

• 공정성과 편향 방지

인공지능 시스템은 편향이 없고, 모든 사용자에게 공정한 서비스를 제공해야 한다. 특정 인구 그룹에 대한 편향을 감지하고 방지하기 위한 노력이 필요하다.

• 인간 중심 설계

인공지능 시스템은 인간의 가치와 윤리적인 원칙을 존중해야 한다. 사용자의 안전과 웰빙을 중시하며, 윤리적인 가치를 반영해야 한다.

• 사회적 영향과 책임

인공지능 기술이 사회에 미치는 영향을 예측하고, 이에 따른 책임을 지는 것이 중요하다. 이는 일자리, 교육, 사회적 불평등 등 다양한 측면을 고려해야 한다.

2) 인공지능 개발윤리

기존에 발표된 인공지능 개발 윤리는 여러 기관과 단체에서 제안되어 왔다. 현재 다양한 국가와 기업, 연구기관이 인공지능의 안전하고 투명한 개발을 위해 윤리 원칙과 가이드라인을 제시하고 있다. 다음 몇 가지 대표적인 인공지능 개발 윤리 원칙 및 가이드라인을 소개한다(김대수, 2020).

① 아실로마 인공지능 23원칙

2017년 미국 캘리포니아주 아실로마(Asilomar)에서 발표된 인공지능 23원칙은 인공지능의 전반적인 윤리적 가이드라인을 제시하고 있다. 23원칙은 특히 인공지능 개발에 대한 명확한 원칙을 제공하고 있다. 특히 인공지능 연구의 목적을 명확하게 설정하는 것으로 시작해서 인공지능의 잠재적 위험을 경계하는 것으로 끝을 맺고 있다. 즉 제1항에서 "인간에게 이로운 지능을 만들어야 한다" 하고 강조한 다음, 마지막 제23항에서 "AI 시스템은 엄격한 통제를 따라야 하며, 한 국가나 조직을 위해서가 아니라 모든 인류의 이익을 위해서만 개발돼야 한다"고 마쳤다.

② 구글의 우리의 원칙(Our Principles)

2018년 구글은 인공지능 개발에 관한 전반적인 가이드라인을 발표하였다. 전체 7개 조항으로 구성되었으며, 각 조항은 다음과 같다.

- 사회적으로 유익해야 한다.
- AI와 관련한 불공정 편견을 만들거나 강요하지 않는다.
- AI는 안전을 위해 제작되고 테스트 되어야 한다.
- AI 기술은 적절하게 인간의 지시 및 통제를 받으며, 또한 그 책임은 사람들에게 있다.
- 프라이버시 디자인 원칙을 기반으로 프라이버시 보호 장치가 있는 아키텍처를 장려하며, 데이터 사용에 대한 적당한 투명성과 제어를 제공한다.
- 높은 수준의 과학적 우수성을 지킨다.
- 구글은 잠재적으로 유해하거나 또는 악의적 애플리케이션을 제한하기 위해 노력할 것이며, 또한 AI 기술을 개발하고 배포할 경우에 원칙에 부합하는 용도로만 사용할 수 있도록 한다.

3) 인공지능 도구 사용 윤리

인공지능 도구의 사용에 대한 윤리 가이드라인은 해당 기술이 사회적으로 적절하게 채택되고 사용되도록 하는 데 도움을 주는 원칙과 규정이다. 다음은 일반적으로 사용되는 인공지능 도구에 대한 윤리적 가이드라인의 예시를 기술한다.

① 투명성과 해명 가능성

인공지능 도구의 작동 방식과 의사 결정 과정은 투명하게 설명되어야 한다. 또한, 사용자와 관련 이해당사자들이 인공지능의 결과를 이해하고 의문이 있을 경우에 대한 해명이 가능해야 한다.

② 공정성과 편향 방지

인공지능 도구의 개발 및 운용에서 편향성을 최소화하고 공정성을 지향해야 한다. 특정 계층에 대한 차별을 방지하고, 다양성을 고려한 데이터셋을 사용해야 한다.

③ 사생활 보호와 데이터 보안

개인 정보는 안전하게 보호되어야 하며, 데이터 수집과 저장은 법적인 요구 사항 및 개인의 동의에 따라 이루어져야 한다. 보안 조치는 사용자 데이터를 외부 공격으로부터 보호하기 위해 강화되어야 한다.

④ 사용자 중심 설계

사용자의 경험과 안전은 인공지능 도구의 설계에서 중요한 고려 사항이 되어야 하며, 특히 사용자의 편의성, 이해도, 피드백 수용 등을 고려한 사용자 중심의 설계가 필요하다.

⑤ 책임과 의사 결정의 투명성

인공지능 도구가 만든 결정의 책임은 명확하게 정의되어야 한다. 특히 중요한 의사 결정에서는 인간이 책임을 지고, 이를 검토하고 수정할 수 있는 메커니즘을 제공해야 한다.

⑥ 사회적 영향 및 책임

인공지능 도구의 개발자와 운용자는 기술의 사회적 영향에 대한 책임을 진다. 특히, 일자리 변화, 사회적 불평등 등에 대한 고려가 필요하며, 이에 대한 적절한 대응이 이루어져야 한다.

⑦ 지속적인 감독과 업데이트

인공지능 도구는 지속적으로 감독되고, 새로운 데이터나 환경에 적응할 수 있는 업데이트 기능이 필요하다. 이를 통해 윤리적 문제나 성능 저하를 예방할 수 있다.

참고문헌

김대수(2020). 처음 만나는 인공지능(개정판), 파주: 생능출판사.

김슬기, 김태영(2021). 초·중등 인공지능 교육을 위한 데이터 리터러시 정의 연구, 2021 한국정보교육학회 학술논문집, 12(2), 59-67.

김영민, 이기성, 이민정, 전주현(2022). 컴퓨팅사고와 인공지능 리터러시, 중앙대학교출판부.

김의중(2016). 알고리즘으로 배우는 인공지능, 머신러닝, 딥러닝, 파주: 위키북스 출판사.

김진석 외(2021). 인공지능 리터러시 교육의 이해와 실제, 서울: 한국문화사.

박연정, 정종원, 노석준, 이은배(2023). 인공지능의 교육적 활용을 위한 윤리 지침 개발, 교육공학연구, 39(4). 1509-1564.

변순용(2018). 인공지능로봇을 위한 윤리 가이드라인 연구 - 인공지능로봇윤리의 4원칙을 중심으로 -, 윤리교육연구, 47, 233-252.

신윤환(2021). 데이터사이언스 Hard Carry, 파주: 생능출판사

이유미, 박윤수(2021). AI 리터러시 개념 설정과 교양교육 설계를 위한 연구, 어문론집, 85, 451-474.

Long, D. & Magerko, B. (2020). What is AI Literacy? Competencies and Design Considerations, Proceedings of the 2020 CHI Conference on Human Factors in Computing Systems, 1-16.

CHAPTER
05

AI·디지털 안전하게 이용하기

AI · 디지털 안전하게 이용하기_박보람

1 AI를 위한 윤리적 원칙

AI 기술이 교육을 비롯한 다양한 분야에서 활용되면서, 이 기술의 윤리적 측면과 신뢰성에 관한 관심이 증가하고 있다. 신뢰는 기본적으로 불확실성과 취약성이 존재하는 상황에서, 타인 또는 시스템이 개인의 목표 달성에 이바지할 것이라는 기대를 의미한다. 이 개념은 단순히 인간 간의 상호작용에만 국한되지 않는다. 사람들이 기계, 특히 AI 시스템에 부여하는 신뢰 또한 이와 유사한 맥락에서 이해될 수 있다.

사용자의 신뢰는 AI 시스템의 수용과 성공에 매우 중요하다. 사람들이 시스템을 신뢰할 수 없다고 판단하면 그 기술을 사용하길 꺼리게 되며, 이는 결국 기술의 시장 성공에 큰 장애가 된다. 예를 들어, 데이터 보호와 관련된 상황을 살펴보면, 사람들이 개인 데이터의 처리 방식에 대해 느끼는 불안이나 불편함이 어떻게 신뢰 문제와 연결되는지 명확히 이해할 수 있다. 이는 신뢰 문제가 단순히 기술적인 신뢰성을 넘어서 사회적, 문화적, 윤리적 측면과 깊이 연결되어 있음을 보여준다.

AI 시스템과 로봇에 대한 신뢰는 기능적 요소와 윤리적 요소로 구분될 수 있다. 기계의 기능적 신뢰성은 시스템의 성능, 오류, 투명성과 관련이 있고, 윤리적 신뢰성은 기계가 사람의 안전과 복지에 미치는 영향에 초점을 맞춘다. 이러한 요소들은 기계를 신뢰할지 말지를 결정하는 데 중요하게 작용한다. 그러나 인간이

AI를 신뢰하는 과정은 다른 인간을 신뢰하는 것과는 차이가 있다. AI 시스템의 결정이 어떻게 이루어지는지, 그 근거가 무엇인지는 종종 명확하지 않다. 이러한 불확실성 때문에 AI 시스템에 대한 신뢰는 추가적인 도전 과제를 제기하기도 한다.

AI4People 그룹이 발표한 유럽의 AI 윤리 원칙은 AI를 신뢰하고 공정하게 만드는 데 중요한 5가지 원칙을 제시한다. 이 원칙들은 비위해성, 유익성, 자율성, 정의, 설명 가능성이다. 이 원칙들은 AI 시스템이 사람에게 해를 끼치지 않고, 유익하며, 사용자의 자율성을 존중하고, 모든 사용자가 공정하게 접근할 수 있으며, 그것의 행동이 이해되고 설명될 수 있어야 한다는 것을 강조한다. 이 원칙들은 AI 시스템이 사회와 개인에 긍정적인 영향을 미치도록 하는 데 필수적이다.

이러한 원칙들은 교육 분야에서 특히 중요하다. 교육은 학습자의 가치관과 인격 형성에 큰 영향을 미치므로, 교육에서 사용되는 AI는 높은 수준의 윤리적 책임을 지녀야 한다. 교육 분야에서 AI를 사용할 때는 이 원칙들을 염두에 두고, 학습자의 발달과 복지를 최우선으로 고려하는 접근이 필요하다. 이 원칙들은 AI가 교육 분야에서 긍정적인 역할을 하고, 학습자와 교육 관계자의 신뢰를 얻는 데 필수적이다.

1) 비위해성

AI의 윤리적 사용에 있어 비위해성 원칙은 AI 시스템이 인간, 동물, 재산 등에 해를 끼치지 않아야 한다는 기본적인 윤리 지침이다. 이 원칙은 AI의 신뢰성과 공정성에 큰 영향을 미친다. Microsoft의 챗봇 'Tay'가 부적절하고 혐오적인 언어를 사용한 사례는 비위해성 원칙 위반을 보여주는 전형적인 예이다. 이러한 사례는 AI 시스템이 온라인 환경에서 괴롭힘과 혐오 발언을 방지하는 중요한 역할을 해야 한다는 것을 보여준다.

최근 개발된 AI 기반 모니터링 도구들은 소셜 미디어 플랫폼에서의 혐오 발언이나 괴롭힘을 자동으로 감지해, 사용자나 관리자에게 알림을 보내고 적절한 조치를 하도록 돕는다. 이러한 도구들은 온라인 커뮤니티를 안전하고 존중 받는 공간으로 만드는 데 이바지한다. 그러나 AI 시스템이 비위해성 원칙을 준수하기 위해서는 적절한 설계와 지속적인 감독이 필요하다.

인터넷 환경에서의 괴롭힘과 혐오 발언을 규제하는 여러 법률이 존재한다. '정보통신망 이용촉진 및 정보보호 등에 관한 법률'과 '성폭력범죄의 처벌 등에 관한 특례법'이 그 예이다. 이러한 법적 조치는 AI 기술의 역할에 중요한 영향을 미친다. 예를 들어, 인스타그램은 AI를 활용하여 괴롭힘과 혐오 발언을 포함한 부적절한 콘텐츠를 식별하고 사용자에게 경고하는 시스템을 개발하여 적용했다.

그러나 이러한 AI 기반 감지 시스템은 완벽하지 않으며, 때때로 잘못된 판단을 할 수 있다. 감지 시스템이 사용자의 표현의 자유에 영향을 줄 수 있으므로, AI 시스템의 사용은 지속적인 모니터링과 조정이 필요하다. 또한, 혐오 발언과 언론의 자유 사이의 균형을 맞추는 데 있어서 문화적, 국가적 차이를 고려하는 것이 중요하다.

비위해성 원칙은 AI 시스템이 개인과 사회에 해를 끼치지 않도록 하는 핵심적인 윤리적 지침이다. 이 원칙을 준수함으로써, AI 시스템은 사회적으로 책임감 있고 윤리적으로 행동하는 데 중요한 역할을 할 수 있다. AI 시스템을 개발하고 운영하는 과정에서는 이 원칙을 지키기 위한 적절한 설계와 감독이 필요하며, 이는 AI의 긍정적인 영향력을 극대화할 수 있다.

2) 유익성

AI의 윤리적 사용에서 '유익성' 원칙은 AI가 인간에게 실질적인 이익을 가져다주어야 한다는 것이다. 이 원칙은 생명윤리학에서 유래한 일반적인 원칙으로, 치료나 기술의 이득이 잠재적 해악보다 커야 한다는 것을 강조한다(Zalta, 2003). 이는 AI 시스템이 신뢰할 수 있고 공정한 윤리적 규칙을 고려하며 인간의 삶을 개선하는 데 이바지해야 함을 의미한다.

AI의 유익성은 다양한 분야에서 드러난다. 예를 들어, 자율주행차는 교통사고를 줄이고 효율성을 높이는 데 이바지할 수 있다. 또한, 고령화 사회에서 로봇과 AI 기술은 노인 돌봄의 질을 향상하고, 삶의 질을 개선하는 데 중요한 역할을 할 수 있다. 원격 의료 시스템은 외딴 지역에서의 의료 접근성을 높이는 데 기여하고, 스마트 그리드와 같은 AI 기반 시스템은 지속 가능한 에너지 관리와 환경 보호에 중요한 역할을 할 수 있다. 또한 생물 다양성 보존을 위한 AI 애플리케이션은 멸종 위기에 처한 종을 보호하는 데 이바지할 수 있다.

교육 분야에서도 AI의 유익성을 활용한 다양한 사례들이 나타나고 있다. 많은 교육 기관에서 AI 기술을 사용해 학생들에게 개별화된 학습 경험을 제공하고 있다. 이러한 시스템은 학생들의 능력과 성향에 맞춰 맞춤형 교육을 제공함으로써 학습 효과를 극대화한다. AI 기술은 교실 밖에서도 학생들을 지원하는 데 사용되며, 이를 통해 학생들이 학교 밖에서도 계속 학습할 수 있는 환경을 만든다. 의료 분야에서도 AI가 적극적으로 도입되고 있으며, AI 기반 진단 시스템과 원격 의료 서비스는 환자의 접근성을 높이고 의료 서비스의 질을 개선하는 데 이바지한다. 이러한 기술은 특히 의료 자원이 부족한 지역에 큰 이점을 제공한다.

유익성 원칙은 AI 기술의 발전과 적용이 사회에 긍정적인 영향을 미치는 데 중요한 역할을 한다. 이 원칙에 따라 AI는 사회, 경제, 교육 등 다양한 분야에서 혜택을 제공하고, 인간의 삶의 질을 향상할 수 있다. AI 기술을 개발하고 적용하는 과정에서 이러한 유익성 원칙을 항상 고려해야 하며, 이는 AI가 사회적으로 책임감 있고 윤리적으로 행동하는 데 중요한 역할을 한다.

3) 자율성

'자율성' 원칙은 AI 윤리의 중요한 부분으로, AI 시스템이 인간의 독립적인 결정과 선택을 존중하고 지원해야 함을 강조한다. 자율성은 개인이 자기 행동과 결정을 스스로 제어하는 능력을 뜻한다. AI는 인간의 자율성을 침해하지 않고 오히려 그것을 증진하는 방식으로 설계되어야 한다. AI가 인간의 자유와 선택을 존중하는 방식으로 작동할 때, 기술은 개인의 자율권을 강화하는 도구로 활용될 수 있다.

AI의 자율성 원칙은 특히 의료 분야에서 중요한 이슈로 떠오르고 있다. AI 기반 의료 시스템은 환자의 건강 데이터를 분석해 진단을 내리고 치료 방안을 제시할 수 있으나, 최종 결정은 환자와 의료 전문가의 손에 있어야 한다. 이는 환자가 자신의 건강과 치료에 대해 스스로 결정할 수 있는 권리, 즉 자율성을 존중하는 것이며, 의료 분야에서 AI 기술을 적용할 때 이러한 자율성 원칙을 고려하는 것은 매우 중요하다.

교육 분야에서도 AI의 자율성 원칙은 중요하게 다뤄지고 있다. 맞춤형 학습을 지원하는 AI 시스템은 학생들의 선호와 학습 속도에 맞춰 개인화된 학습 경로를 제시하지만, 학습에 대한 최종 결정은 학생 본인이 내리도록 존중한다. 이는 학생들이 자신의 학습 과정에 대한 자기 결정권을 가질 수 있도록 함으로써, 학습자의 자율성을 보장하는 방향으로 AI를 활용하는 것을 의미한다.

한편, AI 시스템의 자율성에는 윤리적 한계가 존재하는데, 인간이 AI에 부적절한 행위를 지시할 수 있다. 한국에서도 한때 AI 챗봇이 사용자의 부적절한 요구에 응답하며 부적절한 대화를 이어간 사례가 발생하여 논란이 되었다. 이러한 상황은 AI가 인간의 부적절한 명령을 거부하고 윤리적 기준에 따라 행동할 수 있도록 설계되어야 함을 강조한다. AI가 단순히 사용자의 요구에 응답하는 것이 아니라 윤리적 판단을 할 수 있는 능력을 갖추어야 한다는 것이다.

AI의 자율성은 법적 규제와도 연결되어 있다. 예를 들어, 개인정보 보호법과 같은 법규들은 AI가 개인의 정보와 결정을 존중하고 보호하도록 요구한다. 이러한 법적 조치들은 AI 시스템이 인간의 자율성을 존중하고 윤리적으로 행동하는 데 중요한 역할을 한다. 이는 AI 시스템의 설계와 운영에 있어 개인의 권리와 자율성을 보장하는 법적 틀을 제공한다.

자율성 원칙은 AI 시스템이 인간의 결정과 희망을 존중하고, 인간의 자율적 결정 능력을 증진하는 방향으로 설계될 것을 강조한다. 이 원칙을 준수함으로써 AI 시스템은 인간의 삶을 향상하는 데 기여하고, 사회적으로 책임감 있고 윤리적으로 행동할 수 있다. AI를 개발하고 운영하는 과정에서는 자율성 원칙을 지키기 위한 적절한 설계와 감독이 필요하다. 이는 AI의 긍정적인 영향력을 극대화하고, 인간과 AI가 긍정적으로 상호작용하기 위해 중요하다.

4) 정의

AI 윤리 원칙 중 '정의' 원칙은 AI 시스템이 모든 사용자에게 공정하고 정의롭게 행동해야 한다는 것을 의미한다. 이 원칙은 AI 시스템이 도덕적, 윤리적 가치를 반영하며 모든 사용자에게 편견 없이 동등한 서비스를 제공해야 함을 강조한다. 그러나 AI가 도덕적 및 윤리적 결정을 내리는 과정은 복잡하며, 특히 도덕 이론에 대한 명확한 합의가 없는 상황에서 AI의 '정의'를 구현하는 것은 큰 도전이다.

윤리학에는 공리주의, 의무론, 덕 윤리와 같은 여러 학파가 존재하고, 이들 사이에는 치열한 논쟁이 벌어진다. 이런 상황은 AI가 도덕적이고 윤리적인 판단을 내리는 데 명확한 지침을 제시하기 어렵게 만든다. 인간의 도덕적 직관은 시간이 지남에 따라 발달해 왔지만, 이를 AI 시스템에 적용하는 것은 복잡한 과제다. AI는 인간의 복잡한 도덕적 가치와 판단을 단순히 모방할 수 없으며, 이 때문에 AI의 윤리적 판단에 대한 논의는 계속해서 중요한 주제가 되고 있다.

AI의 정의 원칙은 금융 기관이 신용 평가에 적용될 수 있다. 이러한 시스템은 방대한 데이터를 기반으로 빠르고 합리적인 결정을 내리는 데에는 유용하지만, 체계적인 편견을 초래할 위험이 있다. 특히 거주 지역 정보를 활용할 때, 특정 지역 출신에 대해 불합리한 판단을 내릴 가능성이 있다. 이는 지역에 기반한 데이터가 편견을 반영할 수 있기 때문이다.

의료 분야에서 사용된 고위험 치료 관리 알고리즘은 인종 편견 문제를 드러내기도 한다(Obermeyer et al., 2019). 이 알고리즘은 환자의 미래 의료 비용을 예측해 의료 서비스 필요성을 결정했지만, 인종적 요인을 고려하지 않았다. 이 때문에 인종 간 의료 접근성 및 이용 패턴의 차이를 반영하지 못했다. 예를 들어, 저소득층이나 소수 인종 집단은 경제적, 사회적 장벽으로 인해 필요한 의료 서비스를 충분히 이용하지 못하는 경우가 많으며, 알고리즘은 이를 낮은 의료 필요성으로 잘못 판단할 수 있다. 이 사례는 AI가 단순한 데이터 분석을 넘어서 사회적, 경제적, 인종적 요인을 고려해야 한다는 것을 보여준다.

법정에서 사용된 COMPAS라는 AI 시스템은 판사가 보호 관찰 석방 여부를 결정하는 데 중요한 역할을 한다. 이 시스템은 재범 위험을 평가하기 위해 다양한 데이터를 분석하고 각 피고인의 재범 가능성을 예측한다. 하지만 COMPAS가 재범 위험 평가에서 인종적 편견 문제를 드러내 논란이 되기도 했다. 연구 결과에 따르면, 이 시스템은 흑인 피고인들에게 일관되게 더 높은 재범 위험 점수를 부여했으며, 이는 시스템의 결정에 인종 편견이 존재함을 보여주었다(Dieterich et al., 2016).

정의 원칙은 AI가 모든 사용자에게 공정하고 정의로운 서비스를 제공해야 한다는 것을 강조한다. 이를 위해서는 AI 시스템의 설계와 운영에서 편견을 최소화하고 공정성을 유지하기 위해 지속적인 모니터링과 조정이 필요하며, 다양한 이해관계자들의 의견을 듣고 반영해야 한다. AI의 공정성 문제는 단순히 기술적인 측면을 넘어 사회적, 윤리적 고려가 필요한 복합적인 문제다. AI 시스템 개발 및 운영 과정에서 이러한 원칙을 준수하는 것은 AI가 인간의 삶을 개선하는 데 핵심적인 역할을 하게 만든다.

5) 설명 가능성

설명 가능성의 원칙은 AI 시스템이 어떻게 결론이나 결과에 도달했는지 명확히 설명할 수 있어야 한다는 것을 의미한다. 이 원칙은 단순한 투명성을 넘어서 AI 시스템의 내부 작동 메커니즘과 결정 과정을 비전문가도 이해할 수 있을 정도로 명료하게 설명하는 것을 중시한다. 예를 들어, 수백만 줄의 코드로 구성된 소프트웨어의 코드를 공개하는 것만으로는 충분한 설명이 되지 못한다. 이러한 접근은 오히려 경쟁업체에 대한 위험을 증가시키는 등 새로운 문제를 발생시킬 수 있다.

인공지능 시스템을 사용하거나 그 영향을 받는 사람들에게 AI가 결정을 내린 방식을 이해할 수 있게 하는 것이 중요하다. 이를 반영해 유럽연합은 일반 데이터 보호 규정 내에서 '정보에 대한 권리'를 법적으로 요구했다. 이는 알고리즘의 결정에 영향을 받은 사람이 그 결정에 대한 설명을 요구할 권리를 가진다는 것이다. 하지만 머신러닝의 복잡성을 문제 삼지 않는 시각도 있다. 이런 관점에서는 시스템이 경험적으로 테스트 되고 실제로 작동한다면, 구체적인 작동 원리를 이해하거나 설명하지 못해도 무방하다고 본다(Weinberger, 2018).

설명 가능성의 원칙은 법적 책임이 필요한 상황에서 특히 중요하다. 예를 들어, 재범 위험 평가에 사용된 COMPAS 시스템은 법적으로 검토되었는데, COMPAS 알고리즘의 독점적 특성 때문에 변호인이 점수 계산 방식에 이의를 제기할 수 없었다. 이는 AI 시스템에 의해 내려진 결정이 명확한 설명을 해야 하는 이유를 보여준다. AI 시스템의 결정 과정이 투명하지 않으면, 법적 책임을 따지거나, 합리적인 판단을 내리는 것이 어렵기 때문이다.

설명 가능성은 AI 시스템의 결정과 행동을 제대로 이해하고 정당화할 수 있는 능력과 밀접하게 관련된다. 이는 단순히 '해독할 수 없는' 블랙박스로부터 나온 결정에 국한되지 않고, AI의 결정 과정에 대한 명확한 이해와 설명을 요구한다. 이런 맥락에서 머신러닝이 내린 결정에 대해 적절한 설명을 제공하는 연구들이 진행되고 있다. 이는 AI 시스템의 결정이 투명하고 이해할 수 있어야 한다는 요구를 반영하는 것으로, 미래에는 머신러닝 결정에 대한 명확한 설명을 제공할 수 있게 될 것으로 기대된다.

2 AI 시스템의 책임과 책무

AI 시스템이 일상생활의 다양한 영역에 통합됨에 따라, 책임과 책무 문제가 점점 중요해지고 있다. 특히 AI 시스템이 잘못 작동할 때, 그 책임과 결과를 누가

지게 될지에 대한 질문이 중요하다. 보통 모든 것이 순조롭고 아무도 피해를 보지 않을 때는 책임에 대한 걱정이 적다. 하지만, 피해가 발생하고 사람이 다치거나 재산이 손상되었을 때 책임과 책무에 대한 문제가 생긴다. AI 기술이 문제를 일으킬 때, 그 책임은 특정 개인이나 단체가 져야 한다. 그런데, 종종 구조적인 오류 때문에 심각한 상황을 초래할 수 있다.

AI 기술의 오류는 자율주행차의 충돌, 자율무기의 오타기팅(잘못된 표적 공격) 등과 같이 다양한 형태로 나타날 수 있다. 이런 사례들은 누가 책임을 져야 하는지에 대한 복잡한 논의를 요구한다. 상황에 따라 도덕적 책임과 법적 책임을 구분하는 것이 중요하며, AI 시스템이 초래한 문제에 대한 적절한 책임 귀속과 제재가 필요하다. 이러한 책임과 책무에 대한 논의는 단순히 기술적인 문제를 넘어 법적, 윤리적, 사회적 영역에 걸쳐 있다.

1) AI 시스템에 의한 사고

AI 시스템, 특히 자율주행 차량과 관련된 사고는 책임과 책무의 복잡성을 드러낸다. '자율'이라는 개념을 이해하기 위해, 자율주행의 다양한 수준을 살펴봐야 한다. 유럽과 미국 도로교통안전국의 기준에 따르면, 자율주행은 단순한 운전자 보조 기능에서부터 운전자가 전혀 필요 없는 완전 자율주행에 이르기까지 다양한 단계로 구분된다. 중요한 변화는 레벨 2에서 레벨 3으로 이행하는 과정에서 나타난다. 레벨 3의 자율주행 차량은 운전자의 지속적인 감독 없이도 다양한 상황에 독립적으로 대처할 수 있어야 한다. 이는 차량이 일정 기간 자율적으로 작동해야 한다는 것을 의미하며, 일부 제조사들은 이 기간을 대략 10초 정도로 설정하고 있다.

그런데 이 상황에서 차량이 통제권을 갖고 있을 때 발생한 사고의 책임 소재는 불분명해진다. 운전자는 차량을 직접 조종하지 않았으며, 실제로 조종할 필요조차 없었다. 이 경우 운전자에게 책임을 전가하는 것은 타당하지 않아 보인다. 반대로, 차량이 프로그램에 따라 움직였다면, 기술 자체에 책임을 묻는 것도 애매하다. 제조업체가 사고 예방을 위해 모든 가능한 조처를 했다면, 그 책임을 어떻게 분배해야 할까?

AI 시스템, 특히 자율주행 차량과 관련된 사고에 대한 책임과 책무의 결정은 매우 복잡하다. 이 문제는 단순히 기술적인 차원을 넘어서 법적, 윤리적, 사회적 요소를 모두 포함한다. 따라서 자율주행 차량과 같은 AI 시스템 관련 사고 발생 시, 책임과 책무의 분배 및 관리에 대한 명확한 지침과 원칙이 필요하다. 이러한 지침은 AI 기술의 발전에 따른 사회적 영향을 효과적으로 관리하고, 기술이 가져올 수 있는 위험과 피해에 대처하는 데 중요한 역할을 한다.

자율무기 시스템에서 발생하는 사고 또한 매우 복잡한 책임과 책무의 문제를 불러일으킨다. 특히, 이 문제는 국제인도법(IHL)의 맥락에서 더욱 중요하다. IHL은 전쟁 중 비전투원을 보호하고 특정 목표에 대한 공격을 제한하는 원칙을 설정한다. 예를 들어, 병원이나 학교와 같은 특별히 보호받는 대상에 대한 공격은 엄격하게 금지된다. 이러한 맥락에서, 자율무기 시스템이 IHL을 준수하면서 올바른 대상을 식별하고 공격하는지에 대한 책임이 중요하다. 잘못된 대상에 대한 공격은 심각한 법적, 윤리적 문제를 일으킬 수 있으며, 이러한 사고에 대한 책임 소재를 명확히 하는 것은 국제 법규와 윤리적 기준에 맞게 이루어져야 한다.

자율무기 시스템에 의한 사고는 중대한 윤리적 및 법적 책임 문제를 불러일으킨다. 예를 들어, 얼굴 인식을 활용하는 자율 드론이 실수로 비전투원을 공격해 사망에 이르게 하는 경우, 이 사고에 대한 책임 소재가 불분명하다. 자율무기 시스템이 잘못된 식별로 인해 무고한 시민을 살해할 경우, 그 책임을 물을 수 있는 주체가 명확하지 않다. 이는 기술적 오류인지, 프로그래밍의 문제인지, 아니면 운영에서의 실수인지를 분석해야 함을 의미한다. 더 나아가, 이러한 사건이 전쟁 범죄에 해당하는지, 그리고 그 처벌 대상이 누구인지에 대한 법적, 윤리적 판단이 필요하다.

인간 조종사가 원격으로 드론을 조종하는 상황에서 발생하는 책임 문제는 더 복잡하다. 얼굴 인식 소프트웨어를 이용해 표적을 식별하는 과정에서 오류가 발생할 경우, 조종사는 잘못된 표적을 공격할 위험이 있다. 이때 중요한 것은 오류의 근원을 파악하는 것이다. 이 오류는 조종사의 인간적 판단 오류일 수도 있고, 소프트웨어의 기술 결함일 수도 있으며, 상위 명령 자체에 문제가 있을 수도 있다.

AI 시스템과 관련된 사고, 특히 군사적 맥락에서 발생하는 사고는 기술적 오류, 인간의 판단, 명령 체계와 같은 다양한 요소를 고려해야 한다. 이러한 사고에 대한 책임과 책무를 명확히 규명하는 것은 법적, 윤리적, 사회적 관점에서 중대한 과제이다. AI 기술이 발전하면서, 이러한 사고 유형에 대한 책임과 책무를 분명히 하는 것은 AI가 사회에 미치는 영향을 관리하기 위해 필수적이다.

2) 책임과 책무의 귀속

AI 시스템 관련 사고에서 책임과 책무의 귀속은 복잡한 문제를 제기한다. 책임 귀속은 잘못된 결과를 초래한 인과 관계와 관련된 결정을 누가 내렸는지를 분석하는 것이다. 예를 들어, 인간이 소프트웨어 정보에 의존해 미사일을 발사하는 경우, 소프트웨어가 불완전한 정보를 제공했다면 이는 정보 실패로 볼 수 있다.

자율무기 시스템의 경우, 시스템이 얼굴 인식 소프트웨어의 데이터에 의존하여 표적을 식별하고 결정을 내린다. 여기서 자율 무시 시스템의 결정이 사고의 원인이라면, 자율 무시 시스템 자체를 비난하는 것이 타당한지, 아니면 인간의 의사 결정을 문제 삼는 것이 타당한지가 중요한 고려사항이다. 이러한 상황에서는 얼굴 인식 시스템에 없었던 정보가 사고의 원인이 되었을 가능성을 고려해야 한다.

책무의 귀속은 다른 측면에서 접근된다. 이는 사고가 발생했을 때, 그 결과에 대한 책임을 누가 져야 하는지와 관련된다. 예를 들어, 자율 무시 시스템의 잘못된 식별로 인해 무고한 시민을 살해한 경우, 이에 대한 책무는 AI 시스템을 설계하고 운영한 개인이나 조직에 귀속될 수 있다. 또한 이러한 사고를 전쟁 범죄로 여겨야 할지, 그리고 그 책임이 누구에게 있는지에 대한 법적, 윤리적 평가가 필요하다.

AI 시스템과 관련된 사고에서 책임과 책무의 귀속은 단순한 기술적 오류나 인간의 판단 실패로만 한정되지 않는다. 이 문제는 AI 시스템의 설계, 개발, 구현 및 운영에 관련된 모든 측면을 아우르는 복잡한 문제다. AI 시스템 관련 사고에 대한 책임과 책무를 명확히 하는 것은 법적, 윤리적, 사회적 측면에서 중대한 과제이며, AI 기술 발전과 사회에 미치는 영향을 적절하게 관리하는 데 필수적이다.

AI 시스템, 특히 자율무기 시스템(AWS)에 관련된 사고의 경우, 도덕적 책임과 법적 책임의 구분은 매우 중요하다. 이 두 개념은 서로 다른 차원의 문제를 다루며, 이해관계자들이 이러한 문제를 어떻게 해결할지에 대한 기준을 제공한다.

AI 시스템과 관련된 사고에서 도덕적 책임과 법적 책임은 서로 다른 개념이며, 각각의 책임 귀속에는 구체적인 기준이 적용된다. 도덕적 책임은 사건에 대한 윤리적 측면과 관련되어 있다. 이는 AI 시스템이 잘못된 판단이나 결정으로 사고를 유발했을 때, 그 시스템을 설계하고 개발한 개인이나 조직의 윤리적 의무와 관련된다. 예를 들어, AI 시스템이 부적절한 데이터 학습으로 인해 잘못된 판단을 내린 경우, 해당 시스템의 개발자나 운영자는 이 결정에 대한 도덕적 책임을 지게 될 수 있다. 이는 AI가 인간의 생명, 안전, 또는 기본 권리에 중대한 영향을 미치는 결정을 내릴 때 특히 중요하다.

법적 책임은 법률이나 규정에 따라 규정되며, 특정 행위나 결정이 법적 기준을 위반했는지 아닌지에 초점을 맞춘다. 예를 들어, AI 시스템의 오류로 인해 사고가 발생했을 때, 해당 시스템의 제조사나 개발자는 제품 책임법 또는 기타 관련 법률에 따라 법적 책임을 질 수 있다. 이는 제품의 결함, 소프트웨어의 설계 오류, 또는 안전 기준의 부적절한 준수 등 다양한 법적 요소를 포함할 수 있다.

특히, AI 시스템과 관련된 사고에서 "엄격 책임"(strict liability)이라는 법적 개념이 중요한 역할을 할 수 있다. 엄격 책임은 결과의 고의성이나 과실 여부와 관계없이 발생하는 책임을 의미한다. 예를 들어, AI 시스템이 기술적 오류로 인해 사고를 유발했다면, 해당 시스템의 제조사나 개발자는 그 결과에 대해 법적으로 책임을 져야 한다. 이는 AI 시스템의 설계나 구현 과정에서 발생할 수 있는 예측 불가능한 오류나 사고에 대해 기업이 책임을 지도록 하는 것을 목적으로 한다.

이러한 엄격 책임의 적용은 AI 시스템의 사고에 대해 책임과 책무를 명확하게 하고, 이해관계자들이 적절한 대응을 할 수 있도록 한다. 결과적으로, 이는 AI 기술의 발전과 그것이 사회에 미치는 영향을 적절히 관리하는 데 중요한 역할을 한다. 엄격 책임의 적용은 AI 기술을 사용하는 기업이 높은 수준의 주의와 책임으로 기술을 개발하고 운영하도록 유도하는 동시에, 사용자와 사회에 더 큰 보호를 제공한다.

3) AI 시스템에 대한 책임

AI 시스템과 관련된 책임은 현대 기술 세계에서 중요한 고려사항이 되고 있다. 이 책임은 제조물 책임, 무과실 책임의 개념을 포함한다. 이러한 개념들은 AI 시스템의 복잡성과 다양성을 고려하여 적용되어야 한다.

제조물 책임은 제품으로 인해 발생한 손해나 부상에 대해 제조사가 법적으로 보상하는 책임을 말한다. 예를 들어, AI 시스템이나 자율주행차가 사고를 일으키면, 그 제조사나 개발사는 발생한 손해에 책임을 져야 한다.

무과실 책임은 개인이나 기업이 직접적인 잘못을 하지 않았음에도 불구하고 발생한 손해에 대한 책임을 지는 경우를 말한다. 예를 들어, 고양이가 다른 사람의 재산에 해를 준 경우, 소유주는 해당 피해에 대한 책임이 있다. AI 시스템에서도 유사하게, 시스템이 예측 불가능한 결과를 초래했을 때, 이에 대한 책임을 질 수 있다.

자율주행차와 관련된 책임 소재는 점차 변화하고 있다. 전통적으로 책임은 운전자 또는 차량 소유자에게 있었지만, 자율주행 기술의 발전으로 인해 이제는 자동차 제조업체나 소프트웨어 개발사에도 책임이 돌려지고 있다. 이러한 변화는 1968년의 비엔나 협약이 2016 버전으로 업데이트되면서 가능해졌다. 업데이트된 협약은 자동차의 시스템이 제어권을 가지고 있는 경우에 대한 책임을 명확히 규정하고 있다.

이러한 책임의 이동은 제조물 책임과 무과실 책임의 개념과 밀접하게 연관되어 있다. 제조물 책임의 경우, 차량이나 소프트웨어의 결함으로 인해 발생한 사고에 대해 제조업체나 개발사가 책임을 진다. 무과실 책임은 제조업체나 개발사가 직접적으로 잘못을 하지 않았음에도 불구하고, 그들의 제품이나 서비스로 인해 발생한 손해에 책임을 지는 것을 의미한다.

AI 시스템, 특히 자율무기 시스템의 사례에서 사고의 책임 문제는 종종 복잡하다. 여러 요소와 참여자가 관련되어 있으므로, 누구 하나에게만 책임을 지우기 어렵다. 이는 사고의 책임이 때로는 그룹이나 조직 전체로 확대될 수 있음을 의미한다. 자율무기 시스템 사례에서, 조종사, 프로그래머, 상위 명령 체계, 심지어는 얼굴 인식 기술과 같은 시스템 구성 요소 모두가 사고에 기여할 수 있다. 잘못의 원인이 특정 개인으로 명확하지 않을 때, 법적 해결책은 집단적 책임을 부과하는 것이 일반적이다. 이는 국가 또는 해당 기술을 개발하고 운영하는 기업에 책임을 지우는 것을 포함할 수 있다.

AI 시스템에 대한 책임 문제는 법적, 윤리적, 사회적 측면에서 복잡하고, 기술 발전에 따라 계속 발전하고 있다. 이러한 책임 문제에 대한 효과적인 해결책을 마련하는 것은 AI 기술의 발전과 사회에 미치는 영향을 적절히 관리하는 데 필수적이다.

참고문헌

교육부(2022). 사람의 성장을 지원하는 「교육 분야 인공지능 윤리원칙」 보도자료.

Dieterich, W., Mendoza, C., & Brennan, T. (2016). COMPAS risk scales: Demonstrating accuracy equity and predictive parity. Northpointe Inc, 7(4), 1－36.

EU (2019). Ethics Guidelines for Trustworthy AI.

Obermeyer, Z., Powers, B., Vogeli, C., & Mullainathan, S. (2019). Dissecting racial bias in an algorithm used to manage the health of populations. Science, 366(6464), 447－453.

OECD (2019). Recommendation of the Council on AI.

UNESCO (2019). BEIJING CONSENSUS on artificial intelligence and education.

UNESCO (2023). The Recommendation on the Ethics of Artificial Intelligence.

Weinberger, D. (2018). Don't make artificial intelligence artificially stupid in the name of transparency. Wired, Jan.

Zalta, E. N., Nodelman, U., Allen, C., & Anderson, R. L. (2002). Stanford encyclo－pedia of philosophy. See http://plato. stanford. edu/. Received September.

CHAPTER
06

교육 현장을 위한 AI·디지털 윤리

06

교육 현장을 위한 AI · 디지털 윤리_박보람

1 교육 분야 AI 윤리 원칙의 이해

디지털 전환 시대에 인공지능(AI)의 급속한 발전은 인류에게 도전과 기회를 동시에 제공하고 있다. 특히 교육 분야에서 AI의 혁신은 극적인 변화를 가져왔다. 생성형 AI의 출현은 예측과 분석을 넘어 창의력과 상상력을 가진 AI를 일상에 통합하는 새로운 경로를 열었다. 이러한 발전은 단지 교육 방식의 변화에 그치지 않고, 개별화된 학습 경험을 제공하는 데 있어서 중대한 진전을 의미한다. 학생들은 개인 맞춤형 학습 경로를 따르며, 교육 평가와 피드백도 개인 맞춤형으로 이루어질 수 있다. 교사들 역시 AI의 도움을 받으며 학생 각자의 잠재력과 진로를 더 정밀하게 파악하고 최적화된 교육 방법을 개발하는 데 활용할 수 있다.

그러나 AI 기술의 급진전과 함께, 윤리적 고민과 도전도 증가하고 있다. AI를 활용하면서 데이터 개인정보 보호, 교육에서의 공정성, 투명성, 공공의 이익 등 다양한 윤리적 문제들이 대두하고 있다. 이러한 문제들에 대해 깊이 고민하면서 적절한 규제와 지침을 마련해야 한다. 그래서 2022년에 교육부는 교육 분야에서 AI 윤리 원칙의 목표로 인간 중심의 AI 구현, 인간 존엄성 존중, 교육적 가치 및 목적의 충실한 실현을 제시했다. 이는 AI가 교육 분야에서 긍정적인 영향을 미치게 하는 중요한 역할을 한다.

AI가 교육에 쓰일 때, 인간적 성장을 지원하고 인간 존엄성을 존중하는 방식으로 사용되어야 한다. 이를 위해서는 AI가 사람의 성장을 지원하는 방향으로 사용되어야 하며, 인간의 존엄성을 존중하고 학습자 간의 인간적인 관계를 강화하는 데 이바지해야 한다. 교육부는 '사람의 성장을 지원하는 인공지능'이라는 주요 원칙과 10가지 세부 원칙을 제안하고, 교육 현장에 안정적으로 정착할 수 있도록 구체적인 실천 방안을 마련하고 있다. 이러한 윤리 원칙들은 교육계의 자발적 참여와 준수를 유도하는 동시에 미래 세대의 변화에 맞추어 계속 개선될 예정이다.

1) 교육 분야 AI 윤리 원칙 제정의 추진 배경

AI 기술의 발전으로 제조업을 넘어 교육, 문화, 예술 등 다양한 분야에서 AI의 활용 가능성이 크게 확대되었다. 이러한 변화는 교육 분야에도 영향을 미쳐 AI와 에듀테크의 활용 속도를 높였다. 학교 현장과 교육 기관에서는 다양한 AI 기반 프로그램과 혁신적인 교육 방식이 도입되고 있다. 대학에서 맞춤형 AI 프로그램을 실행하거나 지역 교육청이 에듀테크 회사와 협력하는 사례는 이러한 변화를 상징한다.

한편, AI가 일상생활에 점점 더 통합되면서 다양한 윤리적 문제가 등장하고 있다. AI 챗봇 '이루다'의 혐오 발언, 영국 대학 입학시험에서의 알고리즘 차별, 미국의 교사 평가 알고리즘 투명성 문제 등이 대표적이다. 이러한 문제들은 기술 발전이 법적 규제를 앞서는 현상을 드러내며, 사후 규제보다는 예방적이며 자율적인 규범의 필요성을 강조한다. 이에 따라 세계 여러 나라와 국제기구들은 AI 윤리의 중요성을 인식하고 다양한 기준과 원칙을 마련하고 있다. 유럽연합과 경제협력개발기구의 윤리 가이드라인 제정이 이러한 추세의 한 예시다. 이러한 동향은 교육분야에서 AI의 책임감 있는 사용을 강조하며, 윤리적 문제에 대한 선제적인 대응의 중요성을 강화한다.

AI가 교육 분야에 폭넓게 적용됨에 따라, 교육 현장에서 AI의 부정적 영향을 최소화하기 위한 선제적이고 자율적인 규제의 필요성이 대두되었다. AI의 교육적 활용은 학생들의 인지 및 정서 발달에 영향을 줄 수 있으므로 이와 관련된 윤리적 기준의 필요성이 점점 인식되고 있다. 예를 들어, 미국 알트스쿨에서 AI 기반 스마트 기기 사용이 교사의 역할을 감소시키고 학생들의 학업 성취도에 부정적 영향을 미친 사례가 이를 증명한다. 이러한 사례는 기존의 일방적이고 개발자 중심의 AI 윤리 기준이 교육 현장에 적용되기에는 한계가 있음을 보여준다. 따라서 교육 현장에 특화된, 더 세밀하고 구체적인 윤리 기준 및 규제 개발이 필요한 시점이다.

이러한 맥락에서 유네스코는 'AI와 교육에 대한 베이징 합의'에 이어 'AI 윤리 권고문'을 발표했다. 이 문서는 교육 및 연구 분야에서 지켜야 할 윤리적 사항들을 제시한다. 한국에서는 서울시교육청이 '인공지능의 공공성 확보를 위한 현장 가이드라인'을 마련해 AI의 안전한 활용을 준비하고 있다. 이러한 노력은 AI가 교육 현장에서 학습자의 성장을 안전하게 지원할 수 있게 하며, AI 활용에 대한 자율규제를 마련하는 촉매제로 작용한다. 이는 교육 분야에서 AI의 책임감 있는 사용과 윤리적 문제에 대한 선제적인 대응의 중요성을 강조하는 글로벌 추세의 일환으로 볼 수 있다.

교육 분야에서 AI의 윤리적 사용을 위한 원칙들은 디지털 시대의 필수적인 지침이 되고 있다. 이러한 원칙들은 교육자와 관계자들이 교육 현장, 개발 현장, 그리고 정책 수립 과정에서 AI를 윤리적으로 개발하고 활용하도록 지원하는 자율규범의 역할을 하며, 교육기관 및 행정기관에서의 AI 사용에 중점을 둔다.

유네스코 사무총장 오드레 아줄레(Audre Azoulay)가 언급한 바와 같이, AI는 학습 도구, 지식 접근성, 교사 양성 방법 등에서 혁신적인 변화를 일으킬 것이다. 이러한 변화에 대응하여 교육당사자들과 관계자들이 참고하고 준수할 수 있는 선제적 규범을 마련하는 것이 더욱 중요해졌다. 이 규범들은 교육 현장에서 AI의 안전한 활용을 위한 사회적 논의, 학계 연구, 자율적 논의를 촉진하는 데 이바지할 것이다.

교육 분야 윤리 원칙은 교육기관에서 AI 제품과 서비스를 이용하는 교수자, 학습자, 학부모뿐만 아니라 AI 시스템, 플랫폼, 콘텐츠, 프로그램 개발자, 그리고 AI 도입과 활용을 기획하고 관리하는 업무 담당자에게도 적용된다. 이러한 원칙들은 유치원부터 고등 교육, 평생교육에 이르는 다양한 교육기관과 행정기관에서 사용되는 AI에 적용된다.

윤리 원칙은 자발적 실천과 준수를 장려하는 도덕적 규범과 자율규제로 구성되어 있다. 이들은 국가 차원의 AI 윤리 기준과 유네스코 윤리 권고에 부합하면서, 교육 분야의 특성을 고려한 규범을 포함한다. 이 원칙들은 인간다움과 미래다움이 공존하는 교육 패러다임을 실현하는 대원칙에 기반을 두고 있으며, 학습자의 주도성과 다양성 보장, 교수자의 전문성 존중, 긍정적인 교육적 관계 강화 등 10가지 세부 원칙을 제시한다.

교육 분야에서 이러한 윤리 원칙을 실천하기 위한 과제에는 AI 윤리 교육 강화, 교수자의 AI 역량 강화, AI 윤리 이슈 발굴 및 연구 지원, AI 윤리의 현장 적용 지원, 윤리적 AI 개발 지원 등이 있다. 이러한 과제들은 교육 분야에서 AI의 윤리적 사용을 보장하고, 미래 세대를 위한 안전하고 효과적인 학습 환경을 조성하는 데 중요한 역할을 한다.

2) 교육 분야 AI 윤리 원칙의 주요 내용

(1) 사람의 성장을 지원하는 인공지능

교육 분야에서 AI의 윤리적 사용을 안내하는 대원칙은 '사람의 성장을 지원하는 인공지능'이다. 이 원칙은 교육용 AI가 사람의 전 생애에 걸친 전인적 성장을 최고의 가치로 삼는 것을 목표로 한다. 여기서 중요한 것은 사람의 인격과 개성을 존중하고, 각 개인의 능력이 효과적으로 발휘될 수 있도록 하는 것이다. 이 원칙은 단순히 지식의 전달이나 기술적 능력 향상에 그치지 않고, 인간의 성장과 발달을 촉진하는 데 중점을 둔다.

이 원칙의 목적은 교육의 궁극적 목표가 사람의 성장을 지원하는 것임을 분명히 하는 것이다. 원칙의 핵심은 AI가 교육 분야에서 개발되고 활용되는 모든 과정에서 이 원칙이 적용되어야 한다는 것이다. 이는 교육용 AI가 단순한 도구가 아니라, 사람의 성장을 지원하는 파트너로서 기능해야 함을 의미한다.

교육 분야 AI 윤리 원칙의 대원칙은 교육기본법의 제2조(교육이념)와 제12조(학습자)에 기반을 둔다. 이러한 조항들은 교육의 목적이 모든 국민이 인격을 도야하고 자주적인 생활 능력을 갖추며, 민주시민으로서 필요한 자질을 갖추게 하는 것임을 명시하고 있다. 또한, 학습자의 기본적 인권을 존중하고 보호해야 하며, 교육 내용과 방법, 교재 및 교육 시설이 학습자의 인격과 개성을 중시하고, 그들의 능력이 최대한으로 발휘될 수 있도록 설계되어야 한다고 규정한다.

따라서 교육 분야 AI 윤리 원칙의 대원칙은 AI가 교육의 근본적 목적에 부합하도록 보장하는 데 중점을 둔다. 이 원칙은 학습자가 전인적으로 성장할 수 있는 환경을 조성하는 데 초점을 맞춘다. 이는 교육 분야에서 AI를 접하고 활용할 때, 사람의 성장과 발달을 최우선의 가치로 두고 AI를 설계하고 활용하는 것의 중요성을 강조한다.

(2) AI 윤리 원칙의 10대 세부 원칙

① 인간 성장의 잠재적 역량을 발현하는 도구로 활용한다

교육 분야에서 AI의 윤리 원칙 중 첫 번째 원칙은 '인간 성장의 잠재적 역량을 발현하는 도구로 활용'하는 것이다. 이 원칙은 AI가 학습자의 성장과 발전을 촉진하고, 그들의 잠재력을 최대한 발휘할 수 있도록 지원하는 방향으로 개발되고 사용되어야 함을 의미한다.

AI는 인간의 삶을 돕는 도구로서 기능하면서, 동시에 인간의 기본적 권리와 존엄성을 보장하는 데 중점을 두어야 한다. AI 기술의 발전이 인간의 권리에 예상치 못한 방식으로 영향을 미칠 수 있으므로, 이러한 위험을 최소화하고 인간의 권리를 존중하는 방향으로 활용되어야 한다. 특히, AI가 학습자의 데이터를 분석해 자동화된 의사결정을 내릴 때, 그 결과가 부정적인 낙인효과를 발생시키지 않도록 주의가 필요하다. 이는 학습자에게 부정적인 영향을 주지 않고, 학습 진단이나 예측 결과를 신중하게 처리하는 것을 의미한다.

학업 중단 예측 시스템 개발의 예를 생각해보자. 이 시스템은 학생들의 출결

정보나 성적 데이터를 활용하여 학업 중단의 가능성을 예측한다. 이 경우, 예측 결과를 구체적인 점수나 백분율로 제시하는 대신, '저위험', '중간위험', '고위험'과 같은 범주로 교사에게 전달하는 것이 바람직하다. 이러한 방식은 학생의 개선 가능성을 존중하고, 학생이 예측 결과에 대해 반박하거나 개입할 수 있는 권리를 보장한다. 이러한 접근은 AI가 학생들의 성장을 지원하면서도, 학생들의 인권과 자율성을 존중하는 데 중요한 역할을 한다.

② 학습자의 주도성과 다양성을 보장한다

교육 분야 AI 윤리 원칙 중 '학습자의 주도성과 다양성을 보장한다'라는 원칙은 학습자가 교육 과정에서 중심 역할을 하고, 그들의 개성과 다양성이 존중되는 환경을 조성하는 것을 목표로 한다. 이 원칙은 AI가 학습자의 자기 주도성을 강화하고, 각 학습자의 개별적인 요구와 특성을 존중하는 방식으로 사용되어야 함을 강조한다.

교육 분야에서의 AI 활용은 학습자가 스스로 학습 과정을 주도하고, 자신의 학습 경로를 탐색할 수 있도록 지원해야 한다. 이는 학습 내용, 방법, 진단, 그리고 진로 결정과 같은 분야에서 학습자가 주도적인 역할을 할 수 있게 하는 것을 목적으로 한다. AI 활용은 학습자의 주도성을 제한하지 않고, 그들의 자기 결정권을 강화하는 방향으로 진행되어야 한다.

또, 이 원칙은 교육의 다양성을 지향하며, 학습자 개인의 필요에 맞는 맞춤형 교육을 제공하는 데 중요한 역할을 한다. 다문화가정 학생들을 위한 AI 번역 기술의 활용은 이러한 원칙을 잘 보여주는 예이다. 한글로 제공되는 학교 공지를 이해하기 어려운 다문화가정 학부모를 위해 자연어 처리 AI를 활용해 맞춤형 번역을 제공하는 것은 학습자와 그들 가족의 다양성을 존중하고 그들의 요구를 충족한다. 이러한 접근은 교육 분야에서 AI를 활용하면서 학습자의 개별적인 특성과 필요를 고려하고, 교육 과정에서 그들이 주도적인 역할을 할 수 있도록 지원하는 것을 목표로 한다.

③ 교수자의 전문성을 지원한다

교육 분야 AI 윤리 원칙 중 '교수자의 전문성을 지원한다'라는 원칙은 AI가 교육 과정에서 교수자의 역할을 강화하고, 그들의 전문성을 존중하며 효과적으로 발휘될 수 있도록 하는 데 중점을 둔다. 이 원칙은 AI가 단순히 교수자를 대체하는 수단이 아니라, 교수자를 보조하고 지원하는 도구로서 기능해야 함을 강조한다.

교육 분야에서의 AI를 활용하는 것은 교수자의 부담을 경감시키고, 교육의 질을 향상하는 방향으로 진행되어야 한다. 이는 교수자가 자신의 전문성을 효과적으로 활용할 수 있는 환경을 조성하고, 양질의 교육 내용과 방법을 제공하는 데 중요한 역할을 한다. 예를 들어, 학습자의 데이터를 분석하여 교육의 효과성을 높이는 것은 이 원칙을 적용한 사례로 볼 수 있다.

학습자의 진로 탐색이나 교수학습 모델 개발과 같은 영역에서 AI 시스템에 의한 자동화된 의사결정 결과는 교수자의 결정을 보조하는 용도로 활용되어야 한다. 이는 AI 시스템이 단순한 명령 실행기가 아니라, 교육 과정에서 교수자의 의사결정을 지원하고, 그들의 전문성을 강화하는 도구로서 기능해야 함을 나타낸다. 또, AI 시스템은 교육 과정에서의 사회적 영향을 평가하고 진단할 수 있도록 개발되어야 한다. 이 원칙은 교수자가 AI 기술을 활용하여 자신의 전문성을 발휘하고, 학생들에게 더 풍부한 교육 경험을 제공할 수 있도록 하는 데 중요한 역할을 한다.

④ 긍정적인 교육적 관계를 강화한다

교육 분야 AI 윤리 원칙 중 '긍정적인 교육적 관계를 강화한다'라는 원칙은 AI가 학습자들 사이의 협력과 소통을 촉진하고, 긍정적인 관계 형성을 지원하여 전반적인 학습 환경을 개선하는 방향으로 활용되어야 함을 강조한다. 이 원칙은 AI가 교육 과정에서 단순한 학습 내용의 전달자가 아니라, 교육 공동체 내에서의 권리 보호와 배려를 통해 공동체 형성과 유지에 이바지하는 역할을 해야 함을 의미한다.

이러한 원칙을 실천하기 위해서는 교육 공동체 유지와 지속에 대한 논의가 필요하다. AI는 개별 학습 경험을 강화하는 것뿐만 아니라, 교수자와 학습자, 그리고 학습자 간의 인간적 관계 확대를 지원하는 방식으로 활용되어야 한다. 이러한 접근은 교육 과정에서 인간적인 상호작용과 협력의 중요성을 인식하고, AI를 이러한 가치를 촉진하는 도구로 활용하는 것을 목표로 한다.

미국 공군사관학교에서 사용한 스터디 그룹 알고리즘 사례는 '긍정적인 교육적 관계를 강화한다'라는 윤리 원칙의 중요성을 보여준다. 머신러닝 알고리즘을 사용해 성적이 다른 학생들의 스터디 그룹을 조직했을 때, 처음에는 긍정적인 성과가 있었지만, 알고리즘에 대한 정보가 공개되고 나서 학생들 사이에 파벌이 생기고 성적이 낮은 학생들이 뒤처지는 부작용이 발생했다. 이 사례는 집단 협력을 촉진하기 위해 설계된 알고리즘이 오히려 긍정적인 교육적 관계를 해칠 수 있음을 보여준다. 따라서, AI 활용은 학습자 간의 긍정적인 관계를 강화하고, 협력과 소통을 촉진하는 방향으로 이루어져야 한다. 이 원칙은 교육 분야에서 AI를 활용할 때, 기술이 학습자들 사이의 긍정적인 관계 형성과 협력을 지원하며, 공동체 의식을 증진하는 데 중점을 두어야 함을 강조한다.

⑤ 교육의 공정성을 보장한다

교육 분야 AI 윤리 원칙 중 '교육의 공정성을 보장한다'라는 원칙은 AI를 활용한 교육이 지역, 경제적 배경 등과 관계없이 모든 사회 구성원에게 교육의 기회를 공정하게 보장하는 방향으로 이루어져야 함을 강조한다. 이 원칙은 AI가 교육 분야에서 어떠한 집단도 소외시키지 않고 모든 이에게 혜택을 제공하는 도구로 활용되어야 한다는 것을 의미한다.

교육의 기회균등을 실현하기 위해서는 AI 기반의 교육은 사회적 약자도 접근할 수 있는 방식으로 제공되어야 한다. 이는 교육기본법에서 제시하는 원칙에 부합하는 것으로, AI를 통한 교육 혜택에서 아무도 소외되지 않아야 한다. 이러한 접근은 AI가 교육 분야에서 공정성과 기회균등을 촉진하는 데 중요한 역할을 한다.

미국 아마존의 채용시스템 사례는 이 원칙의 중요성을 잘 보여준다. 아마존은 10년간의 이력서와 내부 데이터를 이용해 AI 채용시스템을 개발했지만, 이 시스템은 남성 지원자만을 추천하는 편향성과 차별을 드러내, 결국 사용을 중단했다. 이 사례는 AI 시스템이 불평등과 차별을 강화할 수 있음을 보여주며, 교육 분야에서 AI를 활용할 때 기회균등과 공정성을 적극적으로 고려해야 한다는 것을 강조한다. 이 원칙은 교육 분야에서 AI를 활용할 때 모든 사회 구성원에게 공정한 교육 기회가 보장되도록 중점을 두어야 한다는 것을 강조한다.

⑥ 사회공동체의 연대와 협력을 강화한다

교육 분야 AI 윤리 원칙 중 '사회공동체의 연대와 협력을 강화한다'라는 원칙은 AI 활용이 민간, 정부, 학계, 연구 기관 간의 협력을 바탕으로 지속 가능한 교육 생태계를 구축하는 데 이바지해야 함을 강조한다. 이 원칙은 AI가 교육 분야에서 다양한 이해당사자들의 자발적이고 적극적인 참여와 협력을 통해 개발되고 활용되어야 한다는 것을 의미한다.

AI 기술의 개발과 활용, 평가 과정에서 정부만의 일방적 주도보다는 다양한 분야의 이해당사자들이 협력하고 참여하는 과정이 필요하다. 이는 교육적 가치를 훼손하지 않으면서 해당 분야의 당사자들이 함께 협력하고 도전할 수 있는 기반을 마련하는 것을 말한다. 또한, 학습자를 미래 사회의 일원으로 양성한다는 교육의 목표를 고려하여, AI의 교육적 활용은 미래 세대에 대한 배려를 바탕으로 이루어져야 한다.

교육부의 에듀테크 소프트랩 사업은 교육 분야에서 AI의 협력적 활용을 잘 보여주는 사례다. 이 사업의 목적은 교육 현장과 에듀테크 기업을 연결하여 교육 현장의 에듀테크에 대한 이해를 높이고, 기업이 현장에 맞는 맞춤형 교육 서비스를 제공하여 서비스의 효과성을 개선하는 것이다. 이러한 접근은 교육 분야에서 AI의 활용이 다양한 이해당사자들 간의 협력을 바탕으로 이루어져야 한다는 것을 보여준다. 이 원칙은 교육 분야에서 AI를 활용할 때, 이해당사자들 간의 협력을 통해 지속 가능한 교육 생태계를 구축하는 데 중점을 두어야 한다는 점을 강조한다.

⑦ 디지털 시민성 교육을 강화한다

교육 분야 AI 윤리 원칙 중 '디지털 시민성 교육을 강화한다'라는 원칙은 AI

가 학습자들이 디지털 시민이 갖추어야 할 역량을 함양하고, 개인의 행복과 사회적 공익을 추구하는 데 긍정적인 영향을 미치도록 적용되어야 함을 강조한다. 이 원칙은 교육의 디지털 전환을 수용하면서 미래 세대를 위한 새로운 윤리 의식을 정립하고, AI가 사회에 긍정적으로 이바지할 수 있게 하는 데 중점을 두어야 한다는 것을 의미한다.

디지털 시대에 학습자들이 디지털 시민으로서 필요한 역량을 갖추는 것은 중요한 교육 목표이다. 교육 분야에 AI 기술을 활용할 때는, 기술이 사회적으로 긍정적인 영향을 미치고 공공성을 증진하는 방식으로 적용되어야 한다. 이는 학습자들에게 디지털 문화를 이해시키고, 디지털 기술을 책임감 있고 윤리적으로 활용하는 방법을 가르치는 것을 포함한다.

네이버 클로바의 "꽃길, 함께 걸어요" 캠페인은 이러한 윤리 원칙을 실천하는 좋은 예이다. 이 캠페인은 희귀난치병 환자의 손 글씨를 AI로 구현하여 공익 서비스인 해피빈과 연계하고, 이를 통해 희귀난치병 환자에 대한 사회적 인식을 높이고 기부를 촉진한다. 이는 AI 기술이 사회적 공익에 긍정적인 영향을 미칠 수 있음을 보여준다. 이 원칙은 교육 분야에서 AI를 활용할 때, 기술이 단순히 학습 도구를 넘어서 학습자들이 디지털 시대의 책임 있는 시민으로 성장할 수 있게 지원하는 데 중점을 두어야 한다는 것을 강조한다.

⑧ AI의 위험성을 이해하고 교육당사자의 안전을 보장한다

교육 분야 AI 윤리 원칙 중 'AI의 위험성을 이해하고 교육당사자의 안전을 보장한다'라는 원칙은 AI가 교육 과정에서 발생할 수 있는 잠재적 위험을 인지하고, 학습자와 교육 현장의 안전을 최우선으로 고려해야 한다는 것을 강조한다. 이 원칙은 AI의 안전성이 교육에서 중요한 요소임을 인식하고, 이에 따른 적절한 조처를 해야 함을 의미한다. 이는 교육 분야에서 AI를 활용할 때, 기술적 안전성뿐만 아니라 학습자의 심리적, 사회적 안전도 고려하는 것이 중요함을 나타낸다.

교육은 학습자의 가치관과 인격 형성에 중대한 영향을 미치기 때문에, 교육 분야에서 사용되는 AI의 안전성은 매우 중요하다. 학습자의 변화 가능성과 민감

성을 고려하면, AI가 학습한 데이터로 인해 발생할 수 있는 불건전하거나 편향된 문제들이 미래 세대에 부정적인 영향을 미칠 수 있다. 따라서, AI의 잠재적인 위험을 방지하고, 그로 인해 발생할 수 있는 피해에 대한 효과적인 방안을 마련하는 것이 필요하며, 이에 대한 책임 주체와 범위를 명확히 정의해야 한다.

스캐터랩의 AI 챗봇 '이루다' 사례는 이러한 윤리 원칙의 중요성을 잘 보여준다. '이루다'는 데이터 구축과 학습 과정에서 성소수자와 장애인에 대한 편견을 학습했고, 그 결과 혐오 발언과 성적 대화가 발생하여 서비스가 중단되었다. 이 사례는 AI가 부적절한 데이터를 사용할 때 발생할 수 있는 위험을 보여주며, 교육 분야에서 AI를 활용할 때 이러한 위험을 신중하게 관리해야 함을 강조한다. 이 원칙은 교육 분야에서 AI를 활용할 때, 학습자와 교육 현장의 안전을 보장하고, AI가 가져올 수 있는 위험을 철저히 관리하며 적절한 조처를 하는 데 중점을 두어야 한다는 것을 상기시킨다.

⑨ 데이터의 투명성을 보장하고 설명 가능해야 한다

교육 분야 AI 윤리 원칙 중 '데이터의 투명성을 보장하고 설명 가능해야 한다'라는 원칙은 AI가 데이터의 수집, 처리, 분석 과정에서 투명성을 유지해야 하며, 이러한 데이터 처리가 윤리적 원칙과 공정성에 부합해야 한다는 것을 강조한다. 이 원칙은 AI가 교육 과정에서 신뢰를 쌓고 윤리적으로 행동할 수 있는 기반을 마련한다. 이는 교육 분야에서 AI 활용이 명확하고 이해하기 쉬운 방식으로 이루어져야 하며, 그 과정이 공정하고 윤리적으로 진행되어야 함을 의미한다.

교육 과정에서 AI의 영향을 정확히 예측하고 진단하기 위해서는 데이터 처리 과정의 투명성이 매우 중요하다. 데이터의 수집, 정제, 선택 등의 과정이 명확하고 이해하기 쉬워야 한다. 동시에, 데이터 처리의 효율성과 같은 다른 중요한 측면도 함께 고려되어야 한다. 또한, AI가 분석하고 처리한 결과에 대해 명확한 근거와 판단 자료를 교육당사자에게 이해하기 쉬운 형태로 제공하는 것도 중요하다.

노스포인트사의 COMPAS 알고리즘 사례는 데이터의 투명성이 부족할 때 발생할 수 있는 위험을 나타낸다. COMPAS는 AI 기반의 범죄 예측 프로그램으로,

위스콘신주 법원이 이를 사용해 피고인에 관한 판단을 내렸다. 그러나 노스포인트사는 COMPAS의 작동 방식이 지적 재산이라는 이유로 공개하지 않았다. 이는 AI의 결정에 대한 투명성이 부족할 때, 결과의 신뢰와 정당성이 훼손될 수 있다는 것을 보여주는 사례이다. 이 원칙은 교육 분야에서 AI를 활용할 때, 데이터 처리 과정이 투명하고 이해할 수 있어야 하며, AI의 결정에 대한 적절한 설명과 정당성이 제공되어야 한다는 것을 강조한다.

⑩ 생성형 AI를 교육적으로 활용할 때 책임성을 강화한다

AI가 교육 목적에 맞게 개발되어야 하며, 생성된 데이터가 학습의 질을 향상하는 데 적절하고 책임감 있게 활용되어야 함을 강조한다. 이 원칙은 AI가 교육적 목적에 부합하게 효과적으로 활용되어야 하며, 데이터 처리 과정에서의 책임 있는 접근이 중요하다는 것을 의미한다. 이는 AI가 교육 분야에서의 역할을 하는 데 있어 신뢰성과 윤리적인 관점이 중요하다는 것을 나타낸다. AI의 책임감 있는 활용은 교육의 질을 높이고 학습자의 이익을 보호하는 데 필수적인 요소이다.

교육 분야에서 AI에 활용되는 데이터는 교육적 목적에 부합하게 수집되어야 하며, 불필요한 데이터의 과도한 수집을 방지하는 것이 중요하다. 특히, 개인정보가 포함된 데이터는, 개인정보 보호법을 준수하여 적법하고 안전하게 처리되어야 하며, 개인의 사생활이 침해되지 않도록 해야 한다. 교육 분야 AI에서 처리되는 데이터는 학습 이력, 건강 및 상담 기록 등 민감한 정보를 포함할 수 있으므로, 이러한 데이터는 특별히 엄격하게 관리되어야 한다.

네덜란드 정부가 복지혜택 부정수급을 단속하기 위해 개발한 위험탐지시스템(SyRi) 사례는 AI에서 데이터의 적절한 처리와 책임 있는 활용이 중요함을 보여준다. 이 시스템은 중앙정부와 지방자치단체의 데이터를 활용했으나, 사생활 침해와 AI 알고리즘 및 데이터의 투명성 부족으로 인해 법적 문제가 발생했다. 결국 법원의 판결을 통해 시스템 사용이 중단되었다. 이 사례는 적절하지 않은 데이터 처리와 무책임한 활용이 부정적 결과를 초래할 수 있음을 드러낸다. 교육 분야에서 AI를 활용할 때는 데이터의 적절한 수집과 처리, 그리고 책임 있는 활용

이 매우 중요하다는 점을 강조한다.

오늘날 교육 분야에서 AI의 활용으로 현대 교육의 패러다임이 변화하고 있다. 이러한 변화 속에서 "교육 분야 인공지능 윤리 원칙"의 세부 원칙은 AI를 교육 과정에 통합하는 방법을 제시하고, 학습자, 교수자, 그리고 사회 전체에 긍정적인 영향을 미치는 것을 목표로 한다. 이 원칙들은 교육 분야에서 AI를 책임감 있게 활용하는 데 필수적인 지침으로, 교육의 질을 향상하고, 학습자의 발전을 도모하는 동시에, 기술 발전이 사회적, 윤리적 책임을 고려하도록 보장한다. 이러한 원칙들은 교육 분야의 AI 활용이 단순한 기술적 진보를 넘어 인간 중심적이고 윤리적인 방향으로 나아가는 데 이바지할 것이다.

2 SDG 4를 달성하기 위한 AI 교육 윤리

현대 교육에서 AI의 잠재력은 상당하지만, 이를 활용하는 과정에서 다양한 도전과제들이 존재한다. 특히, 지속가능발전 목표 중 하나인 '양질의 교육 보장'(SDG 4)이라는 목표를 달성하기 위해서는 AI의 효과적인 사용과 한계점의 완화에 주목하고, 미래 지향적인 교육 시스템을 구축해야 한다.

우선, AI에서 데이터는 핵심적인 역할을 한다. 데이터는 AI가 학습하고, 판단하며, 예측하는 데 필수적인 요소이다. 하지만 데이터를 다루는 과정에서 개인정보 보호, 데이터 소유권, 분석 방법 등과 관련된 다양한 윤리적 문제가 발생할 수 있다(Jobin et al., 2019). 또, AI가 데이터에 내재한 편견을 증폭시킬 수 있다는 것도 중요한 문제로 지적되고 있다(Douglas, 2017). 이러한 문제들을 해결하기 위해 다양한 분야의 전문가들이 협력해 AI의 윤리적 사용을 위한 기준과 방법을 개발하고 적용하는 것이 필요하다.

이와 더불어, 교육 분야에서 AI의 성별 격차 문제에도 주의를 기울여야 한다. '베이징 컨센서스'(UNESCO, 2019)는 이러한 문제를 인식하고 교육용 AI 애플리케이션 개발 시 성 편견을 배제하며 성별에 민감하게 데이터를 처리해야 한다고 강조한다. 이는 교육 분야에서 여성과 소녀들에게 AI 기술 교육을 제공하고, 그들이 AI 분야에서 능동적으로 참여할 수 있도록 하는 중요한 조치이다. 이러한 접근은 교육 분야에서 성별 다양성을 증진하고, 모든 학습자에게 평등한 기회를 제공하는 데 이바지할 것이다.

지난 50년간 교육 분야에서 AI에 관한 연구가 이루어져 왔음에도 불구하고, 교육에서 AI의 활용은 여전히 초기 단계에 있다. AI를 교육 혁신에 효과적으로 활용하기 위해서는 학교 단위에서의 시범 테스트와 그 결과에 관한 체계적인 연구가 필요하다. 이는 AI가 교육에 미치는 영향을 정확히 이해하고, 새로운 학습 형태가 실제로 효과적인지 검증하는 데 필수적인 과정이다.

마지막으로, AI의 적응형 활용이 확대되면서 학습자의 주체성이 약화할 수 있다. AI 사용이 증가하면서 학습자와 인간 간의 상호작용 시간이 줄어들고, 기계의 결정에 의존하는 경향이 증가할 수 있다. 따라서 AI를 교육에 통합하는 모든 방식은 인간 중심으로 이루어져야 하며, 학습자의 개성과 창의성을 촉진하는 방향으로 진행되어야 한다. 이는 AI가 단순한 도구가 아니라 교육의 질을 향상하고 학습자의 발전을 돕는 수단으로 활용되어야 함을 의미한다.

AI가 교육 분야에서 어떻게 효과적으로 활용될 수 있는지 살펴보고, 그 과정에서 마주치는 다양한 도전과제들을 깊이 살펴보자.

1) 데이터 활용과 개인정보 보호

AI에서 데이터는 매우 중요한 역할을 한다. 데이터는 AI가 학습하고, 판단하고, 예측하는 데 필요한 원료와 같다. 하지만 이 데이터를 다루는 과정에서 여러 윤리적 문제가 발생할 수 있다. 예를 들어, 개인의 정보를 어떻게 보호할 것인지, 누가 데이터를 소유하고 관리할 것인지, 데이터를 어떻게 분석할 것인지 등의 문제들이 이에 해당한다. 이러한 문제들은 단순히 기술적인 측면을 넘어서 사회적, 윤리적인 고민이 필요하다.

교육 분야에서도 AI의 도입과 데이터의 사용은 중요한 문제이다. 예를 들어, AI가 학생들의 성적이나 학습 패턴 데이터를 분석하여 개인별 맞춤 교육을 제공할 수 있다. 그러나 이 과정에서 학생들의 개인정보 보호, 데이터 관리, 정보에 기반한 동의 등의 문제가 발생할 수 있다. 따라서 AI를 교육에 적용할 때는 이러한 문제들을 깊이 고려하고 적절한 해결책을 찾아야 한다.

또, AI가 사용하는 데이터에 내재한 특징이나 가정을 증폭시킬 수 있다는 점을 주의해야 한다. 특히 인간이 만든 데이터에는 인간의 편견이 반영될 수 있는데, AI가 이런 편견이 있는 데이터로 학습하게 되면, 그 편견을 학습하고 증폭시킬 위험이 있다. 예를 들어, 과거의 채용 데이터로 AI를 훈련하게 되면, AI가 해당 데이터에 있던 성별이나 인종에 대한 편견을 배울 수 있다(Douglas, 2017). 이런 경우, AI는 공정하고 객관적인 결정을 내리기보다는 과거의 편견을 반복할 가능성이 있다.

따라서 교육과 같은 중요한 분야에 AI를 적용할 때는 이러한 윤리적, 사회적 문제들을 심사숙고해야 한다. AI의 편견을 식별하고, 수정하며, 부정적인 영향을 완화하기 위한 노력이 필요하다. 이를 위해 기술 전문가, 교육자, 법률가, 정책 입안자 등 다양한 분야의 사람들이 협력하여 AI를 윤리적으로 사용하기 위한 기준과 방법을 개발하고 적용하는 것이 중요하다. AI 기술의 발전뿐만 아니라, 이를 올바르고 공정하게 사용하는 방법에 관한 연구와 논의도 중요하다.

2) 성 편향성 문제

AI가 사회 다양한 분야에 활용되면서 성별 격차 문제가 주요한 문제로 떠오르고 있다. '베이징 컨센서스(UNESCO, 2019)'에서는 디지털 기술 분야에서 여성의 비율이 낮은 현상이 성별 격차에 기여하고 있으며, 이것이 기존의 성 불평등을 더욱 악화시킬 수 있다고 지적한다(제25항). 따라서 교육용 AI 응용 프로그램을 개발할 때는, 성 편견을 배제하고 성별에 민감한 데이터를 사용하며, 성평등을 촉진하는 방향으로 개발해야 한다고 강조한다(제26항). 또한, AI 도구를 개발할 때

여학생과 여성에게 AI 기술 교육을 제공하여 노동 시장에서의 성평등을 증진하는 노력이 중요하다고 제시한다(제27항). 이러한 접근은 AI 분야에서 성별 다양성을 증진하고, 더 평등한 기회를 제공하는 데 이바지한다.

현재 AI를 활용하고 있는 사례들을 살펴보면 성 편향성이 드러나는 경우가 종종 있다. 예를 들어, 아마존은 2018년 AI 기반 채용 프로세스에서 여성 지원자에 대한 체계적인 차별이 발생해 이를 중단했다. 이는 과거 채용 데이터에 내재한 무의식적인 여성 편견이 AI에 의해 증폭된 결과였다. 또한, 대부분의 AI 개인 비서가 여성의 이름과 목소리를 사용하는 것에 대해, 이러한 표현이 여성을 남성의 보조적이고 복종적인 역할로 묘사하는 성별 고정관념을 강화한다는 지적도 있다(Adams, 2019).

그러나 교실에서 AI 기술을 도입할 때 이러한 성별 고정관념이 미칠 영향에 관한 연구가 아직 충분하지 않음을 인식해야 한다. 성평등 문제를 해결하기 위해서는 AI 분야에서 여성의 대표성을 증진하는 것이 중요하다. 세계경제포럼의 최근 분석에 따르면, 전 세계 AI 전문가 중 여성은 단 22%에 불과하다(World Economic Forum, 2018). 여성의 대표성을 높이는 것은 AI에서 발생할 수 있는 편견의 확산과 증폭을 방지하는 데 중요한 역할을 한다. 이는 AI 기술의 발전과 활용 과정에서 다양한 관점을 반영하고, 보다 균형 잡힌 접근을 촉진하는 데 이바지할 것이다.

3) 증거 기반 연구

AI가 교육 분야에 적용되기 시작한 지 50년이 넘었지만, 많은 선진국에서 AI를 교육에 활용하는 것은 여전히 드문 현상이다. 베이징 컨센서스(UNESCO, 2019)에서는 AI를 교육 혁신에 활용하기 위해서는 학교 단위에서 AI를 시범적으로 테스트하고, 이를 통해 얻은 교훈과 실무를 확장하는 것이 필요하다고 제안한다(제15항). 이런 시범 프로젝트들은 AI를 교육에 유익하게 적용하는 방법을 이해하기 위해 중요하다. 교육에서 AI의 영향을 체계적으로 연구하고, AI가 학습 실천 및 결과에 미치는 영향을 분석하는 것도 중요하다(제31항). 연구, 혁신, 분석을 통해 AI의 영향을 이해하고 새로운 학습 형태를 검증할 필요가 있다. 또한, AI의 영향을 측정하기 위한 모니터링 및 평가 메커니즘의 개발이 요구된다(제32항). 이러한 메커니즘은 정책 결정에 강력하고 타당한 근거를 제공할 수 있다.

현재, 교육 분야에서 AI의 효과에 관한 연구는 대체로 AI의 기술적 작동에 초점을 맞추고 있다. 일부 지능형 튜터링 시스템은 전통적인 교실 수업보다 효과적인 것으로 나타났지만, 교육 분야에서 AI를 적용한 광범위하고 재현할 수 있는 연구 사례는 거의 없으며, 그 효과를 대규모로 입증하는 강력한 증거도 부족하다. AI가 교육 기회, 콘텐츠, 결과 제공 및 관리에 큰 영향을 미칠 것은 분명하지만, AI가 교육 결과를 어떻게 개선할 수 있는지와 과학자들이 학습 이해를 어떻게 도울 수 있는지는 아직 명확하지 않다.

COVID-19와 같은 팬데믹 상황에서 발생하는 교육 문제를 해결하는 데 AI가 중요한 역할을 할 수 있다는 주장이 있지만, 현재로서는 이러한 시스템이 실제로 얼마나 효과적인지에 대한 충분한 증거가 부족하다. 따라서, 정책 입안자들은 AI가 팬데믹으로 인한 교육 문제 해결에 도움이 될 수 있다고 가정하기 전에, 현실적인 효과와 과장된 기대를 구분하기 위한 추가 연구와 평가가 필요하다. AI의 잠재력을 최대한 활용하기 위해서는 AI가 교육에 미치는 실제적인 영향을 정확히 이해하고, 이를 교육 정책과 실천에 통합하는 방법에 대한 명확한 지침과 검증된 사례가 필요하다.

4) 교사의 역할 변화

AI가 교육 분야에 통합되면서 교사의 역할과 AI의 영향에 대한 논의가 중요해지고 있다. '베이징 컨센서스(UNESCO, 2019)'에서는 AI가 교육에서 교사를 지원할 수 있다는 인식과 함께, 교사와 학생 간의 인간적 상호작용이 교육의 핵심으로 유지되어야 한다고 강조한다(제12항). 이는 교사가 기계에 의해 대체되어서는 안 되며, 그들의 권리와 근무 조건을 보호해야 한다는 것을 의미한다. 따라서 교육 정책에서는 교사의 역할과 필요한 역량을 계속 검토하고 재정의하는 것이 중요하다. AI를 효과적으로 활용할 수 있는 교육 환경에서 교사가 효과적으로 일할 수 있도록 하는 역량 강화 프로그램의 개발이 필요하다(제13항).

기술이 발전함에 따라 지능형 튜터링 시스템이 나타나고 있지만, 이러한 시스템이 교사의 역할을 완전히 대체할 가능성은 여전히 낮다. AI의 중요한 목표 중 하나는 교사가 학생들과의 사회적 상호작용과 개인 지도에 더 많은 시간을 할애할 수 있도록, 진도 모니터링이나 과제 채점과 같은 일상적인 업무에서 교사를 해방하는 것이다. 그러나 AI가 교육 분야에서 더욱 활발하게 사용됨에 따라 교사의 역할이 줄어들 수 있다는 우려가 존재한다. 이는 AI의 교육적 활용이 교사의 역할 변화와 새로운 교육 방식의 필요성을 불러일으킨다는 것을 의미하며, 교사의 역할과 AI의 역할을 균형 있게 조화시키는 방향으로의 발전이 필요함을 시사한다.

AI 도구가 지식 전달과 같은 기본적인 교육 활동을 맡게 되면, 교사는 고차원적 사고, 창의성, 대인 관계, 사회적 가치 촉진과 같은 더 복잡한 교육 활동에 집중할 수 있게 된다. 현재 AI 개발자들은 이러한 고차원적 작업을 자동화하기 위해 노력하고 있지만, 교사의 역할은 여전히 중요하다. 교사는 AI와 협력하여 교육의 질을 향상하고, 학생들에게 더 깊은 학습 경험을 제공할 수 있도록 하는 데 중요한 역할을 한다.

따라서 정책 입안자들은 AI가 교육 환경에서 교사의 역할을 어떻게 변화시킬 수 있는지 전략적으로 고민해야 한다. 또한, 교사가 AI가 풍부한 교육 환경에서 효과적으로 일할 수 있도록 준비시키는 방안을 고려해야 한다. 이를 통해 교사와 AI 기술이 효과적으로 협력하여 교육의 질을 향상할 수 있을 것이다.

5) 다양성과 포괄성

AI가 교육 분야에서 점점 더 많이 사용되면서, 학습자가 직접 상호작용하고 스스로 생각하는 데 쓰는 시간이 줄어들 위험이 있다. 즉, 학생들이 AI에 의한 자동화된 결정과 프로세스에 더 의존하게 되면서, 그들의 독립적인 사고력과 주도성이 약해질 수 있다. 이러한 상황은 학생들이 자신감, 자기 관리 능력, 자각적인 학습(메타인지), 비판적 사고 등 21세기에 필요한 중요한 기술을 개발하는 데 영향을 미칠 수 있다(World Economic Forum and Boston Consulting Group, 2016).

예를 들어, 페이스북 엔지니어들이 개발한 '서밋 러닝' 프로그램은 학생들의 항의를 받고 거부되었다. 학생들은 이 프로그램이 인간적 상호작용과 교사의 지원을 축소하며, 비판적 사고 발달에 필수적인 요소들을 누락시킨다고 지적했다(Robinson and Hernandez, 2018). 이 사례는 교육 분야에서 AI를 도입할 때 인간적 요소의 중요성과 학습자의 필요 및 상호작용을 충분히 고려해야 한다는 점을 시사한다. AI 기반 교육 프로그램은 학생들의 사회적, 감성적 발달을 지원하고 비판적 사고를 촉진할 중요한 책임이 있다.

또한, AI는 사용된 초기 데이터의 특징을 증폭시키고 기본 가정을 강화하는 경향이 있다(Holmes et al., 2019). 이는 기존의 교육 방식을 단순히 따르고 강화하는 것을 의미하며, 이는 학습자의 주체성과 창의성을 제한할 수 있다. 따라서, AI 기술을 설계할 때는 교육의 다양성과 포괄성을 증진하는 방향을 고려하는 것이 중요하다. AI 교육 도구는 학생들의 다양한 필요와 개성을 반영하고 촉진할 수 있도록 설계되어야 한다.

AI가 교육을 혁신하고 개선하는 데 큰 역할을 할 수 있음은 분명하지만, 이를 실현하기 위해서는 교육자, 정책 입안자, 기술 전문가들이 함께 협력하면서 깊이 있게 고민하고 계속 노력해야 한다.

먼저, AI를 활용한 교육에서 데이터의 중요성과 이와 연관된 윤리적 문제들을 해결해야 한다. 학생의 프라이버시 보호, 데이터 소유권, 분석 방법 등은 AI 교육에서 중요한 고려 사항이다. 이러한 문제를 해결하기 위해서는 다양한 분야의 전문가들이 협력하여 AI의 윤리적 사용을 위한 기준과 방법을 개발하고 적용해야 한다.

둘째, 성별 격차 문제는 AI 기술의 발전과 교육 분야에서의 활용에 있어 주요한 과제 중 하나다. 교육용 AI 애플리케이션 개발 시 성 편견을 배제하고, 성별에 민감하게 처리된 데이터를 사용하는 것이 중요하다. 이는 교육에서 성평등을 증진하는 데 이바지할 것이다.

셋째, AI의 적용은 교사의 역할을 변화시킬 수 있으며, 이에 대한 전략적 고민이 필요하다. AI가 학생들과의 상호작용과 개인 지도에 더 많은 시간을 할애할 수 있도록 도와줄 수 있음에도 불구하고, 교사의 역할은 여전히 중요하다. 교사가 AI 기술과 함께 효과적으로 작업할 수 있게 교육하는 것이 필수적이다.

마지막으로, AI의 적응형 활용이 확대됨에 따라 학습자의 주체성을 존중하고 창의성을 촉진하는 방향으로 접근해야 한다. AI 기술의 발전이 학생들에게 양질의 교육을 제공하는 데 이바지할 수 있도록, 인간 중심의 접근 방식을 취하는 것이 중요하다.

이러한 논의를 통해, AI 기반 교육이 지속 가능한 발전 목표인 SDG 4, 즉 양질의 교육 보장을 달성하는 데 어떻게 이바지할 수 있는지에 대한 깊이 있는 이해를 얻을 수 있었다. AI의 효과적인 활용은 교육의 질을 향상하고, 모든 학생에게 공평한 학습 기회를 제공하는 데 중요한 역할을 할 것이다.

참고문헌

박보람(2023). 인공지능 기반 교육에 대한 윤리적 성찰. 윤리교육연구, 70, 367−391.
박보람(2023). 학생 중심의 인공지능 교육 설계 방안. 윤리연구, 143, 51−70.
정제영 외(2023). AI·융합교육개론. 박영스토리.

Adams, R. (2019). Artificial intelligence has a gender−bias problem−just ask Siri. https://
knulib.summon.serialssolutions.com/#!/search?bookMark=eNqVjDsOwjAQBV3Q8Mkdt
qRJgUFEKSMEooc−2jhLsuA44F3fH0ucgOrNSKO3MgUmHSkoO1Tql6ZpovKDHaMHDkre
80DBEYwogJC5pwgdZ3vHufM0QQnPJAooL7hx5I1ZaExU_GZttpfz_XQtc_1JJNpOLC7fYq
A5SWttfax31aGy−z_SL0ToPII

Douglas, L. (2017). AI is not just learning our biases; it is amplifying them. Medium,
December, 5.

Holmes, W., Bialik, M., & Fadel, C. (2023). Artificial intelligence in education.
Globethics Publications.

Jobin, A., Ienca, M., & Vayena, E. (2019). The global landscape of AI ethics
guidelines. Nature machine intelligence, 1(9), 389−399.

Robinson, A. and Hernandez, K. 2018. Quoted in https://www. edsurge.com/news/2018
−11−15−dear−mr−zuckerberg−students−take−summit−learning−protests−direct
ly−to−facebook−chief (Accessed 29 March 2021).

UNESCO. (2019). Beijing Consensus on artificial intelligence and education.

World Economic Forum. (2016, January). New vision for education: Fostering social
and emotional learning through technology. Geneva: World Economic Forum.

World Economic Forum. 2018. Insight Report. The Global Gender Gap Report.
Available at: http://www3.weforum. org/docs/WEF_GGGR_2018.pdf (Accessed 21
July 2020).

CHAPTER

07

CHAPTER

07

에듀테크의 이해와 실제

07

에듀테크의 이해와 실제_정영식

1 에듀테크의 이해

2020년 초 발생한 코로나19 팬데믹으로 서서히 확대되고 있던 디지털 전환이 급격하게 삶과 일상으로 확대되기 시작했으며, 비대면 수업이 보조적인 수단에서 필수적 수단으로 변하면서 실시간 소통의 어려움과 학습 부진 등의 문제가 발생하고 있다. 이러한 사회적 문제를 해결하고 교육의 질을 향상시키기 위해 에듀테크 활용 교육이 급속히 확산되고 있다(중소벤처기업부 외, 2019). 본 장에서는 이러한 에듀테크의 개념과 역사를 살펴보고, 그 특징을 이해할 수 있다.

1) 에듀테크의 개념

에듀테크(Edutech, Edtech)는 교육(education)과 기술(technology)이 합쳐진 말이다. 인공지능과 로봇, 빅데이터 등 신기술(new technology)이 산업 분야에서 활용되어 생산성을 향상시킴에 따라 교육 분야에도 이러한 신기술을 다양하게 접목하고 있다. 교육은 본래 사람을 기르고 성장시키기 위해 계획된 활동이기 때문에 어떤 형태로든 교육 내용을 제대로 이해하고, 내면화하고, 적용하기 위해 다양한 교육 방법과 지원 체제를 활용한다. 에듀테크는 이러한 교육의 속성에 따라 정보통신기술을 교육에 융합한 것인데, 기존의 교육공학(educational technology)이나 교육기술(educational technology)과는 어떻게 구분되는지 살펴보고, 에듀테크의 개념과 특징을 정리하였다.

(1) 교육공학

교육공학은 1920년대부터 등장한 교육학의 한 분야로서 시청각 교육으로부터 시작되었다. 교육공학은 교육 분야에서 발생하는 문제를 해결하기 위해 과학적인 지식을 체계적으로 적용함으로써 교육 현장을 개선하고 교육 효과를 높이는 방법을 설계·개발·평가하는 학문이다(Andresas, 2020). 즉, 학습을 위한 과정과 자원의 설계·개발·활용·관리·평가에 관한 이론과 실제에 관한 학문으로서 다음과 같은 의미를 담고 있다(김영수, 2000).

- 학습을 위한: 교수공학의 목적은 학습에 영향을 주고 학습을 효과적으로 이루도록 하는 데 있다. 즉, 학습은 목적이고 교수는 학습의 수단이다.
- 과정과 자원: 과정은 특정한 결과를 도출하기 위한 일련의 활동이며 구체적으로 투입, 활동, 산출을 포함한다. 자원은 교수 자료, 교수 환경 등을 비롯한 학습지원체제를 의미한다.
- 설계·개발·활용·관리·평가: 교육공학의 기본 영역으로 각 영역은 독자적인 분야로 발달할 수 있다.
- 이론과 실제: 교육공학의 영역은 연구와 경험에 기초한다. 이론은 개념, 구인, 원리, 명제로 구성되고 지식 기반에 기여한다. 실제는 지식을 적용하여 문제를 해결하며, 경험으로부터 얻은 정보로 지식 기반에 기여한다.

교육공학은 과학 연구에서 파생된 과정이나 절차뿐만 아니라, 교육을 효과적이고 신뢰롭게 만드는 이론과 경험적인 절차를 포함한다. 관련 기술을 교육에 통합하는 과정으로서 다양한 학습 환경에서 학습을 촉진하고, 학생들이 공통 과제를 해결할 수 있도록 지원한다.

교육공학에 포함되는 연구 분야를 정리하면 다음과 같다(위키백과, 2024).

- 학습에 대한 이론과 실천으로서의 교육공학
- 기술 도구 및 미디어로서의 교육공학
- 학생과 교육을 관리하는 학습관리시스템으로서의 교육공학
- 교육관리시스템과 학습기록저장소를 위한 교육공학
- 컴퓨터 관련 연구나 정보통신기술 자체를 위한 교육공학

(2) 교육 기술

교육 기술은 일반적으로 학습자가 수행하는 학습과 교육 기관에서 제공하는 교육이나 훈련을 촉진하고 지원하기 위해 활용되는 정보기술을 의미하며(조용상, 2017), 콘텐츠, 평가, 스마트 학습 환경, 학습자 관리 등으로 구분할 수 있다(백송이 외, 2020).

표 7.1   교육 기술의 구성 요소

영역	기술	내용
콘텐츠	콘텐츠 표현 및 전달	온라인 콘텐츠를 생성하기 위한 구조 정보
	교육용 전자책 표현	HTML5와 CSS3 등 새로운 기술을 이용한 콘텐츠 구성
	콘텐츠 및 상호작용	VR 및 AR활용 콘텐츠
평가	문제은행 및 온라인 평가	문항 전달 및 시험 실시, 피드백 제공, 결과 제출
스마트 학습 환경	IoT(사물인터넷)	IoT를 활용하여 학습 경험과 매체 활용 경험을 분석
	클라우드	클라우드 서비스를 활용하여 매체 상호작용 환경을 구축
	로봇	로봇을 활용한 첨단 기술 및 미디어 학습 환경 구축
	개인화, 맞춤형	교육 데이터를 활용하여 맞춤 학습 환경 구축
학습자 관리	학습자 프로파일	학습자 이력, 목표, 성취도 기록 및 관리 등 온라인 관리와 분석
기타	기존 오프라인 학습 관련 분야의 기술	

교육 기술은 AR/VR과 같은 학습 수단에 대한 것도 있지만, 인공지능, 빅데이터, 블록체인, 빅데이터와 같은 소프트웨어를 기반으로 한 학습분석과 의사소통을 통해 학습자의 학습 성과를 높이려는 다양한 기술들이 활용된다. 교육 기술을 분류하면 콘텐츠 기반 교육, 인공지능 기반 교육, 혼합현실 교육, 게임 기반 교

육, 인지 교육, 인지 교육, 모바일 교육, 위치 기반 교육, 로봇 기간 교육 등으로 구분할 수 있다(KOTRA, 2020).

(3) 에듀테크(edutech)

교육부(2023)에서 발표한 에듀테크 진흥 방안에 따르면, 에듀테크 활용 목적은 디지털 기술을 활용하여 개별화 교육, 학습 격차 해소, 교원 업무 경감, 학교 구성원 간 소통 강화, 학생의 학업 몰입 등 교육 현장이 목표로 하는 다양한 과제를 효과적으로 해결하는 데 있다. 아울러, 에듀테크 활성화 종합 방안에 따르면, 에듀테크의 정의를 [그림 7.1]과 같이 '인간의 성장과 발달을 위해 온·오프라인 교육에 활용하는 신기술과 그것을 적용한 교육 방법'으로 정의하고 있으며, 구체적인 의미는 다음과 같다(교육부 외, 2023).

그림 7.1 에듀테크의 정의

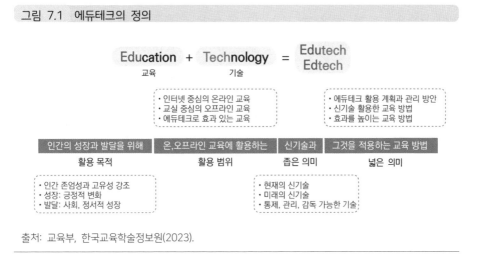

출처: 교육부, 한국교육학술정보원(2023).

첫째, 에듀테크 활용의 목적은 '인간의 성장과 발달'에 있다. 에듀테크를 활용하여 교수학습 활동을 촉진함으로써 궁극적으로는 인간의 성장과 발달을 지원하는 데 있다. 미래에는 인공지능이나 로봇과 같은 다양한 기술들이 교육에 활용됨에 따라 인간의 존엄성과 고유성은 더욱 중요해진다. 따라서 에듀테크 활용 목적은 교육의 목적과 동일한 인간의 성장과 발달에 두었다. 우선, '성장'은 학생 개개인이 긍정적으로 변화하는 것을 의미하며, 이를 위해 에듀테크는 학습자에게 자기주도적이고 개별화된 학습을 지원한다. '발달'은 다양한 소통과 협력을 통해 학습자가 사회적·정서적으로 성장하는 것을 의미한다.

둘째, 에듀테크의 적용 범위는 온라인 교육뿐만 아니라 오프라인 교육을 포함하며, 나아가 온·오프라인 병행 교육(blended learning)까지도 포함하고 있다. 과거의 이러닝이 주로 온라인 교육에 초점을 두고 있다면, 에듀테크는 모든 교육 형태에 적용될 수 있다.

셋째, 에듀테크의 좁은 의미는 '신기술'을 의미한다. 신기술은 4차 산업혁명의 핵심 기술로 인정받고 있는 인공지능, 빅데이터, 사물인터넷, 블록체인, 클라우드뿐만 아니라, 미래에 개발되고 활용되는 기술까지도 포함한다. 다만, 이러한 신기술이 교육에 활용될 때에는 '인간의 성장과 발달'에 도움이 되어야 하며, 신기술로 인한 부작용이나 역기능을 줄일 수 있도록 통제·관리·감독할 수 있어야 한다.

넷째, 에듀테크의 넓은 의미는 '교육 방법'을 의미한다. 신기술을 교육 현장에 적용한다고 해서 바로 교육적 효과를 나타내는 것은 아니다. 교육적인 관점에서 언제, 어떻게, 누구에게, 얼마큼 신기술을 사용할지 계획하고 관리해야 한다.

2) 에듀테크의 역사

1996년부터 시작된 교육정보화기본계획에 따라 [그림 7.2]와 같이 ICT 교육, 이러닝, 유러닝, 스마트교육 등 다양한 교육 정보화 정책이 추진되면서 에듀테크를 발전시켜 왔다. 1996년에 시작된 교단 선진화 사업으로 모든 초중고등학교 교실에 교사용 PC와 인터넷망이 설치되었고, 2000년에는 '정보통신기술 교육 운영 지침'이 발표되어, 모든 교과에서 10% 이상씩 ICT 교육을 추진하도록 하였다. 2004년에는 이러닝 종합 발전 방안을 통해 EBS 수능강의와 중앙교수학습센터, 사이버가정학습이 시작되었고, 2005년에는 태블릿 PC나 IPTV를 이용한 유러닝, 2011년에는 스마트교육이 추진되었다.

그림 7.2 에듀테크의 역사

(1) ICT 교육

ICT 교육은 교육부에서 발표한 '초중등학교 정보통신기술 교육 운영 지침'에 따라 본격적으로 추진되었다. 초·중등 학교 학생들이 컴퓨터, 각종 정보기기, 멀티미디어 매체 등을 이용하여 지식·정보화 사회에서 필요로 하는 정보의 생성, 처리, 분석, 검색, 활용 등의 기본적인 정보 소양 능력을 기르고, 이를 학습 활동과 일상생활에 적극적으로 ICT를 활용할 수 있도록 하였다. 또한, 'ICT 활용 학교교육 활성화 계획'을 추진하면서 ICT 교육은 창의력, 문제해결력 등 고등사고력신장 및 학교 교육의 질 제고를 추구하였다(교육인적자원부·한국교육학술정보원, 2003). 단순한 기능 위주의 정보 소양 배양보다는 교과별 교수·학습에 정보통신기술을 최대한 활용하여 자기주도적 학습 능력을 기르는 데 중점을 두었다. ICT 교육의 학교급별 교육 목적은 다음과 같다(교육부, 2000).

- 초등학교에서는 ICT에 대한 기초 소양 능력을 길러, 자신의 학습 활동에 활용하는 데 중점을 두도록 한다. 특히, 초등학교 저학년의 경우 컴퓨터에 관한 원리나 개념을 지도하기보다 컴퓨터를 활용한 재미있는 놀이나 교육용 소프트웨어를 활용하여 컴퓨터와 친숙해지는 데 힘써야 한다.

- 중학교에서는 초등학교에서의 학습을 기초로 학습 활동과 일상생활에 나타나는 문제를 해결할 수 있는 ICT 활용 능력을 기르고, 정보 윤리 의식을 함양하는 데 중점을 둔다.
- 고등학교에서는 ICT를 생활 전반에 걸쳐 능동적으로 활용하고, 이를 활용한 여러 가지 활동에 적극적으로 참여하는 데 중점을 둔다.

ICT 교육은 ICT 소양 교육과 ICT 활용 교육으로 구분되며, ICT 소양 교육은 ICT의 사용 방법을 비롯한 정보의 생성, 처리, 분석, 검색 등 기본적인 정보 활용 능력을 기르는 교육을 의미하고, ICT 활용 교육은 기본적인 정보 소양 능력을 바탕으로 학습 및 일상생활의 문제해결에 ICT를 적극적으로 활용할 수 있도록 교육하는 것을 의미한다. 교과 학습에 필요한 ICT 활용 능력은 각 교과 시간에 다루기 어렵기 때문에 특정 시간에 실시되는 소양 교육을 통하여 이루어졌다. 이러한 ICT 교육의 일반적인 교수-학습 전략은 다음과 같다(이철환 외, 2001).

- 학습 주제 선정: 단원별 교수학습 계획에 따라 학습 주제를 선정하되, 학습 내용이 학생들에게 어떤 능력과 태도를 갖게 하는지를 분석하여 실생활과 관련 있는 학습 주제를 발굴·선정함으로써 학생들이 자연스럽게 흥미를 갖고 수업에 임할 수 있도록 한다.
- 수업 목표 수립: 인터넷 등을 활용하여 지식 기반 사회에서 필요로 하는 정보의 수집·가공·생성·분석·활용 등의 기초적인 정보 소양 능력을 수업 중에 자연스럽게 기르고, 그 능력을 활용하여 자기주도적으로 문제를 해결할 수 있도록 수업 목표를 수립한다.
- 수업 활동의 유형 결정: 초·중등학교 정보통신기술 교육 운영 지침에서 제시한 8가지 수업 활동 중에서 수업 목표 및 활용 환경 등을 고려하여 여러 가지 유형을 통합적으로 활용한다.
- ICT 활용 선수 능력 확인: 학생들의 ICT 활용 능력은 교육부에서 제시한 '초·중등학교 정보통신기술교육 운영 지침'의 5단계에 따라 융통성 있게 결정하되, 수

업 목표 달성에 반드시 필요한 능력이 아닐 경우는 ICT 활용 능력 단계를 벗어
나지 않도록 한다.
- ICT 활용 환경 및 매체 선정: 학교의 ICT 현황, 수업 목표 등을 고려하여 ICT 활
용 교육을 위한 학습 환경을 결정한다.
- ICT 활용 수업 사전 준비: ICT 환경 구비, 활동 유형별 수업 자료 준비, 수업 진
행을 위한 사전 준비 사항을 점검하고 시행한다.
- 평가 도구 개발 및 평가 요소, 방법 결정: ICT 활용 수업 후 평가 방식, 평가 내
용 등을 결정하되, 학생들의 결과물뿐만 아니라 완성 과정도 함께 평가한다. 즉,
교과 관련 전문지식을 습득하는 과정에서 자연스럽게 ICT 소양 교육이 달성될
수 있도록 한다.

(2) 이러닝

1990년대 후반 인터넷이 급속도로 보급되면서 이러닝이 등장하였다. 이러닝
산업발전법에서 이러닝은 '전자적 수단, 정보통신 및 전파·방송기술을 활용하여
이루어지는 학습'으로 정의하고 있다. 이러닝에 대한 개념을 정의한 사례를 정리
하면 다음과 같다(정제영 외, 2021).

- 이러닝은 원격교육과 소프트웨어가 결합한 것으로 오프라인에서 운영되던 수업
을 영상을 통해 온라인으로 제공한다.
- 인터넷 기술을 활용하여 다양한 형태의 학습 활동과 학습 자원을 온라인으로 전
달하는 교육 활동이다.
- 이러닝은 교육, 정보, 커뮤니케이션, 훈련, 지식 관리, 수행 관리를 포함하는 개념
으로서, 원하는 정보와 지식을 언제, 어디서나, 접근할 수 있는 웹 기반 교육 체
제이다.
- 이러닝은 인터넷을 활용하는 학습의 한 형태로서, 컴퓨터를 통해 쌍방향 교육과
소통을 제공한다. 이러닝은 일반적으로 교육 자료와 콘텐츠를 제공하고, 학생 관

리, 출석 관리, 평가 관리, 성적 관리, 설문 조사 등이 가능한 학습관리시스템 (LMS: Learning Management System)을 구축하여 활용한다.

이러닝과 에듀테크의 차이점을 비교해보면, 이러닝은 기존 오프라인 강의를 그대로 온라인으로 가지고 온 인터넷 강의를 말하지만, 에듀테크는 학습자가 최대의 교육적 효과를 나타낼 수 있도록 사물인터넷, 인공지능, 빅데이터 등 신기술을 이용하여 학습자에게 더 적합하면서 이전과 차별화된 학습 경험을 제공한다(박성우, 2020). 에듀테크는 인공지능과 빅데이터를 기반으로 맞춤형 교육을 제공하고, 증강현실을 통해 그래픽으로 실습하며, 스마트폰이 보편화되면서 어디서든 학습이 가능해졌다(오라클 클라우드, 2019).

(3) 유러닝

유러닝(ubiquitous learning)은 유비쿼터스 학습 환경을 기반으로 학생들이 시간, 장소, 환경 등에 구애받지 않고 일상생활 속에서 언제, 어디서나 원하는 학습을 할 수 있는 교육 형태를 말한다(서정희 외, 2005). 언제 어디서나 컴퓨터나 네트워크에 접속하여 필요한 자료를 찾아볼 수 있고, 시공간을 넘어선 의사소통을 하고, 실제 공간과 가상공간이 통합되어 학습 경험을 보다 풍부하게 하는 것이 유비쿼터스 학습 환경이다. 이러한 학습 환경에서는 모든 컴퓨터가 서로 연결되나, 이용자 눈에는 보이지 않으며, 언제, 어디서나 이용가능하고, 현실 세계의 사물과 환경 속으로 스며들어 통합될 수 있다.

유러닝은 기존의 ICT 교육이나 이러닝과 완전히 구분되거나 대체되는 개념이 아니다. 유러닝은 유비쿼터스 기술 발달에 따른 교육 패러다임의 변화로 볼 수 있으며, 그동안의 ICT 교육, 이러닝과 자연스럽게 연결되고 통합될 수 있다. 유러닝의 특징을 정리하면 다음과 같다(서정희 외, 2005).

- 물리적인 한계가 있는 교실을 벗어나 세상의 모든 곳을 학습의 장으로 활용할 수 있다.

- 지능화된 학습 환경에서 학습자의 관심, 선호, 학습 양식, 학습 맥락에 따라 개별화, 맞춤화 학습이 가능하다.
- 다양한 시·공간에서 이루어진 학습들은 자동적으로 저장되고 관리되어 통합적이고 끊김이 없는 학습이 가능하다.
- 개인 단말기 간의 정보 교환이 빠르고 편리해짐에 따라 학습자들의 협력과 상호작용은 보다 증대된다.
- 사람이 중심이 되고 실생활과 밀접히 관련되어 현실감이 증대되고 학습자의 참여와 상호작용이 활성화된다.

(4) 스마트 교육

2010년대부터는 스마트폰 및 태블릿의 사용이 증가함에 따라, 스마트기기를 통해 교육 효과를 높이는 스마트교육이 주목을 받았다. 스마트교육(smart edu-cation)은 정보통신기술과 이를 기반으로 한 네트워크 자원을 학교교육에 효과적으로 활용하여, 교육 내용·교육 방법·교육 평가·교육 환경 등 교육체제를 혁신함으로써 모든 학생이 글로벌 리더가 될 수 있도록 재능을 발굴·육성하는 21세기 교육 패러다임이다(교육과학기술부, 2011). 클라우드 컴퓨팅 기술과 스마트 기기를 활용하여 언제 어디서나 학습이 가능하고, 학습자에게 적절한 학습 서비스를 제공할 수 있으며, 학습 활동을 수집하고 분석하여 개인화되고 맞춤화된 학습 서비스를 제공할 수 있다(Zhu 외, 2016).

교육과학기술부(2011)는 스마트교육 추진 전략에서 [그림 7.3]과 같이 자기주도적(Self-directed), 학습 흥미(Motivated), 수준과 적성(Adaptive), 풍부한 자료(Resource Enriched), 정보기술 활용(Technical Embedded) 등 5대 추진 방향을 설정하고, 디지털교과서 확대 및 적용, 온라인 수업·평가 활성화, 교육 콘텐츠 자유 이용 및 안전한 환경 조성, 교원 스마트교육 역량 강화, 클라우드 교육 서비스 기반 조성 등을 추진 과제로 선정하여 추진하였다.

그림 7.3 스마트교육의 추진 방향

Self-directed 자기주도적	Motivated 학습흥미	Adaptive 수준과 적성	Resource Enriched 풍부한 자료	Technical Embedded 정보기술활동
현재 학생 스스로 학습을 계획하고 수행	다양한 엑티비티, 콘텐츠를 활용	학생 개별의 수준과 적성을 고려	디지털 콘텐츠 및 온라인 학습과정을 활용	언제 어디서나 동일한 학습환경 조성

출처: 에듀넷, 2021.

3) 에듀테크의 특징

에듀테크는 이러닝과 스마트교육 등과 마찬가지로 학습자에게 최적화된 교육 콘텐츠와 상호작용을 제공하고, 소셜네트워크 등을 활용하여 학습 효과를 극대화시키며, 빅데이터와 인공지능을 활용한 지능형 맞춤 학습을 지원하고 있다(백승철 외, 2016). 에듀테크의 특징을 정리해 보면, 초개인화, 초연결화, 초자동화, 데이터화, 융합화, 게임화 등으로 구분할 수 있다.

(1) 초개인화

에듀테크는 개인화(personalization)를 넘어 초개인화(hyper-personalization)를 촉진시킨다. '개인화'가 사용자 정보나 온라인 활동 데이터를 기반으로 사용자를 이해하고, 그것을 바탕으로 사용자 경험을 최적화하는 것이라면, '초개인화'는 온라인 데이터뿐만 아니라 실제 생활 패턴이나 취향 정보를 바탕으로 상황과 시기에 적절한 메시지를 전달하여 사용자 소비 경험을 안내하는 것이다(박길, 2021).

교육 분야에서 초개인화가 등장하게 된 것은 교사 중심에서 학생 중심으로 교육의 패러다임이 변화하기 때문이다. 자신이 원하는 교육보다는 교사가 제공하는 교육을 소극적으로 받아들였던 교육이 아니라, 자신에게 최적화된 교육 내용과 교육 방법을 적극적으로 요구하고, 그것을 수용하기 위해 필요한 교육용 콘텐츠의 보급 확대와 학생들의 요구를 실시간으로 파악할 수 있는 인공지능 기술이 발달하면서 에듀테크를 활용한 초개인화 학습이 촉진되었다(정영식, 2023). 특히, 원격 수업이나 대면 수업 상황에서 안면 인식이나 음성 인식 기술 등을 이용하여 학습자의 몰입도를 측정하고, 수업 집중도와 흥미가 낮을 경우에는 교육 내용이나 방식을 바꿀 수 있다.

에듀테크를 활용한 초개인화된 학습 환경에서는 언제, 어디서, 누구에게나 획일적인 교육 서비스를 제공하는 것이 아니라, [그림 7.4]와 같이 학생들의 다양한 관심과 흥미에 맞춰 지금 당장, 바로 여기서, 개개인의 요구와 필요에 맞춘 개인화된 교육 서비스를 제공할 수 있다.

그림 7.4 초개인화된 학습 환경

초개인화된 교육 환경에서 학습자가 에듀테크를 활용하면 학습자 스스로 자기주도적인 학습이 가능하고, 교수자도 에듀테크를 활용하여 학습자 개개인에 특화된 수업 계획을 수립하고, 학습자의 학습 이력이나 교육 활동 데이터를 체계적으로 수집하고, 그것을 분석한 자료와 정보를 통해 학생의 장점이나 단점, 관심사 등을 파악하여 종합적으로 진단하고 처방을 내릴 수 있다.

(2) 초연결화

코로나 19로 촉발된 디지털전환시대에서 캠퍼스 없는 학교, 교사 없는 강의실, 책 없는 도서관 등이 현실화되고, 사물인터넷이나 클라우드 기술이 교육에 활용되면서 인간과 인간을 연결하는 수준에서 벗어나, 사물과 사물, 인간과 사물, 인간과 공간을 연결하는 '초연결화'된 학습 환경 구축이 가속화되고 있다. 초연결화된 학습 환경에서는 교사, 학생, 멘토, 관리자가 에듀테크를 활용하여 다양한 상호작용이 가능하며, 생산된 지식과 정보를 공유하며 즉각적인 피드백을 주고받을 수 있다. 또한, 학업 성취도와 같은 개인적 역량뿐만 아니라, 소통하고 협력할 수 있는 사회적 역량을 기를 수 있다.

사전에 미리 정해놓은 시간과 장소에 교사와 학생이 만나서 가르치는 전통적인 교육 방식을 탈피하여 온라인 교육 플랫폼에서 교육용 콘텐츠나 서비스를 중심으로 토론 활동과 협업 활동을 통해 지식을 공유하면서 새로운 체험과 성장의 기회를 갖게 된다. 에듀테크를 활용한 초연결화된 학습 환경에서는 학생들이 학교에 있든, 집에 있든, 버스로 이동 중이든 유·무선 인터넷으로 연결된 장치를 통해 자신의 학습 속도와 일정에 제한 없는 교육을 받을 수 있다.

(3) 초자동화

초자동화란 양적 자동화를 뛰어넘어 질적 자동화를 추구하는 것으로서, 인공지능을 활용하여 자동화할 수 있는 모든 것을 자동화하여 업무의 효율성을 극대화하는 것이다. 에듀테크를 활용한 초자동화된 학습 환경은 인공지능과 빅데이터를 활용하여 학생 개인의 특성과 학습 스타일을 파악한 후 맞춤형 교육을 제공하고, 지능화된 적응 시스템을 통해 교수 방법과 학습 방법을 개선하여 보다 효과적이고 효율적인 교육 서비스를 제공할 수 있다.

에듀테크를 통해 구축된 초자동화된 학습 환경은 곧 지능화된 학습 환경을 의미한다. 초자동화된 교실 환경에서 모든 사물은 지능화되고, 교육용 로봇을 통해 개인별 맞춤 학습이 더욱 효과적으로 이루어지게 되며, 미리 정해진 교육 과정이나 교과목 없이도 학습자의 강점과 약점을 분석하여 자동으로 다음 교과 내용을 제시하는 지능화된 교육 서비스가 제공될 것이다(이명구 외, 2019).

(4) 데이터화

학생 1인 1기기 정책이 시도교육청 중심으로 시행되면서 정보기기 기반의 에듀테크 활용 교육은 학생들의 학습 정보를 수시로 수집하고 저장할 수 있다. 교사는 학생들의 데이터를 통해 학습자의 성장과 변화를 관찰하고, 그에 따라 다양한 교육 서비스를 제공할 수 있다. 학생도 자신의 학습 데이터에 쉽게 접근하고, 다른 교육 기관이나 시설로 옮기더라도 그 데이터를 활용할 수 있어 이전 기관에서 받은 교육과 연계된 교육을 지속할 수 있다. 에듀테크를 활용한 데이터화된 학습 환경에서는 이러한 학습 데이터를 분석하여 학생들에게 적합한 콘텐츠를 추천하고, 학습 현황이나 결과에 따라 피드백을 제공하는 개별화된 맞춤 교육이 가능하다.

교사들은 학생들의 성취도나 기능의 향상도, 태도의 변화 등을 평가하기 위해 수많은 시간을 보낸다. 그러나 데이터화된 학습 환경에서 학생 평가는 현재의 학생 능력과 요구 사항을 지속적으로 확인하고 분석하여 그 결과를 교사에게 전달함으로써 학생들의 강점이나 약점, 학습 장애 여부를 조기에 발견하여 적시에 처방할 수 있다. 또한, 교사가 관찰하기 어렵거나, 학습에서 소외된 학생들을 조기 발견하여 학생 간 학습 격차를 해소하는 데에도 도움을 줄 수 있다.

(5) 융합화

정보통신기술 분야에서는 인공지능과 클라우드 컴퓨팅 기술이 확산되면서 하나의 플랫폼 위에서 다양한 서비스를 제공하는 융합화가 촉진되고 있다(범원택, 2019). 오픈형 고등교육 서비스인 MOOC(Massive Open Online Course)는 언제 어디서나 맞춤형 학습을 가능하도록 하는 고연결·고지능 기반의 교육 서비스로서, 단순히 교육과정의 통합적 서비스가 아니라 과정 내의 콘텐츠들이 서로 연계하고 통합하여 새로운 교육과정을 만들어내고 있다(이명구 외, 2019). 이러한 융합화는 서로 관련이 없어 보이는 영역일지라도 분야별 경계를 없애고 새로운 가치를 창출하게 한다.

에듀테크를 활용한 융합화된 학습 환경은 교육 내용과 플랫폼의 융합이 가능하다. 기존의 온라인 교육 시스템은 교육용 콘텐츠와 별개로 상호작용이 이루어졌다. 특히 콘텐츠 재사용성을 높이기 위해 표준화된 규격에 따라 개발하고, 다양한 시스템에서 운용될 수 있도록 외부 링크를 차단함에 따라 콘텐츠를 활용하는 학생들의 학습 활동을 종합적으로 기록하는 데 한계가 많았다. 그러나 융합화된 학습 환경에서는 다양한 에듀테크 솔루션과 플랫폼을 연동시켜 교육 내용을 중심으로 한 소통과 협력이 가능해졌다. 이러한 콘텐츠와 플랫폼의 통합은 학습 활동을 보다 의미 있게 기록하고 분석할 수 있는 기반이 된다.

(6) 게임화

게임화(gamification)는 교육이나 금융, 비즈니스, 헬스케어 등 게임 이외의 영역에서 게임 요소를 활용하여 목표에 도달하게 하는 것을 의미한다(한국콘텐츠진흥원, 2013). 일반적으로 게임 요소에는 달성할 목표, 따라야 할 규칙, 경쟁할 대상, 매력적인 재미 등이 있다. 따라서 게임화는 이러한 게임 요소를 학습 요소로 전이시켜, 게임을 하는 과정에서 자연스럽게 학습이 이루어지는 것을 의미한다. 에듀테크를 활용한 게임화된 학습 환경에서는 학생들이 교사의 직접적인 개입 없이 게임을 통해 학습 목표에 도달할 수 있다. 게임화된 학습 환경에서 에듀테크 활용 목적은 학생들을 즐겁게 하는 것이 아니라, 학습 활동에 몰입할 수 있도록 동기를 부여하는 데 있다. 따라서 게임 요소뿐만 아니라, 학습 개념이나 원리를 체화할 수 있도록 게임을 구성하는 것이 중요하다(이은희, 2010).

가상현실(VR: Virtual Reality)과 증강현실(AR: Augmented Reality)을 활용한 시뮬레이션 게임화는 현실감을 높여주고, 적절한 게임 요소가 가미되면서 학습 몰입도를 더욱 높일 수 있다. 게임화는 놀이의 교육적 효과와 함께 재미와 환상적인 이야기를 통한 도전의식 함양이 가능하고, 학습을 하는 데 필요한 내재적 동기가 활성화되어 학습에 더욱 몰입할 수 있다. 아울러, 현실감 있는 게임 속에서 일어날 수 있는 요소들과 다양한 해결 방법을 탐구하면서 자기주도적인 학습 역량을 키울 수 있다(전인성 외, 2016).

2 에듀테크의 실제

에듀테크의 서비스 영역을 교육 콘텐츠, 교육 활동, 교육 지원, 교육 플랫폼 등 4가지로 구분하고 세부적인 운영 사례를 제시하였다.

1) 교육 콘텐츠 서비스

에듀테크의 기능 중에서 가장 기본적인 서비스는 교사로부터 교육 내용을 학생들에게 전달하는 것이다. 에듀테크의 교육 콘텐츠는 게임 기반 콘텐츠, AI 기반 콘텐츠, 소셜 기반 콘텐츠, 탐색 기반 콘텐츠, 개념 기반 콘텐츠 등으로 구분할 수 있다.

첫째, 게임 기반 콘텐츠인 토도수학(https://todoschool.com/kr/math)은 2014년 9월 개발도상국 아동 문맹 퇴치를 목적으로 기획된 국제 학습 소프트웨어 경진대회에서 우승한 Enuma가 개발한 수학 교육 애플리케이션이다. 토도수학은 집중력을 잃기 쉬운 아이들이 흥미를 잃지 않도록 중요 개념을 다양한 형태로 반복적으로 제공하는 이른바 게이미피케이션을 활용해 학습 장애 등으로 공부에 어려움을 겪는 아이들도 쉽고 재미있게 수학 개념을 익힐 수 있도록 한다. 토도수학의 교육과정 수준은 A부터 H까지 제공한다.

둘째, AI 기반 콘텐츠인 똑똑 수학탐험대(https://www.toctocmath.kr)는 인공지능 추천 활동을 통해 진단 평가를 실시한 후 그 결과에 따라 학습자의 수준에 맞게 개별 맞춤형 학습을 지원한다. 각 항목들의 문제를 제한된 시간 내에 얼마나 정확하게 해결하는지 판단해 학습자의 수준을 진단하고 이를 바탕으로 과제를 추천한다. 학생들은 자신의 진단 평가 결과를 바탕으로 추천된 활동을 자기 주도적으로 학습할 수 있다.

셋째, 소셜 기반 콘텐츠인 캐치잇잉글리시(https://catchitenglish.com/ko)는 머신러닝 기반의 AI 추천 시스템을 탑재해 사용자에게 맞춤형 학습법을 제공하는 영어 학습 앱으로, 단어와 문장의 동시 학습이 가능하고, 듣기와 말하기 연습도 함께 할 수 있다. 캐치잇잉글리시는 일일 미션, 단어 퀴즈, AI(인공지능)와 영어 배틀 등을 통해 학습 성과에 대한 부담을 줄여주고, 교실, 도서관, 스터디 그룹 등을 드나들며 친구들과 서로 문제를 주고받고, 채팅을 하는 등의 소셜(Social) 요소를 활용하고 있다.

넷째, 탐색 기반 콘텐츠인 Fractions Lab(https://www.cokogames.com/fractions−lab)은 교실에서 수행된 연구에서 얻은 데이터로 학생에게 가장 적합한 형성평가를 결정하고, 학생들에게 인지적, 감성적 피드백을 제공한다(김현진 외, 2020). 학생들이 분수의 개념적 지식과 기본 원리를 학습할 수 있도록 설계하여 학생들이 분수 표현을 선택하고 조작할 수 있으며, 주어진 과제를 해결하는 동안 학생의 인지 과부하를 피하기 위해 AI 기술을 사용하여 학생들이 시도한 해결책과 밀접히 연관된 피드백과 지도 등의 맞춤형 지원을 제공한다.

다섯째, 개념 기반 콘텐츠인 Betty's Brain(https://wp0.vanderbilt.edu/oele/bettys−brain)은 과학 개념에 대한 학습을 촉진하기 위해 개발된 프로젝트이다. 학생들이 Betty라는 가상의 학생을 가르치면서 학습하며 학생들이 무엇을 배우든 보다 깊이 있게 이해할 수 있도록 설계되어 있다. 학생들은 Betty가 개념을 얼마나 이해하였는지 문제를 내고, Betty가 문제를 얼마나 잘 푸는지, 자동으로 생성된 문제에 얼마나 잘 대처하는지 살펴볼 수 있다(김현진 외, 2020). 또한, 개념 지도 편집기(concept map editor)를 제공하여 Betty가 문제해결에 활용할 인과 관계를 표현하는 지도를 그리도록 하며, 이 과정에서 문제를 내서 학생들이 자신만의 의미망을 수정해 나가도록 한다(홍선주 외, 2020).

2) 적응형 교육 서비스

인공지능 기반의 에듀테크를 교육에 접목하여 학습자 분석, 학습맵 지원, 학사행정 지원, 수업 참여 지원, 인공지능 튜터 지원 등을 통해 적응형(adaptive) 교육을 제공한다. 전통적인 교육은 '다 같이 배우는 것'을 전제로 학습 내용과 교육과정이 하나로 통일되었으나, 적응형 교육은 학습자 개개인의 학습 이력을 축적하고, 그에 대한 분석·판단에 근거하여 최적의 학습 경험과 교재를 제공한다. 적응형 교육 활동을 지원하는 사례를 개인 맞춤형 교육, 지능형 튜터링 시스템, 대화형 튜터링 시스템, 자동 평가시스템으로 구분하여 살펴보았다.

첫째, 개인 맞춤형 학습은 학습자의 여건과 상황, 학습 수준 및 선호도에 따라 적응적으로 학습하도록 지원하는 것이다. 뤼이드의 산타토익(https://kr.aitutor santa.com)은 개인 맞춤형 토익 학습 서비스를 제공한다. 최소한의 문제 풀이 후 학습자의 현재 점수, 파트별 등급, 취약한 파트 등을 예측하고, 학생의 정답률, 어떤 보기를 선택할지, 소요 시간, 몇 문제를 풀다가 학습을 그만둘지 등도 함께 예측한다. 이를 바탕으로 점수를 향상시키기 위해 필요한 문제를 지속적으로 제시하고, 튜터 코멘트를 통해 공부의 방향에 대해 조언해준다.

둘째, 지능형 튜터링 시스템은 교사가 학생을 가르치는 방식을 모방한 시스템으로, 일반적으로 교사의 개입 없이 학습자에게 맞춤화된 교육을 제공하는 것을 목표로 한다. MobyMax(https://www.mobymax.com)는 AI를 기반으로 수학, 언어, 어휘 등에 대한 학습 과정을 만들 수 있는 웹 기반 무료 학습 도구로서 기계학습 알고리즘을 바탕으로 학습자 맞춤형 수업을 제공하고, 학생들은 자신의 속도에 맞춰 학습을 진행한다. 또한, 딥러닝 알고리즘 기반으로 학생의 문제풀이 습관, 테스트 결과 등을 분석해 최적의 학습 방법을 추천해준다. 학생의 수업 성취도를 극대화하기 위한 다양한 콘텐츠도 제공한다(범원택, 2019).

셋째, 대화형 튜터링 시스템은 학생들과 대화하는 방식으로 학습을 진행한다. IBM과 피어슨(Pearson)이 협력하여 개발한 왓슨 튜터(https://teacheradvisor.

org)는 보충 학습 내용을 제공하고, 학생들의 학습 과정을 기록하며, 학생들의 응답과 이해 정도에 따라 맞춤형 대화를 제공한다. 왓슨 튜터는 교수·학습 모델로 소크라테스의 대화법을 사용한다고 밝히고 있는데, 대화 관리자로서 구현하고, 대화식 접근을 반복해 실행목표로 나아가도록 인도한다(정제영 외, 2021).

넷째, 자동평가시스템은 학생들의 개념을 빠르게 확인하고 그 결과를 확인할 수 있는 장점이 있다. 강의실 내에서 즉각적인 피드백이 가능하여 빠른 분석을 통해 채점의 효율성을 높이고, 진단과 처방을 위한 형성평가용 시스템으로 활용되고 있다(이경건 외, 2020). 아이스크림 홈런의 AI 생활기록부(https://www.home-learn.co.kr)는 학생들의 학습 및 활동 데이터 수집 체계를 구축하여 학습 결과와 과정에서 발생하는 데이터를 분석하여 학생에 대한 종합적이고 구체적인 정보를 제공한다. 또한, 지능형 서술형 평가시스템(IEA: Intelligent Essay Assessor)은 단어와 문장이 발견되는 맥락을 고려해서 의미 추론이 가능하다. 지능형 에세이 평가의 진단과 피드백은 각 분야를 대표하는 주요 텍스트와의 비교를 통해 개념과 내용, 구성, 문장의 유창성, 단어 선택, 관습, 표현 등 6개 영역을 평가하고 영역에 걸쳐 진단과 형성적 피드백을 제공한다. 특히 인간 채점자가 확인하기 어려운 표절이나 비슷한 표현의 반복도 확인할 수 있다(정제영, 2021).

3) 교육 지원 서비스

교육 지원 서비스는 학습관리시스템에서 벗어나 교육 전반을 아우를 수 있는 통합교육플랫폼으로 발전하고 있다. 통합적인 맞춤 서비스를 제공하기 위해 학습 데이터만이 아니라, 교수자의 수업 설계, 수업, 평가 등과 관련된 데이터, 학습자들의 교과 및 비교과 활동 데이터, 재무 상태나 통학 관련 데이터까지도 통합하여 관리한다. 강의실과 사이버 공간에서 발생하는 모든 데이터는 자동으로 클라우드 시스템에 저장되고 다른 데이터와 통합 분석되어 다시 교수자와 학습자에게 환류시켜 다양한 서비스를 지원한다. 에듀테크를 활용한 교육 지원 서비스 중에서 교무학사 자동화 시스템, 인공지능 챗봇 시스템, 온라인 도서관 시스템을 중심으로 살펴보았다.

첫째, 교무학사 자동화 시스템은 수업 설계, 문제 창작, 채점, 첨삭, 피드백 등의 교육 활동을 자동화하고, 가상학습 조교가 지능적으로 학습 환경 혁신을 지원하는 등의 유형을 의미한다. 학생들의 학습 이력, 성취도, 학습 경로 등을 자동으로 설정하고 통합·지능형으로 관리하여 교수 및 학사행정의 효율을 높일 수 있다. 미국의 애리조나 주립대학교에서는 인공지능 조교인 eAdvisor(https://eadvisor.asu.edu)를 활용하여 학생들의 수강 신청을 안내하고 관리한다. 학생들이 졸업하기 위해 학기별로 어떤 과정을 수강해야 하는지에 대한 맞춤 코스를 제공하고, 온라인 추적 시스템으로 학생들의 진도를 실시간으로 추적하여 졸업 요건을 충족하지 못하면 자동으로 이메일을 전송한다. 또한, 조교는 다양한 온라인 대시 보드를 통해 실시간으로 학생들의 수강 현황을 모니터링할 수 있다.

둘째, 인공지능 챗봇은 사람과의 문자 대화를 통해 질문에 알맞은 답이나 각종 연관 정보를 제공하는 인공지능 기반의 커뮤니케이션 소프트웨어로서 쌍방향 정보 교류가 가능하고, 대화자 맞춤형 정보를 제공하거나, 지식이 없는 사용자도 인공지능 챗봇의 가이드에 따라 원하는 정보에 빠르고 쉽게 접근할 수 있다. 최근 OpenAI에서 개발한 ChatGPT(https://chat.openai.com)는 방대한 양의 텍스트 데이터를 학습하여 다양한 주제를 이해하고, 다양한 언어를 구사할 수 있다. 또한, 사용자와 자연스러운 대화가 가능하고, 새로운 정보와 트렌드에 대한 학습이 지속적으로 이루어져 사용자에게 최신 정보를 제공할 수 있다.

셋째, 온라인 도서관은 다양한 서적을 디지털화하여 어디서든지 접근할 수 있다. Perlego(https://www.perlego.com)는 25만여 종의 교과서를 디지털화하여 월 구독료 기반으로 서비스를 제공하고 있다. 콘텐츠를 제공한 출판사에는 해당 콘텐츠가 이용되었을 때 수수료를 지급한다. 비싼 교과서로 인해 학생들이 불법 복사를 하여 사용하는 경우가 많았으나, Prelego 서비스를 통해 이용자, 출판사 모두가 혜택을 보고 있으며, 콘텐츠를 다운받아 사용하거나, 형광펜이나 노트 기능을 활용할 수 있어 편의성을 높이고, 콘텐츠를 읽어주는 기능이 있다.

4) 교육 플랫폼 서비스

교육 플랫폼 서비스는 인터넷을 이용하여 가상 교실 및 가상학습 환경을 제공하고 이를 통해 교육 기관, 교수자 및 학습자의 데이터를 수집하며, 인공지능 기반의 서비스를 제공한다. 학생들이 수강 신청을 통해 강의를 수강하거나 자유롭게 콘텐츠를 선택하여 볼 수 있도록 강좌를 관리하고, 학습자가 학습한 이력을 저장하여 진도를 파악하거나, 평가시스템을 통해 성취도를 확인할 수 있다. 아울러, 개인별 학습 데이터뿐만 아니라, 그룹별, 콘텐츠별 이용 현황을 확인할 수 있고, 강의 콘텐츠를 재구성하여 다양한 교육과정을 운영할 수 있다. 에듀테크를 활용한 교육 플랫폼 서비스를 온라인 학급관리시스템과 소셜지원플랫폼의 사례를 제시하였다.

첫째, 온라인 학급관리시스템은 대면 수업이 어려운 교육 환경에서 비대면 상황에서 학생들을 관리할 수 있다. 온라인 학급관리시스템으로 출결 관리, 수업 진행, 과제 배분 및 수집, 학생과 학부모 상담 등 다양한 교육 활동이 가능하고, 그것을 체계적으로 관리할 수 있다. 구글 클래스룸(https://classroom.google.com)은 직관적인 디자인과 간단한 조작 방법을 통해 사용자들이 쉽게 학습 자료를 찾고 제출할 수 있으며, 교사와 학생 간 자료 공유와 협업을 간편하게 할 수 있다. 교사는 강의 자료, 과제, 퀴즈 등을 클래스룸에 업로드하고 학생들과 공유할 수 있으며, 학생들은 과제를 제출하고 피드백을 받을 수 있다. 아울러, 중요한 일정과 마감일을 쉽게 관리할 수 있고, 구글 문서, 구글 슬라이드, 구글 시트 등을 활용하여 간편하게 문서 작성, 프레젠테이션, 데이터 분석 등을 할 수 있다. 또한, 학생들의 진도와 성취도를 파악하고 개별적인 지도를 제공할 수 있다.

둘째, 소셜 지원 플랫폼은 사용자들이 학교나 학원에서 과제, 질문, 정보 공유 등을 할 수 있는 공간을 제공한다. 클래스팅(https://www.classting.com/ko)은 질문과 답변 기능을 통해 학습에 도움을 주고, 숙제 제출 기능을 통해 학습 관리를 할 수 있으며, 시간표 기능, 일정 관리 기능, 공지사항 등 다양한 기능을 제공하여 학교나 학원의 일상적인 업무를 효율적으로 관리할 수 있다. 또한, 프로젝트나 과제 관련 자료를 공유하고 토론할 수 있는 기능을 제공하여 학생들의 참여와 협업을 촉진한다.

참고문헌

교육과학기술부(2011). 인재대국으로 가는 길, 스마트교육 추진 전략 실행계획.

교육부(2000). 초·중등학교 정보통신기술 교육 운영 지침.

교육부(2023). 에듀테크, 교육혁신을 이끌다. 에듀테크 진흥 방안.

교육부, 한국교육학술정보원(2023). 디지털 기반 교육 혁신을 위한 에듀테크 활성화 종합 방안.

교육인적자원부, 한국교육학술정보원(2003). 2003 교육정보화백서.

김영수(2000), 교육공학, http://encykorea.aks.ac.kr/Contents/Item/E0005529, 한국민족문화대백과사전.

김현진, 박정호, 홍선주, 박연정, 최정윤, 김유리, 이항섭, 이인숙(2020). AI시대 대비 국가수준 교육과정 운영 지원 방안 연구. 교육부(발간등록번호 11-1342000-000585-01).

박길(2021), [IT 트렌드 바로읽기] 추천 알고리즘과 초개인화, https://www.mobiinside.co.kr/2021/02/01/algorithm-personalization/, MOBIINSIDE.

박성우(2020), 코로나19 이후 떠오르는 미국 에듀테크 시장, https://news.kotra.or.kr/user/globalBbs/kotranews/782/globalBbsDataView.do?setIdx=243&dataIdx=186563, kotra.

박성우(2020), 코로나19 이후 떠오르는 미국 에듀테크 시장, https://news.kotra.or.kr/user/globalBbs/kotranews/782/globalBbsDataView.do?setIdx=243&dataIdx=186563, kotra.

박인우, 김갑수, 김경, 전주성(2006). 유비쿼터스 환경을 지향하는 미래 교실 구성 방안. 교육인적자원부·한국교육학술정보원.

백송이, 계보경(2020), 스마트 시티 교육기술 글로벌 동향 : 스마트 시티 아시아 태평양 어워드(Smart City Asia Pacific Awards, SCAPA)중심으로, 28, 한국통신학회지(정보와 통신), 한국교육학술정보원.

백승철, 조성혜, 김남희, 최미경, 노규성(2016). 다문화 구성원을 위한 에듀테크 적용 방안에 관한 연구. 디지털융복합연구, 14(3), 55 – 62. 한국디지털정책학회.

범원택(2019). 인공지능 기반 에듀테크 기업 및 서비스 동향, 이슈리포트 2019 – 34호. 정보통신산업진흥원.

삼성경제연구소(2002). 유비쿼터스 컴퓨팅: 비즈니스 모델과 전망.

서정희, 김용, 김경미, 이지현, 윤세진, 이준규, 정미순, 김종헌(2005). 미래 교육을 위한 u – 러닝 교수 · 학습 모델 개발. 한국교육학술정보원.

위키백과(2024). 교육공학. Retrived 2024.1.10. from https://ko.wikipedia.org/wiki/교육공학.

유해영(2020), 디지털 뉴딜시대 공공데이터를 활용한 에듀테크에 관한 연구, 369, 차세대융합기술학회논문지 제4권 4호.

이명구, 박도휘, 강민영(2019). 2025 교육 산업의 미래 : 기술혁신과 플랫폼, 공유 경제를 중심으로. Issue Monitor 110호. 삼정 KPMG 경제연구원.

이은희(2010). 교수 – 학습 방법의 혁명, G러닝. 정보처리학회지 17(1), 117 – 120.

이철환, 김영애, 이원규, 노석구, 김성렬, 한선관(2001). 초 · 중등학생 ICT 활용 능력 기준(ICT Skill Standard for Students, ISSS) 및 교육과정 개발. 한국교육학술정보원.

전인성, 김정랑(2016). 샌드박스형 게임을 활용한 게임기반학습이 창의적 문제해결력과 학습몰입도에 미치는 영향. Journal of The Korean Association of Information Education Vol. 20, No. 3, June 2016, pp. 313 – 322

정영식(2023). 디지털 시대의 교육 방향. 교육 현안 보고서 2023년 13호. 한국교육개발원.

정제영, 김민기, 신종호, 정영식, 조훈(2021). 에듀테크 산업 발전을 위한 기초 연구 – 신기술, 기업, 참여자, 교육정책. 한국개발연구원.

조용상(2017). 교육 기술 전망과 표준화 동향, KATS 기술보고서, 94호.

중소벤처기업부, 중소기업기술정보진흥원, 네모파트너즈, 윕스(2019). 중소기업 전략기술로드맵 2021 – 2023, 인공지능.

한국콘텐츠진흥원(2013). Gamification의 동향과 사례, CT 인사이트, 30호.

홍선주, 조보경, 최인선, 박경진, 김현진, 박연정, 박정호(2020). 학교 교육에서의 인공지능(AI) 활용 탐색 방안. 한국교육과정평가원. 연구보고 RRI 2020 – 2.

Andreas K. (2020) Universities, Be Aware: Start－Ups Strip Away Your Glory; About EdTech's potential take over of the higher education sector. Retrieved 2024.1.10. from https://blog.efmdglobal.org/2020/05/11/universities－be－aware－start－ups －strip－away－your－glory.

KOTRA(2020). 2020 에듀테크 해외 유망 시장 동향 및 진출 전략, KOTRA 자료 20－206.

Zhu, ZT., Yu, MH. & Riezebos, P. A.(2016) research framework of smart education. Smart Learn. Environ. 3(4). https://doi.org/10.1186/s40561－016－0026－2.

CHAPTER

08

AI 교육의 이해와 실제

AI 교육의 이해와 실제_최숙영

① AI 개념과 원리

빠르게 진화하는 AI 기술은 우리의 일과 생활 방식에 큰 영향을 미치고 있다. AI 기술의 발전은 학생들이 이 새로운 기술과 조화롭게 생활하고 일할 뿐만 아니라 현명한 소비자이자 책임감 있는 AI 구축자가 되도록 교육이 어떻게 준비시킬 수 있는지에 대한 중요한 질문을 제기하고 있다.

AI는 기계가 인간의 지능과 유사한 방식으로 학습하고 사고하고 행동할 수 있도록 컴퓨터 프로그램으로 구현하는 기술이다. 앨런 튜링은 1950년 <컴퓨팅 기계와 지능>이라는 논문에서 "기계가 생각할 수 있을까"라는 도전적인 질문을 던지며 기계의 지능을 정의했다. 이후 1956년 미국 다트머스 대학에서 열린 워크숍에서 존 매카시에 의해 AI라는 용어가 처음 사용되었다.

AI의 원리는 크게 규칙 기반과 학습 기반으로 나눌 수 있다. 규칙 기반의 원리는, 사람이 미리 정해 놓은 규칙에 따라 문제를 해결하는 방법으로 대표적인 것이 전문가 시스템이다. 학습 기반의 원리는, 데이터로부터 기계가 스스로 새로운 특징을 학습하고 예측하는 방식으로 머신러닝(Machine Learning)이 이에 해당된다. 최근 데이터의 기하급수적인 증가와 컴퓨팅 처리 능력의 급속한 증가로 방대한 양의 데이터를 아주 빨리 저렴하고 손쉽게 처리할 수 있게 됨에 따라 머신러닝의 르네상스 시대가 되었다.

1) 머신러닝

머신러닝은 규칙을 부여하는 대신 대량의 데이터를 분석하여 패턴을 식별하고 예측이나 분류와 같은 작업을 하는 데 사용되는 모델을 구축한다. 컴퓨터 프로그램은 사람이 직접 컴퓨터에 필요한 규칙을 입력하는 것이지만, 머신러닝은 컴퓨터가 직접 수많은 데이터를 분석해서 알맞은 규칙을 스스로 찾아낸다. 머신러닝 접근 방식은 지도 학습(Supervised Learning), 비지도 학습(Unsupervised Learning), 강화 학습(Reinforcement Learning)의 3가지로 구분된다. 지도학습은 인간에 의해 라벨링된 데이터를 가지고 학습한다. 비지도 학습은 데이터를 라벨링하여 제공하지 않는다. 즉, 정보가 주어지지 않은 상황에서 데이터의 특성을 학습하는 방법이다. 세번째 머신러닝 접근 방식인 강화학습은 바람직한 행동 패턴을 학습하는 알고리즘이다. 이는 피드백을 바탕으로 모델을 지속적으로 개선해가는 것이다.

2) 딥러닝

딥러닝(Deep Learning)은 여러 개의 중간 계층으로 구성된 인공신경망을 의미한다. 인공신경망은 인간두뇌와 신경세포의 작동 메커니즘에서 영감을 받은 AI 접근법으로, 계산을 수행하는 노드와 노드 간의 신호를 전달하는 연결선으로 구성되며, 이 노드 중 일부는 입력을 받아들이고 다른 일부는 출력을 보낸다. 노드는 연결된 모든 노드로부터 입력값을 받으며 연결선에는 연결선이 얼마나 중요한지 나타내는 가중치 값이 붙어 있다.

딥러닝 모델에는 다중의 은닉층(Hidden Layer)을 포함하여 입력을 필요한 출력으로 전환하는 수학적 모델링에 기반한 '심층 신경망'(DNN: Deep Neural Networks)과 입력과 출력을 시퀀스(Sequence) 단위로 처리하고 유닛간의 연결이 순환적인 구조를 가지며, 언어 모델링 분야에 사용되는 '순환 신경망'(RNN: Recurrent Neural Networks), 인간의 시신경 구조를 모방한 것으로 영상과 이미지 인식분야에 활용되는 '합성곱 신경망'(CNN: Convolutional Neural Networks) 등이 있다. 마지막으로, 이미지나 영상의 생성 및 조작에 사용되는 '생성적 대립 신경망'(GAN: Generative Adversarial Networks) 등이 있다.

3) 생성형 AI

생성형 AI(Generative AI)는 대화, 이야기, 이미지, 동영상, 음악 등 새로운 콘텐츠와 아이디어를 만들 수 있도록 하는 AI의 하위집합으로 여러 산업을 변화시킬 수 있는 잠재력을 지닌 기술이다. 이 생성형 AI는 비정형 딥러닝 모델을 사용하여 사용자 입력을 기반으로 콘텐츠를 생성하게 된다. 패턴을 학습하고 이러한 패턴을 기반으로 예측하거나 결정하는 기존의 기계학습 모델과 달리, 생성형 AI는 한 단계 더 나아가 데이터에서 학습할 뿐만 아니라 입력 데이터의 속성을 모방하는 새로운 데이터 인스턴스를 생성한다. 이 생성형 AI의 접근 방식 중의 하나가 위에서 기술한 GAN을 사용하는 것이다.

AI와 머신러닝, 딥러닝 및 생성형 AI와의 관계는 일반적으로 [그림 8.1]과 같다.

그림 8.1 AI와 머신러닝, 딥러닝 및 생성형 AI와의 관계

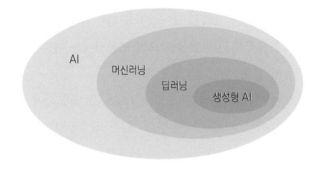

4) AI 기술들

위의 AI 기법(Technique)들을 통해 다양한 AI 기술(Technology)들의 발전이 이루어졌고, 이러한 기술은 서비스(Service)로서 제공되고 있다(Miao et al., 2021). AI 기술로 자연어 처리, 음성 인식, 이미지 식별, 자율적 에이전트, 감정 인식, 예측을 위한 데이터 마이닝, AI 창작 활동 등이 있다. [표 8.1]은 AI 기술들을 정리한 것을 보여준다.

표 8.1　AI 기술들

기술	세부 내용	주요 AI 기법	서비스 예시
자연어 처리	자동텍스트 형성(자동 저널리즘) 및 텍스트 해석(법률서비스, 번역 등)	머신러닝(딥러닝), 회귀분석, K-means	Papago
음성 인식	스마트폰, 개인비서, 은행 대화봇 등에 적용된 음성 자연어 처리 기술	머신러닝, 특히 RNN 기반의 딥러닝(LSTM)	Siri
이미지 식별	얼굴 인식(전자 여권 등), 글씨체 인식(우편 분류), 이미지 조작(딥페이크), 자율주행	머신러닝, 특히 CNN 기반의 딥러닝	Smart Lens
자율적 에이전트	컴퓨터 게임 아바타, 악성소프트 웨어봇, 가상동반자, 스마트로봇, 전쟁 자동화 등	GOFA, 머신러닝	Woebot
감정 인식	텍스트, 얼굴, 행동 탐지를 통한 감정 분석	베이지안 네트워크, 머신러닝, 딥러닝	Affectiva
예측을 위한 데이터 마이닝	재정 예측, 범죄 탐지, 약물 진단, 날씨 예측, 비즈니스 프로세스, 스마트시티 등	머신러닝, 베이지안 네트워크, 서포트 벡터 머신	KNIME
창작 활동	사진, 음악, 예술작품, 소설 창조 등	GAN, 딥러닝, 자기회귀언어 모형, LLM	ChatGPT

출처: Miao et al.(2021)에서 제시된 표를 수정.

2 AI 교육의 이해와 분류

AI 교육 분야는 [그림 8.2]와 같이 크게 'AI 내용교육'과 'AI 활용교육', 'AI 융합 교육'으로 구분할 수 있다. 'AI 내용교육'은 AI의 개념과 원리, 기술, 영향 등을 이해하고 관련된 스킬과 태도를 기르기 위한 교육이다. 'AI 활용교육'은 AI를 교육의 도구와 매체로 활용하는 관점이다. 이것은 각 교과의 교수학습 상황에서 수업 내용과 관련된 AI 도구나 플랫폼을 활용하여 교육하는 관점과 교육 전반에서 AI를 활용함으로써 교육의 효율성을 추구하는 에듀테크 관점으로 구분할 수 있다. 'AI 융합교육'은 AI에 대한 원리와 기술, 도구의 이해를 바탕으로 다양한 교과 내용과 관련 문제들을 새로운 관점으로 바라보고 창의적인 해결책을 제시할 수 있도록 하는 것이다. 즉, 각 교과에서 AI 개념과 AI 기술을 이용하거나 AI 도구들을 체험하거나 활용함으로써 문제를 해결하도록 하는 것이다. 'AI 융합교육'은 'AI 내용교육'과 'AI 활용교육'의 특성을 다 포함하고 있다고 볼 수 있다. 따라서, [그림 8.2]와 같이 'AI 융합교육'의 'AI 내용교육' 측면을 '내용적 융합교육'으로, 'AI 활용교육' 측면을 '방법적 융합교육'으로 나타낼 수 있다. 내용적 융합교육

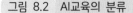

그림 8.2 AI교육의 분류

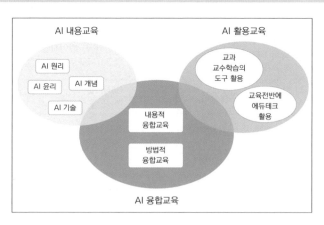

출처: 정제영 외(2023).

은 각 교과에서 문제를 해결하기 위해 AI 개념과 원리, 기술 등을 이용하는 것이며, 방법적 융합교육은 각 교과 수업의 학습 주제에 대한 학습자의 이해와 흥미를 높이기 위해 교수방법의 측면에서 AI 도구나 플랫폼을 활용하여 교육하는 것을 의미한다.

1) AI 내용교육

국내외 초중고에서의 AI 내용교육의 주요 핵심 주제를 살펴보기 위해 미국, 유럽, 한국에서 제시하고 있는 대표적인 AI 교육과정 및 내용을 분석하였는데, 이를 정리한 내용은 [표 8.2]와 같다. 먼저, 미국에서는 AAAI(Association for the Advancement of Artificial Intelligence)와 CSTA(Computer Science Teachers Association)가 공동으로 추진하는 AI4K12(AI for K-12 Students) 프로젝트를 통해 미국의 초·중·고에서 AI를 가르치기 위한 핵심 개념으로 5가지의 빅아이디어(Big idea)를 제안하였다. 그 빅아이디어는 '인식', '표현 & 추론', '학습', '자연스러운 상호작용', '사회적 영향'으로 구성된다. 이 빅아이디어를 기반으로 하여 교육과정과 다양한 교육 프로그램들이 개발되고 있다. 캐나다의 비영리 기관인 ACTUA(2021)는 캐나다 청소년들에게 과학, 공학, 기술교육 프로그램을 제공하고 있는데 최근에는 AI 교육 프레임워크를 개발하였다. 그 프레임워크는 5가지 빅아이디어에 '데이터'를 추가하여 6가지 주요 주제로 구성되어 있다.

또한 유럽의 경우에는 핀란드에서 개발되고 EU 각국의 언어로 제공되고 있는 온라인 코스인 Elements of AI를 분석하였다. Elements of AI는 2018년 헬싱키 대학교와 온라인 교육회사 Reaktor가 합작하여 구축한 AI 교육용 웹사이트이다. Elements of AI는 유럽 내 다양한 언어 및 영어로 지원되어 170개국 이상의 국가에 소개되고 있으며 많은 학생들이 이용하고 있다. 이 과정은 AI 소개 과정과 AI 구축으로 구성되며, 이 과정에서 다루는 내용들은 'AI 개념', 'AI 문제해결', '현실세계 AI', '머신러닝', '신경망', '미래예측 및 사회적 영향'이다.

한국의 「초중등 AI 교육내용 기준」은 크게 'AI의 이해'와 'AI 원리와 활용', 'AI의 사회적 영향' 등의 3영역으로 구성되었다. 'AI의 이해'의 세부 영역으로 'AI

표 8.2　국내외 AI 교육 핵심 주제

교육과정명	핵심 주제	대상	국가 및 기관
Five Big Idea	인식, 표현과 추론, 학습, 자연스러운 상호작용, 사회적 영향	유초중고 (K-12)	미국, AAAI와 CSTA
AI Education Framework	데이터, 인식, 표현과 추론, 학습, 자연스러운 상호작용, 사회적 영향	유초중고	캐나다 Actua
Elements of AI	AI 개념, AI 문제해결, AI 실제, 머신러닝, 인공신경망, 미래 예측 및 사회적 영향	모든 연령	핀란드, 헬싱키 대학교, Reaktor
AI 내용 기준안	• AI의 이해: AI와 사회, AI와 에이전트 • AI의 원리와 활용: 데이터, 인식, 분류, 추론, 머신러닝과 딥러닝 • AI의 사회적 영향: AI 영향력, AI 윤리	초중고	한국, 교육부, 한국과학창의재단
AI Curriculum	• AI의 기초: 알고리즘과 프로그래밍, 데이터 리터러시, 상황적 문제해결 • 윤리와 사회적 영향: AI 윤리, AI의 사회적 영향, 타분야에 AI 응용 • AI 이해, 활용, 개발: AI 기법 이해와 활용, AI 기술 이해와 활용, AI 기술 개발	초중고	UNESCO

와 사회', 'AI와 에이전트'가 있다. 'AI 원리와 활용' 영역의 세부 영역에는 '데이터'와 '인식, 분류, 탐색, 추론', '머신러닝과 딥러닝'이 있다. 세 번째 영역인 'AI의 사회적 영향'에는 'AI 영향력'과 'AI 윤리'가 세부영역으로 포함된다.

　　UNESCO(2022)에서는 세계 각국에서 이루어지고 있는 AI 교육 및 교육과정을 조사/분석한 후, 그것을 토대로 AI 교육과정 및 정책 수립, 실행 전략 등에 대해 안내하고 있다. 그들의 보고서에서 제안하고 있는 AI 교육과정은 크게 'AI 기초', '윤리와 사회적 영향', 'AI 이해, 활용, 개발'의 3영역으로 구성된다. 'AI 기초'의 3가지 세부 요소로는 '알고리즘과 프로그래밍', '데이터 리터러시', '상황적 문제해결' 등이 포함된다. '윤리와 사회적 영향' 영역의 세부요소로 'AI의 윤리', 'AI의 사회적 영향', 'ICT 외 다른 영역에 AI 응용' 등이 포함된다. 'AI 이해, 활용, 개발'영역에는 'AI 기법의 이해와 활용', 'AI 기술의 이해와 활용', 'AI 기술의 개발' 등의 3가지 세부요소가 포함된다.

2) AI 활용교육

AI 활용교육은 '도구로서의 인공지능'에 중점을 둠으로써, AI 기술을 다양한 교육에 활용하여 교육의 질을 향상시키는 것을 목적으로 하는 교육이라고 할 수 있다. AI 활용교육은 각 교과의 수업에서 AI 도구나 플랫폼을 활용한 수업의 관점뿐만 아니라 교육 전반에 AI를 활용하여 교육 혁신을 추구하는 관점이 있다.

AI 활용교육은, AI 기술을 이용하여 학습자의 특성이나 요구사항 등을 반영하여 맞춤형 형식의 개별 학습을 지원할 수 있다. 또한, AI 활용교육은 이러한 맞춤형 학습뿐만 아니라 협력 학습 및 프로젝트기반 학습을 보다 효율적으로 지원할 수 있다. 즉, 다양한 AI 기술을 활용하여 학습자 간 상호작용과 팀별 구성 및

표 8.3 AI 활용교육에서의 지원형태

지원 형태	내용
학습분석과 맞춤형학습	• 교수학습과정에서 학습자가 수준에 맞는 학습내용을 학습하도록 하고, 학습에 따른 피드백을 적절히 제공 • 지능형 교수 시스템에서 지원
의사소통과 상호작용	• 학습 과정에서 학습자가 질문을 하거나 도움을 요청할 때 적절한 피드백이나 힌트, 질문을 제공 • AI 챗봇
촉진과 조정	• 협력학습을 지원하기 위해 팀을 구성하는 것부터 학습과정 중에 학습자들의 참여를 독려하고, 필요한 정보를 제공하며, 참여 및 기여도를 평가
평가	• 학습 과정에서 학습의 개선을 위해 이루어지는 형성 평가와 최종적으로 학습 성취도를 평가하는 위한 총괄 평가 • 서술형 평가 지원
프로파일링과 예측	• 학습자 모델 혹은 프로필을 통해 학생이 코스에서 중도 포기할 가능성을 예측하게 되며, 그 예측 결과에 따라 적시에 학습자에게 도움을 제공하거나 학습과정을 통해 나타난 문제에 관해 피드백과 지침을 제공
콘텐츠 자동 생성	• 요구 조건에 맞는 교수학습 자료를 생성 • ChatGPT와 같은 생성형 AI를 사용

활동, 질의응답 등을 효과적으로 지원할 수 있는 것이다. 또한 교사의 관점에서 자동 평가시스템을 통한 즉각적인 응답을 제공해줌으로써 학습자에게 빠른 피드백을 제공할 수 있으며 수업결과물에 대해 편리한 관리를 제공할 수 있다. 특히, 교사의 입장에서 단순 반복적인 업무를 AI에 맡김으로써 교사는 수업의 질을 높이는 데 보다 집중할 수 있는 환경을 조성할 수 있다. 뿐만 아니라, 수업에 필요한 콘텐츠 제작에도 AI를 활용함으로써 업데이트된 최신 교수자료를 손쉽게 이용할 수 있다. 마지막으로 시각, 청각 등의 장애를 가진 학생들에게 한층 더 강화된 교육의 접근성을 보장할 수 있다. 이러한 AI 활용교육에서 AI가 교수학습을 지원하는 형태는 [표 8.3]과 같이 학습분석과 맞춤형 학습, 의사소통과 상호작용, 평가, 촉진과 조정, 프로파일링(Profiling)과 예측, 콘텐츠 자동 생성 등으로 크게 구분할 수 있다(최숙영, 2021).

3) AI 융합교육

그림 8.3 AI 학습요소와 학습활동에 따른 AI 융합교육 분류

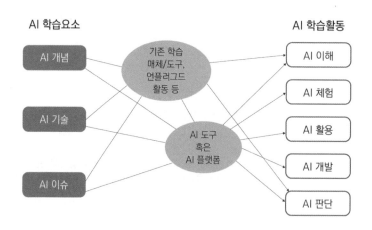

출처: 최숙영(2023).

AI 융합교육은 교수학습과정에서 각 교과의 개념을 새로운 관점에서 바라볼 수 있도록 하고 관련 문제를 해결하기 위해 AI 개념, AI 기술, AI 도구 등을 활용하도록 함으로써 각 교과의 효과적인 학습뿐만 아니라 AI 소양까지 함양하기 위한 교육이라고 할 수 있다.

AI 융합교육은 AI의 학습요소와 학습활동에 따라 [그림 8.3]과 같이 분류할 수 있다(최숙영, 2023). AI 융합교육에서 활용될 수 있는 AI 학습요소로 크게 AI 개념, AI 기술, AI 이슈로 구분할 수 있다. 먼저, AI의 개념을 이용하는 것은 이를 교과의 문제해결이나 이해를 돕기 위해 사용하는 것이다. 의사결정 트리 같은 AI 개념을 과학과 수업에서 동물의 종을 분류하는데 사용할 수 있는 경우가 이에 해당한다. AI 기술은 AI 개념과 기법들을 이용하여 생성된 연구 분야 혹은 제품을 의미한다고 볼 수 있다. AI 기술을 이용한 수업의 경우에는 챗봇, AI 스피커와 번역기를 이용하여 영어 말하기와 쓰기 수업 활동을 하는 것이 해당될 수 있다. 마지막으로, AI 이슈를 수업에 활용할 수 있는데 AI 윤리와 관련된 데이터 편향성, 딥페이크, 자율주행 자동차에서의 트롤리 딜레마(Trolley Dilemma) 등과 같은 주제들을 가지고 수업에 토론학습을 진행할 수 있다. 이러한 AI 학습요소와 함께 고려할 수 있는 것이 학습도구로서 AI 도구나 AI 플랫폼을 이용하는 것이다. AI 융합교육의 수업에서는 AI 도구나 플랫폼을 사용하지 않고 기존의 학습매체와 도구, 언플러그드 활동을 통해 AI 개념을 이해하거나 AI 윤리교육 측면에서 가치판단과 같은 정의적 영역의 수업을 할 수 있다.

또한 AI 융합교육을 AI 학습활동의 관점에서 분류할 수 있다. AI 학습활동은 AI 이해, AI 체험, AI 활용, AI 개발, AI 판단으로 구분할 수 있다. AI 이해 학습활동은 기존의 학습매체/도구를 이용하거나 언플러그드 활동을 통해 AI 개념과 AI 기술, AI 이슈들을 이해하는 것이다. AI 체험은 AI 도구를 학생들이 직접 체험하도록 하는 것이며, AI 활용은 문제해결을 위해 AI 도구나 플랫폼을 활용하는 것이다. AI 개발은 AI 활용보다 좀 더 발전된 단계로 프로젝트 학습과 같은 학습자 주도적인 수업에서 AI 플랫폼을 이용하여 AI 모델을 생성하고 코딩을 통해 시스템을 개발하거나 IoT 키트와 연결하여 학습 결과물을 제작하는 것이다. AI 판단은 AI 이슈에 대해 기존의 매체/도구, 언플러그드 활동, AI 도구나 플랫폼 등을 활용하며 다양한 학습 활동을 통해 학습자들의 윤리의식을 함양하도록 하는 것이다.

3 AI 교육 사례

다양한 교과에서 AI를 융합한 교육들이 이루어지고 있다. 본 절에서는 몇가지 유형의 AI 교육 사례들을 살펴본다.

1) 생성형 AI를 이용한 학습

생성형 AI를 활용한 수업으로, 김서진(2023)은 초등학교 국어 수업에서 그림책 뒷 부분을 이어쓰는 활동을 설계하였다. 기존에 독후 활동으로 자주 하는 뒷부분 이어쓰기 활동의 공간을 디지털 매체로 옮겨 창의적인 자기표현의 기회를 가질 수 있도록 하였다. 글쓰기를 도와주는 라이팅젤이라는 AI 도구를 이용하여 창작한 후, 창작한 이야기에 어울리는 삽화를 그리기 위해 이미지 생성 AI 도구인 DALL−E2를 사용하였다.

단순히 활용 차원이 아니라, 생성형 AI의 원리 자체를 이해하기 위한 수업 사례도 있다(이승현 외, 2023). 이 수업 설계에서는 생성형 AI가 이미지와 텍스트를 재생산하는 과정을 언플러그드 활동으로 경험하도록 하여 생성형 AI의 원리를 이해하도록 하였다.

2) 챗봇을 이용한 학습

인공지능 챗봇은 특히 언어교육에서 가장 활발하게 사용되고 있다. 듣기, 말하기, 읽기, 쓰기의 네 가지 영역 모두를 연습할 수 있으며, 언어학습 시 중요한 반복 연습의 기회를 무제한으로 제공하기 때문이다. 학습자가 챗봇을 언제든지 실행시켜 학습할 수 있고, 학습자에게 충분한 연습의 기회를 제공하기 때문에, 특히 영어 교육에서 사용되고 있다. 이동한 외(2021)의 연구는 초등영어 수업에서 교과서를 기반으로 인공지능 챗봇인 스피커 형 챗봇과 자체 제작한 챗봇을 동시에 활용한 수업 지도 방안을 제시하였다.

챗봇은 언어학습뿐만 아니라 다양한 수업에서 활용할 수 있는데, 이소영 외(2023)는 사회과 수업에 활용하기 위한 시도로 중학교 사회과 교육용 챗봇을 개발하였다.

3) 맞춤형 학습을 위한 AI 플랫폼 기반의 수학학습

교육부는 공교육을 통한 초등수학 책임교육을 실현하기 위해 맞춤형 AI 초등수학 수업 지원시스템인 '똑똑 수학탐험대'를 개발하여 2020년부터 전국적으로 서비스를 실시하고 있다. 임영빈 외(2021)의 연구에서는 이 '똑똑 수학탐험대'의 효과성을 분석하였다. 그 분석 결과에 의하면 인지적 측면과 정의적 측면에서 AI 시스템 사용이 학습자의 성취도 및 수학과목의 실용적 가치 등에 긍정적인 영향을 미치는 것으로 나타났다. 맞춤형 수학학습을 지원하는 AI기반 플랫폼에는 이 '똑똑 수학탐험대' 외에도 '노리AI스쿨수학', '칸 아카데미' 등이 있다.

4) 데이터 기반 학습

데이터 기반 학습은 과학이나 사회 교과에서 탐구학습 방식의 수업을 위해 활발하게 적용되고 있다. 서유나 외(2023)는 초등 사회과에서 탐구학습을 위해 데이터 기반 AI 융합 수업을 위한 수업 모형을 설계하고 수업에 적용하였다. 이 수업 모형은 수업 안내, 탐구학습 준비, 데이터 탐색 및 문제 발견, 데이터 수집, 데이터 분석 및 시각화, 탐구 결론 도출, 산출물 제작 및 공유, 정리 및 평가의 단계로 구성되었다.

고등학교 과학 수업에 적용한 사례로, 노동규(2023)의 연구에서는 공개된 과학 데이터셋을 기반으로 AI의 기술 중 지도학습의 회귀(Regression) 모델 알고리즘을 적용하였다. 그리고 이를 통해 pH 예측을 목적으로 하는 AI 모델을 만들어 적용하는 과학 데이터 기반 AI 융합 프로그램을 개발하였다.

5) AI 소양교육

AI 소양 교육으로, 김용우(2022)는 초등학생을 대상으로 AI 글자 인식기술(OCR: Optical Character Recognition)을 이해하고, OCR을 통해 실제로 활용되고 있는 서비스인 AI 자율주행 자동차를 Mblock의 AI 블록을 사용하여 구현하도록 하였다. 또한 OCR을 적용할 사물을 찾아보고 이를 일상생활의 문제해결에 어떻게 활용할 수 있는지를 생각한 뒤, 그 아이디어를 표현해보는 활동을 통해 학생들의 문제해결력과 창의력을 함양하도록 하였다.

박세라 외(2022)는 중학생을 대상으로 의사결정트리의 개념을 학습하고 의사결정트리 기반의 AI 프로그램을 구현하도록 하였다. 이 과정에서 스마트워치의 위험 감지 과정을 의사결정트리로 표현하도록 함으로써, 규칙기반 추론 과정에 따라 AI가 문제를 해결하는 과정을 이해하도록 하였다. 또한 엔트리를 사용하여 스마트워치의 위험감지 기능을 구현하도록 하여 AI를 활용한 문제해결력을 함양하도록 하였다.

6) AI 윤리교육

AI 윤리교육의 사례로, 박상아(2022)는 잘못된 데이터의 학습으로 인해 AI 챗봇이 차별 혹은 편견을 유발할 수 있다는 것을 학생들이 인지할 수 있도록 수업을 설계하였다. 여기서는 실제로 학생들이 구글 DialogFlow를 활용하여 직업추천 챗봇을 만든 프로젝트를 진행하도록 하였다. 직업 이름을 구글 이미지에 검색하면 치중된 성별 사진 데이터가 나오는데, 이를 데이터로 활용하여 챗봇을 만들어보도록 하였다. 이를 통해 불균형하게 설정된 데이터를 넣으면 제작자의 의도와 상관없이 차별을 불러일으킬 수 있다는 것을 직접 경험하도록 하여 데이터 윤리에 대해 학습하도록 하였다.

7) AI를 이용한 예체능 교육

장윤경 외(2023)의 연구에서는 이미지 생성 AI 도구인 Stable Diffusion과 Scribble Diffusion을 중학교 1학년 미술수업에 활용하였다. 그 연구 결과에 의하면 미적표현에 자신감이 부족한 학습자들도 미술 수업에서 몰입도와 참여도가 높아졌고, 프롬프트를 수정하여 새로운 이미지를 창작하고자 하는 시도들을 하는 것을 볼 수 있었다.

체육교과에서 AI를 적용한 사례로, 김재석(2021)은 체력운동의 정확한 동작을 할 수 있도록 AI 기술을 활용한 동작인식 프로그램을 학생들이 직접 만들어보도록 하였다. 이를 위해 먼저, 스쿼트 동작에 대한 촬영 사진을 데이터로 준비한 후, 티처블머신을 이용하여 동작인식 학습모델을 생성한다. 이를 통해 학생 자신의 스쿼트 운동 자세를 확인할 수 있는 '나만의 헬스 트레이너'를 제작하도록 하였다.

음악 수업에서도 다양한 AI 도구를 사용하여 흥미 있는 음악 수업을 진행할 수 있다. 특히, 이영록(2022)의 수업설계에서는 음악관련 체험 프로그램을 통해 그림과 소리와의 연결을 체험하도록 하여 학습자들의 흥미를 높이도록 하였다. 또한 창작을 위한 표현 아이디어를 데이터로 구조화한 후, 딥러닝 모델을 통하여 음악을 창작하도록 하고, 그 창작한 음악을 시각화해봄으로써 음악과 미술의 융합교육을 체험하도록 하였다.

4 AI 교육의 활성화를 위한 고려사항

AI의 발전은 모든 패러다임의 변화를 가져오고 있다. 이러한 발전 속도는 너무 빨라서 미래를 예측하기가 어려울 정도이다. 교육 현장도 이러한 변화에 대처하기 위해 여러 방면으로 AI를 도입하기 위해 노력을 하고 있다. AI 교육의 활성화를 위한 고려사항으로 AI 교육 지원체계, 윤리적 문제, 미래교육의 방향의 측면에서 살펴볼 수 있다.

1) AI 교육의 지원체계 마련

AI 교육 지원체계를 마련하기 위해서는 다양한 측면이 포함되어야 한다. 본절에서는 크게 인프라 구축, 교육 콘텐츠와 교수방법 지원, 교원의 역량강화, 적절한 평가방법 개발 등의 관점에서 살펴본다. 첫째, 인프라 구축을 살펴보면, 초중고의 AI 교육을 위한 인프라 구축은 AI 교육의 활성화를 위한 필수적인 요소이다. AI 교육을 위해서는 필요한 AI 실습 기자재 및 클라우드 기반 AI 플랫폼 등이 확충되어야 한다. 한편, 도농간 AI 교육 격차를 해소하기 위한 방안으로 정부와 교육청은 AI 교육에 필요한 교육용 기자재 및 소프트웨어의 표준을 마련하고, 이를 기반으로 학교별로 교육용 기자재 및 소프트웨어를 효율적으로 도입하고 관리할 수 있도록 지원하는 것도 필요하다.

둘째, AI 교육을 위한 다양한 교재 및 교육 프로그램이 지원되어야 한다. 정부와 교육청은 학교급별로 양질의 교육용 콘텐츠를 개발 및 공유/확산할 수 있도록 지원하는 것이 필요하다. 또한, 교재 및 교육 프로그램은 다양한 AI 학습도구를 활용한 학습자 중심의 학습을 지원할 수 있는 형태로 개발되어야 한다. 이를 위해서는 AI 교육을 위한 교수방법 및 교수설계에 대한 연구 지원이 함께 이루어져야 할 것이다.

셋째, AI 교육의 질을 높이기 위해서는 교사의 AI 역량이 매우 중요하다. 정부와 각 시도 교육청은 교원의 AI 역량 강화를 위한 연수 및 워크숍 등의 지원 체계를 마련해야 한다. 이를 통해 교사들은 AI 교육에 필요한 지식과 기술을 체계적으로 습득할 수 있을 뿐만 아니라 AI 기술들을 효과적으로 수업에 적용할 수 있도록 교수전략 및 교수방법에 대해서도 학습할 수 있게 된다. 또한, AI 교육에 참여하는 교사들 간의 협업과 지식 공유를 촉진하는 커뮤니티 구축을 통해 각자의 경험과 전략을 공유하고 상호 지원할 수 있는 네트워크를 형성하는 것도 중요하다.

넷째, AI 학습의 평가는 전통적인 교육 평가 방식과는 다른 접근이 필요하다. 단순히 AI 지식을 평가하기보다는 학생들이 AI 기술을 사용하여 실제적인 문제를 해결하는 능력을 평가하는 것이 필요하며, 기존의 문제에 대해 새로운 시각으로 접근하고, 독창적인 아이디어를 제시하는 등의 창의성 및 혁신의 관점에서의 평가도 필요하다. 또한, 학생들이 기술을 사용함에 있어 윤리적 책임감을 갖는 것이 중요하기 때문에 AI 기술의 윤리적, 사회적 영향에 대한 이해와 적절한 적용 능력을 평가하는 것도 필요하다. 한편, 이러한 평가를 위해 다양한 방안들이 모색되어야 할 것이다. 또한 학습과정에서 학습자에 대한 지속적인 관찰을 통해 학습자를 평가하기 위해 AI 챗봇 등을 활용한 데이터 기반 평가에 대한 연구도 필요하다.

2) 윤리적 문제들에 대한 논의

AI 기술의 발전과 함께 AI 교육은 급속히 확산되고 있다. 하지만 이와 함께 기존에 없었던 윤리적인 문제들에 우리는 직면해 있다. 편향성의 문제, 개인정보 침해 문제, AI 의사결정 과정의 투명성 문제, 딥페이크와 같은 AI 기술의 오용 문제 등 새로운 AI 윤리문제들이 대두되고 있다. 특히 챗GPT와 같은 AI 도구의 등장으로 윤리문제가 더욱 심각하게 대두되고 있다. 교육 분야는 교원·학생이 AI의 이용자이면서 개발자가 될 수 있고, AI가 미래세대의 인지(사고)·정서에 영향을 미칠 수 있기 때문에 더욱 엄격한 규범의 필요성이 제기되었다. 이에 따라, 교육부는 2022년 8월 "교육분야 AI 윤리원칙"을 발표하였다.

학교현장에서 AI 윤리교육을 강화시키기 위한 여러 가지 측면의 노력이 필요하다. 먼저 AI 윤리 커리큘럼을 개발하고, 교육당사자에게 AI 윤리교육 프로그램을 제공하는 것이 필요하다. 이를 위해서는 AI 기술의 윤리적 활용에 필요한 교수자 역량 제고를 위한 연수가 필요하다. 특히, 교육분야에서의 AI의 윤리적 활용을 위해 정부·기관·학교 등과의 협력체계를 구축하고, 현장의 문제해결을 위한 도구 개발 및 서비스 등을 지원하는 것이 요구된다. 또한 교육분야 AI의 윤리적 개발·관리를 위해 데이터 표준 확립, 개인정보보호 협력 등의 방안을 마련하고 교육계 수요에 맞는 AI기술 개발을 지원하는 것이 필요하다.

3) 미래 교육의 방향

오늘날의 학생들은 AI의 발전으로 인해 이전 세대와는 다른 큰 변화를 겪고, 새로운 직업 환경을 맞이하게 될 것이다. 미래에는 AI와 협업이 기본적으로 이루어질 것으로 예측되므로, AI 리터러시 및 AI와의 협업 역량을 키우도록 교육이 이루어져야 할 것이다. 인간의 직관과 AI는 다양한 영역에서 의사결정을 향상할 수 있는 보완적인 관계다. 인간은 복잡한 상황을 인지하고, 타인과 공감하고, 변화하는 상황에 적응할 수 있는 장점들이 있고, AI는 대량의 정보를 기반으로 인간의 직관을 검증하고 위험요소를 식별하는 등 인간의 의사결정에 많은 도움을 줄 수 있다.

AI 시대에 생존하기 위해서는 AI가 모방할 수 없는 인간의 창의력, 설득, 리더십 등의 능력이 더욱 필요할 수 있다. 특히, 창의성의 중요성을 역설하기 위해 '창의적이지 않으면 살아남을 수 없다'고까지 말하는 이도 있다. 인간의 창의성은 위험을 감수하고, 새로운 아이디어를 탐구하고, 한계를 뛰어넘는 힘이 있기 때문이다. 따라서, 이러한 창의력을 함양하기 위한 교육이 필요하다.

이 창의성과 더불어 인간의 감성 능력이 미래엔 더욱 중요할 것으로 예측된다. AI가 지니기 힘든 감성 능력은 AI와 차별화되는 인간의 고유한 능력이 될 것이다. 따라서 미래 사회의 주역인 학생들에게 AI와 차별화될 수 있는 감성과 관련된 정서적 능력을 키워줄 필요가 있다. 특히 AI 로봇과 가상공간의 발달은 사람 간의 감정적 소통과 관계 형성을 회피하게 하여 인간의 공감 능력을 약화시킬 수 있다. 이에 따라 인간 본연의 특성으로서 공감과 소통 능력은 어느 때보다 중요한 인간의 능력으로 부각될 수 있다. 미래 사회의 구성원으로서 학생들이 갖춰야 할 시민적 자질로 공감 능력이 필요한 것이다.

참고문헌

교육부(2022). 교육분야 인공지능 윤리 원칙.

김서진(2023). 인공지능을 활용한 스토리텔링. 제 3회 AI 융합교육 수업지도안 공모전 우수사례집. 교육부·AI융합연구지원센터.

김수경(2023). 디지털 소양 함양을 위한 인공지능 미술교육 교육 프로그램 개발 및 적용. 미술교육논총, 37(2), 115−147.

김용우(2023). 누구나 쉽게 배우는 일상의 AI(글자 인식기술 OCR). 제 2회 AI 융합교육 수업지도안 공모전 우수사례집. 교육부·AI융합연구지원센터.

김재석(2021). AI 동작인식을 경험하고 만들어보는 즐거운 체육수업. 제 1회 AI 융합교육 수업지도안 공모전 우수사례집. 교육부·AI융합연구지원센터.

노동규(2023). 과학 데이터 기반 인공지능(AI)·고등학교 과학 융합 교육 프로그램의 개발 및 적용 : pH 예측을 중심으로. 서울대학교 석사학위논문.

박상아(2022). 인공지능과 데이터윤리: 차별하지 않는 AI 챗봇 만들기 프로젝트. 제 3회 AI 융합교육 수업지도안 공모전 우수사례집. 교육부·AI융합연구지원센터.

박세라(2023). 인공지능을 통한 실생활 문제 해결. 제 2회 AI 융합교육 수업지도안 공모전 우수사례집. 교육부·AI융합연구지원센터.

서유나, 노지영, 박미림, 정수진(2023). 데이터 기반의 인공지능 융합 초등 사회과 탐구 학습을 위한 수업모형 및 교수전략 개발 연구. 학습자중심교과교육연구, 23(12), 1−25.

이동한, 김동규(2021). 인공지능 챗봇을 활용한 초등영어 수업 지도 방안 : 6학년 수업을 중심으로. 한국교육연극학회, 13(2), 65−85.

이소영, 이상일, 박의현, 최학모(2023). 사회과 챗봇의 설계와 교육적 활용 방안에 관한 연구− 중학교 지리 영역을 중심으로. 한국지리환경교육학회지, 31(1).

이승현(2023). 원리 이해를 통한 AI의 잠재력 알아보기. 제 3회 AI 융합교육 수업지도안 공모전 우수사례집. 교육부·AI융합연구지원센터.

이영록(2022). AI 작곡도구로 만들어 듣는 우리 반 음악 앨범. 제 2회 AI 융합교육 수업 지도안 공모전 우수사례집. 교육부·AI융합연구지원센터.

임다미(2022). 초·중등 인공지능(AI)교육 학교 적용 방안 연구 연구보고서(SW·AI). 한국 과학창의재단.

임형빈, 안서현, 김경미, 김중훈, 홍옥수(2021). 인공지능을 활용한 수업 지원시스템의 효과성 분석: <똑똑 수학탐험대> 사례를 중심으로. 한국초등교육, 32(4). 61−73.

장윤경, 윤인화, 박지원(2023). 이미지 생성 AI 도구의 이해와 미술교육의 활용 가능성 탐구. 조형교육, 87, 277−298.

정제영 외(2023). AI융합교육개론. 박영스토리.

최숙영(2021). 교육에서의 인공지능 : 인공지능 활용교육에 관한 문헌 고찰. 컴퓨터교육학회 논문지, 24(3), 11−21.

최숙영(2023). AI 융합교육의 이해와 해결 과제에 대한 고찰. 산업융합연구, 21(1), 147−157.

한동균(2021). AI 시대, 사회적 공감 교육의 필요성과 방안. 한국초등교육, 32(100), 55−71.

AAAI & CSTA, Five Big Ideas in Artificial Intelligence. https:// ai4k12.org/ resour−ces/big−ideas−poster/

ACTUA(2023). ACTUA'S Artificial intelligence(AI) Education handbook. https://ac−tua.ca/wp−content/uploads/2022/02/Actua−AI_Handbook.pdf

Holmes, W., Bialik, M. & Fadel, C. (2019). *Artificial Intelligence In Education: Promises and Implications for Teaching and Learning.* Boston, MA: Center for Curriculum Redesign.

Miao, F., Holmes, W., Huang. R., & Zhang, H. (2021). AI and Education: Guidance for policy−makers. UNESCO

UNESCO(2022). K−12 AI curricula: A mapping of government−endorsed AI curricula

Univ. of HELSINKI & ReaKtor. Elements of AI. https://www.elementsofai.com

CHAPTER
09

생성형 AI와 교육

09

생성형 AI와 교육_최숙영

1 생성형 AI 개념과 원리

생성형 AI(Generative AI)는 기존 데이터의 분석을 넘어 훈련 데이터의 패턴과 특성을 닮은 새로운 콘텐츠를 생성해내는 AI 기술을 의미한다. 기존의 딥러닝 기반 AI 기술이 단순히 기존 데이터를 기반으로 예측하거나 분류하는 정도였다면, 생성형 AI는 이용자가 요구한 질문이나 과제를 해결하기 위해 스스로 데이터를 찾아서 학습하고 이를 토대로 데이터나 콘텐츠 등 결과물을 제시하는 한 단계 더 진화한 AI 기술이다(양지훈 외, 2023).

생성형 AI는 대규모 언어모델(LLM: Large Language Model)을 활용하여 데이터에 존재하는 기본 구조, 관계 및 패턴을 학습함으로써 인간의 창의성을 모방한 새로운 콘텐츠를 생산할 수 있다. 이는 대화, 스토리텔링, 이미지 및 비디오 생성, 음악 제작 등 새로운 아이디어와 콘텐츠를 만들 수 있기 때문에 다양한 분야에서 혁신을 주도할 수 있다. AI 개발사들은 개발하고자 하는 서비스의 목적에 따라 다양한 LLM을 개발하고 적용하고 있다. OpenAI에서 개발한 챗봇 서비스인 ChatGPT에 적용된 GPT(Generative Pre-trained Transformer), Google의 챗봇 서비스인 Bard에 적용된 PaLM(Pathways Language Model), Meta의 Llama(Large Language Model Meta AI)가 대표적인 사례이다. MS사는 검색 엔진 Bing에 OpenAI의 GPT-4를 적용하여 검색 엔진 시장에 도전장을 던졌다. 국내에는 한국어에 특화된 초거대 언어모델인 네이버의 '하이퍼클로바X', 카카오브레인의 '코GPT', LG의 '엑사원2.0' 등이 있다.

표 9.1 주요 기업의 LLM과 서비스

기업	LLM	서비스
OpenAI	GPT 4.0	ChatGPT
Google	PaLM	Bard
Meta	LLama 2	MS Azure Amazon AWS Hugging Face
Microsoft	GPT 4.0	Bing
Naver	하이퍼클로바X	CLOVAX

한편, 텍스트 정보를 입력으로 받아서 텍스트에 해당하는 이미지를 생성하는 기술인 이미지 생성 AI 모델들이 개발되어 사용되고 있다. OpenAI의 DALL-E 2, Google Brain의 Imagen, StabilityAI의 Stable Diffusion 등이 대표적인 사례이다. 이러한 이미지 생성 AI 모델들은 GAN(Generative Adversarial Networks) 또는 VAE(Variational AutoEncoder) 기술을 사용하는데, 텍스트 프롬프트를 기반으로 매우 상세하고 상상력이 풍부한 시각적 결과를 생성한다. 이에 따라 창의성과 표현력을 가진 예술 작품을 만들거나, 디자인 및 창작 과정을 보조하고, 가상 현실 및 게임 분야에도 효과적으로 활용할 수 있다.

1) 생성형 AI의 주요기술

(1) LLM

LLM(Large Language Model)은 인간의 언어를 이해하고 생성하도록 훈련된 일종의 AI 모델로, 대량의 텍스트 데이터를 학습하여 언어 이해, 생성, 번역 등 다양한 자연어 처리 작업을 수행한다. 문장을 구성하는 단어들이 나타날 확률을 구하기 위해 방대한 양의 데이터를 계산해야 되는데, 최근에 많은 양의 데이터 수집이 가능한 빅데이터와 컴퓨팅 파워의 증가로 딥러닝 시대에 들어서면서 빛을 보기 시작했다. LLM 분야는 가능한 한 인간 언어에 가깝게 처리, 이해 및 출력할 수 있도록 하는 다양한 알고리즘에 의해 구동되는데 대표적인 것으로 워드 임베딩(Word Embedding), 트랜스포머(Transformer), 어탠션(Attention) 등이 있다.

트랜스포머는 LLM 연구에서 널리 사용되는 신경망 아키텍처 유형으로, 자연어처리를 위한 모델이다. 이 모델은 문장 속 단어와 같은 순차 데이터 내의 관계를 추적해 맥락과 의미를 학습한다. OpenAI의 GPT 모델들은 모두 트랜스포머를 기반으로 한다. 워드 임베딩은 단어의 의미를 숫자 형식으로 표현하는 데 사용되며, 이는 유사한 의미를 가진 단어가 서로 더 가깝게 위치하는 고차원 공간에서 단어를 벡터에 매핑하도록 하여 처리한다. 딥러닝 모델에서 주로 사용되는 메커니즘인 어텐션은 입력 데이터 중 특정 부분에 더 집중하여 처리하는 기법으로 장기적인 종속성을 효과적으로 캡처할 수 있다. [그림 9.1]은 트랜스포머 모델을 보여준다.

그림 9.1　트랜스포머 모델

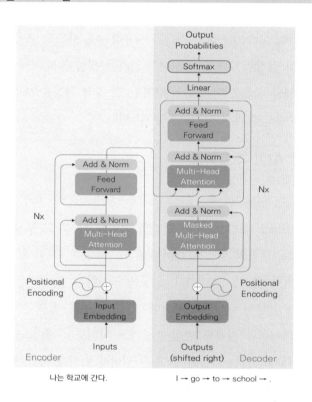

출처: Attention Is All You Need 논문.

(2) GAN

우리말로 생성적 적대 신경망으로 불리는 GAN(Generative Adversarial Networks)은 생성기(Generator)와 판별기(Discriminator)로 알려진 두 개의 신경망으로 구성되며, 두 개의 신경망이 서로 경쟁하여 실제와 같은 데이터를 생성하게 된다. 경쟁과 적대적인 학습을 통해 생성기는 실제 데이터와 유사한 데이터를 생성하고 판별기는 가짜와 실제 데이터를 구별하는 능력을 향상하게 된다. GAN은 이미지 생성, 이미지 변화, 감정 분석 등 다양한 응용 분야에서 사용되고 있다. DALL-E와 Midjourney도 GAN 기반 생성형 AI 모델이다.

(3) VAE

VAE(Variational Auto-Encoder)는 우리말로 가변 자동 인코더로 불리며, 주어진 데이터의 잠재 표현을 학습하고 이를 사용하여 새로운 데이터를 생성하는 모델이다. 이것은 딥러닝과 확률적 모델링의 아이디어를 결합하여 만들어진 모델로, 이미지 생성 분야에 활용된다. 데이터를 해석하고 생성하기 위해 두 개의 네트워크 인코더와 디코더가 사용된다. 인코더는 입력 데이터를 받아 단순화된 형식으로 압축하며, 디코더는 이 압축된 정보를 가져와 원본 데이터와 유사하지만 완전히 동일하지는 않은 새로운 데이터로 재구성한다.

(4) 멀티모달

멀티모달(Multi Modal) 모델은 텍스트, 이미지, 오디오 등 여러 유형의 데이터를 함께 고려하여 서로의 관계성을 학습 및 표현하는 기술이다. 이것은 동시에 여러 데이터를 이해하고 처리할 수 있으므로 보다 정교한 결과물을 생성할 수 있다. 예를 들면, 이미지로 텍스트를 검색 혹은 생성할 수 있으며, 텍스트를 기반으로 이미지를 검색 혹은 생성할 수 있도록 한다. 멀티모달 모델의 예로는 DALL-E 2와 OpenAI의 GPT-4가 있다.

2 교육에서의 생성형 AI 활용

ChatGPT의 등장은 인류에게 큰 충격으로 다가왔고, 이제 새로운 패러다임의 시대로 전환되고 있음을 느끼게 했다. 이제 교육분야에서도 이 생성형 AI로 인하여 교육 현장에 큰 변화가 올 것임을 인지하고 그에 대한 대비를 위해 많은 고민과 준비가 시작되었다. 각 대학에서는 ChatGPT 활용 가이드라인을 발표하였으며, 각 시도 교육청에서는 생성형 AI로 인한 혼란을 줄이고 교원의 생성형 AI 활용에 대한 올바른 이해와 체계적인 지원을 위해 교수학습 가이드 발간 및 교사 연수 등을 진행하고 있다.

생성형 AI의 잠재력을 최대한 활용하기 위해서는 사용 방법이 중요한데, 이것은 입력하는 질문, 즉 프롬프트(Prompt)와 관련이 있다. 생성형 AI로부터 높은 수준의 결과물을 얻기 위해 매우 구체적인 질문을 하거나 상세한 정보를 제공하여 적절한 프롬프트를 구성하는 작업으로 최근 '프롬프트 엔지니어링'이라는 용어가 등장하기도 하였다. 이와 관련하여 [표 9.2]와 같이 생성형 AI를 위한 프롬프트 작성 방법들이 제시되고 있다.

표 9.2 　생성형 AI 활용을 위한 프롬프트 작성 방법

1. 구체적인 정보를 제공하기
2. 대화체를 사용하기
3. 폐쇄형 질문을 피하고 개방형 질문을 사용하기
4. 잘 알려진 인물의 시각에서 답변하도록 요청하기(페르소나 설정하기)
5. 대상 독자와 게재할 플랫폼을 명시하기
6. 초기 응답에 만족을 못할 경우 추가 질문하기

서울시교육청(2023)에서 발간한 생성형 AI 교육자료에는 ChatGPT에게 좋은 질문을 하기 위한 관점 5가지를 소개하고 있다. 첫 번째 관점은 '지문과 함께 질문하기'인데 ChatGPT로부터 보다 나은 결과물을 얻기 위해 판단 근거로 지문과 함께 질문을 하는 것이다. 두 번째는 '화자 지정'으로 화자의 특징에 따라 답변이 달라지기 때문에 화자를 명확히 표시하는 것이다. 세 번째는 '청자 지정'으로 답변을 받을 대상의 지식 수준에 맞게 결과를 얻기 위한 것이다. 네 번째는 '형식 지정'으로서, 어떤 형태의 답변을 기대하는지 답변 형식을 명확히 하는 것이다. 다섯 번째는 '예시 제공'으로 원하는 답변 형식이 있을 경우, 예시를 보여주고 예시 중에서 바뀔 부분을 지정하여 요구하는 것이다.

교육 현장에서 생성형 AI를 활용할 수 있는 분야를 살펴보면 다음과 같다.

1) 수업 설계

생성형 AI는 교사가 수업전 수업 계획서를 작성하기 위해 학습목표 설정, 학습내용 구성, 평가 기준 및 평가표 등의 자료를 설계하고 구성하는 데 도움을 줄 수 있다. 학생들의 수준과 관심사를 고려하여 수업 계획을 세우거나, 학생들의 학습 결과를 분석하여 평가 계획을 세울 수 있는 것이다. 또한 수업 과정에서 학생들의 창의력과 표현력을 키우기 위한 창작 활동, 학생들의 이해도를 높이기 위한 게임이나 체험 활동, 참여도를 높이기 위한 다양한 수업 방법 및 전략을 생성형 AI를 활용하여 모색할 수도 있다.

2) 교육 콘텐츠 제작

생성형 AI는 교사가 수업에 사용할 수업자료를 쉽게 제작할 수 있도록 돕는다. 학습 내용을 요약하거나, 교과서와 관련된 다양한 자료를 수집할 수 있다, 또한 학습주제에 관련하여 수업 ppt, 동영상/애니메이션, 예제, 연습문제, 퀴즈, 평가 문항 등을 빠르고 쉽게 만들 수 있다. 이를 통해 학습자의 흥미와 학습 이해도를 높일 수 있을 뿐만 아니라 교사의 수업 준비 시간을 단축할 수 있다.

3) 학습자 주도적인 학습 유도

생성형 AI는 학습자들의 자기주도 학습을 지원할 수 있다. 학습자들은 생성형 AI를 활용하여 자신의 학습 목표를 탐색할 수 있으며, 학습 계획 수립부터 단계적으로 도움을 받아가며 학습 과정을 구체화함으로써 학습자 주도적인 학습을 진행할 수 있다. 또한 학습자들이 팀별 프로젝트를 수행하기 위해 생성형 AI를 활용하여 동영상을 제작하거나, 스토리를 창작하는 활동을 할 수 있다. 또한 학습자들의 토론을 위해 생성형 AI로부터 토론 문제를 추천받거나 학습자가 직접 AI와 토론의 과정을 거치면서 사고력과 논리적인 추론 능력을 기를 수 있도록 한다.

4) 맞춤형 교수학습 경험

생성형 AI를 활용하여 학생들의 학습 진도를 파악하고 개별 맞춤형 교육을 제공할 수 있다. 즉, 학습 데이터를 분석하여 학생들의 학습 진도에 맞는 문제집을 추천하거나, 학생들이 학습에 어려움을 겪고 있는 부분을 파악하여 개별 맞춤형 학습 프로그램을 제공할 수 있다. 뿐만 아니라, 학습자들의 학업 성취도, 흥미, 학습 스타일, 선호도 등에 따라 맞춤형 추천이나 피드백을 제공할 수도 있다. [표 9.3]은 ChatGPT를 활용한 맞춤형 학습 사례를 보여준다.

5) 튜터링 및 즉각적인 피드백

생성형 AI의 또 다른 사용 사례는 튜터링을 제공하는 것이다. 즉, 학생들의 질문에 대해 생성형 AI가 즉각적인 답변을 할 수 있다. 학생들은 궁금증을 해결하기 위해 바로바로 AI와 상호작용을 함으로써 학습의 이해와 흥미를 높일 수 있다. 이처럼 생성형 AI는 학생들이 가상 튜터와 상호 작용하고 실시간 피드백과 지원을 받을 수 있는 가상 튜터링 환경을 만드는 데 사용할 수 있다.

6) 진로 상담 및 교사의 업무 지원

진로 교육을 하는 데도 생성형 AI를 활용할 수 있다. 교육현장에서는 진로교육을 위한 전문 인력이 부족한 상황이므로, 학생이 원할 때 편하게 만나서 진로에 대한 도움을 받는 것이 현실적으로는 쉽지 않다. 하지만, 생성한 AI를 활용하여 학생이 진로에 대해 고민하고 진로를 탐색하는 과정에서 자신의 진로에 대해 궁금한 내용을 보다 편하게 질문하고 이에 대한 정보를 제공받을 수 있도록 함으로써 진로 교육에 유용할 수 있다(김용성, 2023).

표 9.3　맞춤형 학습과 관련한 생성형 AI 활용 사례

You

1/2 + 1/4 = 2/4
1/3 + 1/3 = 2/3
2/5 + 1/5 = 3/5
1/8 + 2/4 = 3/4

위 문제 풀이를 채점하고 틀린 문제에 대해 어떤 개념에 대한 이해가 부족한지 설명해주세요. 그리고 그 개념을 학습하기 위한 연습문제를 제시해주세요.

ChatGPT

이 수학 문제들을 채점하고, 틀린 부분에 대한 설명 및 관련 연습문제를 제공하겠습니다.

1. $\frac{1}{2} + \frac{1}{4}$의 정답은 $\frac{2}{4} + \frac{1}{4} = \frac{3}{4}$가 되어야 합니다. 이 경우, 분모가 같지 않을 때는 먼저 분모를 같게 만들어야 합니다. 2와 4의 최소공배수인 4를 사용하여 분모를 같게 만들고, 각 분수의 분자를 조정해야 합니다.
2. $\frac{1}{3} + \frac{1}{3} = \frac{2}{3}$는 정확합니다. 분모가 같으므로 분자들을 더하면 됩니다.
3. $\frac{2}{5} + \frac{1}{5} = \frac{3}{5}$도 정확합니다. 마찬가지로 분모가 같으므로 분자를 더하면 됩니다.
4. $\frac{1}{8} + \frac{2}{4}$는 $\frac{1}{8} + \frac{4}{8} = \frac{5}{8}$가 되어야 합니다. 여기서도 분모를 같게 만들어야 하는데, 8과 4의 최소공배수는 8이므로, 두 번째 분수의 분모를 8로 조정하고, 분자를 그에 맞게 조정합니다.

잘못된 개념: 첫 번째와 네 번째 문제에서 분수의 덧셈을 할 때 분모가 다를 경우 분모를 동일하게 만드는 과정이 필요합니다. 이것은 분수의 기본 개념과 덧셈 규칙에 관한 이해가 필요합니다.

학습 내용:

- 분수의 기본 개념 이해: 분자와 분모의 의미
- 분수의 덧셈과 뺄셈 규칙 학습: 같은 분모를 가진 분수의 덧셈과 뺄셈
- 최소공배수의 이해와 계산 방법 학습
- 분모가 다른 분수의 덧셈: 분모를 동일하게 만드는 방법과 그 후의 덧셈 방법 이해

연습문제:

1. $\frac{1}{6} + \frac{1}{3}$
2. $\frac{3}{4} + \frac{1}{8}$
3. $\frac{5}{12} + \frac{1}{4}$
4. $\frac{2}{7} + \frac{3}{14}$
5. $\frac{3}{5} + \frac{2}{10}$

또한, 생성형 AI는 학생들의 과제나 시험을 평가하는 데 사용될 수 있다. 주관식 문답, 에세이, 심지어는 수학 문제와 같은 복잡한 과제 평가에도 활용될 수 있을 뿐만 아니라, 시간표, 설문지, 가정통신문 등의 작성에도 활용될 수 있다.

3 생성형 AI 활용에 따른 쟁점 및 고려사항

생성형 AI는 교육현장에서 교수학습 및 교사의 업무 등을 향상시킬 수 있는 많은 잠재력을 가지고 있지만, 이와 함께 다음과 같은 문제점들이 발생할 수 있다.

1) 데이터 편향성 문제

생성형 AI는 학습 데이터를 통해 배운 내용에 기반함으로, 학습 데이터에 있는 편견을 반영할 수 있다. 방대한 데이터셋에서 언어의 패턴과 관계를 학습하고 잠재된 패턴을 찾아낼 수 있기 때문에 성별, 인종과 같은 민감한 사항을 데이터에 담지 않아도 유추하여 이와 관련한 내용이 생성될 수 있다. 생성형 AI의 편향된 데이터 학습으로 인해, 편향된 정보가 생성된 경우 학생들은 자신도 모르는 사이에 편견을 갖게 될 수 있다. 이것은 학생들의 가치관 형성에 부정적인 영향을 미칠 수 있기 때문에 이에 대한 주의가 필요하다. 이러한 부분들을 고려하여 OpenAI 사의 사용자 가이드에도 사용자는 13세 이상이어야 하며, 18세 미만인 경우 부모 또는 법적 보호자의 허가를 받아야 하는 것으로 되어 있다. 따라서, 교수자는 학습자들이 올바로 이용할 수 있도록 적절히 지도하고, 생성형 AI가 생성한 자료들에 대해 비판적 사고를 할 수 있도록 도와주어야 할 것이다.

2) 개인정보와 사이버보안 문제

방대한 학습 데이터에 민감한 학생 정보가 포함될 수 있다. 또한, 생성형 AI는 대화 과정에서도 개인의 질문을 통해 스스로 학습하고 성장하는 특징을 가지고 있기 때문에, 개인정보나 민감한 정보를 자동으로 수집해 기밀 정보나 대화 기록이 그대로 유추될 가능성이 있다. 이는 개인정보침해 사고로 이어질 수 있기 때문에 사고에 대한 주의가 필요하다. 특히, 생성형 AI는 사용자가 제공하는 텍스트 스타일을 흉내내어 특정 개인이나 단체를 사칭하는 데 악용될 수 있다. 또한 프로그램 코드까지 생성할 수 있기 때문에 악성코드 작성에 악용될 수 있다. 뿐만 아니라, 최근 사회적으로 이슈가 되고 있는 가짜 뉴스를 생성하여 허위정보를 유포시킬 수 있기 때문에 사회적으로 불안감과 불신을 조장할 수 있다. 따라서, 이러한 문제점들을 학생들로 하여금 인식할 수 있도록 하고 개인정보와 같은 민감한 정보 사용 시 유의하도록 지도해야 한다.

3) 저작권 관련 문제

생성형 AI로 만들어낸 결과물에 대한 저작권 쟁점은 우리사회에 큰 파장을 일으키고 있다. 생성형 AI의 산출물이 인간의 창작 수준을 넘어선다는 평가도 있는 반면, 결과물에 인간의 상상과 감정이 담겨있다고 보기 어렵고 창작성이 없어 저작권으로 보호하기 어렵다는 입장이 대립하고 있다. 또한, 생성형 AI는 학습과정에서 타인의 저작물을 이용해 학습될 경우 저작권 문제가 확산된다는 우려가 존재한다. 교육현장에서도 과제물이나 에세이 등을 작성할 때 생성형 AI를 활용하고 있는데, 이러한 경우 학생들이 프롬프트를 통해 결과를 도출해냈다고 하더라도 타인의 저작물을 활용하여 재생성한 결과물이기 때문에 이것은 타인의 저작권을 일부 침해하는 것으로 볼 수도 있다. 이러한 저작권 문제를 위해 관련 전문가들의 심도있는 연구와 논의를 통해 교육분야에서 활용할 저작권 가이드라인의 수립이 필요하다. 또한 이를 토대로 지속적인 교육 및 연수가 필요하다.

4) 할루시네이션 문제

할루시네이션(Hallucination)은 생성형 AI 모델이 정확하지 않거나 사실이 아닌 조작된 정보를 마치 사실인양 거짓말 하는 현상을 의미한다. ChatGPT와 같은 생성형 AI 모델의 경우, 정답이 아니라 가장 정답일 확률이 높은 답변을 제공하도록 되어 있다. 즉, 생성하는 문장이 참인지 거짓인지를 답하는 것을 배운 것이 아니고 트랜스포머모델을 이용하여 그럴듯한 말을 생성하도록 학습되었기 때문이다. 따라서, 내용의 사실성이 중요한 경우 반드시 검증 절차가 필요하다. 이러한 할루시네이션 문제를 해결하기 위해서는 산업계와 연구자들의 기술적인 노력이 요구된다. 또한, 교육현장에서는 학생들에게 생성형 AI가 산출한 정보가 틀릴 수 있음을 주지시켜 주고 항상 비판적으로 검토하는 자세를 갖도록 하는 것이 필요하다.

5) 생성형 AI가 낳을 새로운 격차

생성형 AI 기술이 교육 분야에 가져올 혁신적인 변화에도 불구하고, 새로운 형태의 교육 격차 문제를 낳을 수 있다. AI 기반 학습 도구를 효과적으로 사용하기 위해서는 교사와 학생 모두에게 상당한 디지털 리터러시가 요구된다. 하지만 디지털 기술에 익숙하지 않은 학생이나 교사는 새로운 학습 환경에 적응하기 어려울 수 있다. 또한 장애가 있는 학생이나, 다문화 배경 등의 특정 그룹의 학생들이 AI 기반 학습에서 소외될 위험이 있다. 뿐만 아니라, 생성형 AI를 활용하기 위해서는 하드웨어와 소프트웨어가 필요한데, 이러한 자원을 갖추지 못한 교육기관이나 학습자는 생성형 AI의 혜택을 누리지 못할 수 있다. 따라서, 정부의 지원을 통해 생성형 AI 기술과 인프라 보급을 확대하여, 모든 학생들이 이에 접근할 수 있도록 해야 한다. 또한, 초중등 교육부터 AI 교육을 확대하여, 생성형 AI를 활용하기 위한 디지털 기술 역량을 키우기 위해 교육과 지원도 제공해야 한다.

6) 기술에 대한 지나친 의존성의 문제

생성형 AI는 유용한 기술이지만 학습 경험을 제공하기 위해 이에 너무 많이 의존하는 것은 이상적이지 않을 수 있다. 학습자들이 과도하게 생성형 AI를 의존하여 학습할 때 학습자 스스로 지식을 분류하고 조직화하는 등의 지식의 구조화 과정이 줄어들 수 있다. 이것은 지식의 깊이와 전이 가능성을 낮게 할 뿐만 아니라 학습자의 논리적 사고의 발전을 저해할 수 있다. 결국 학습자의 창의성과 문제 해결 능력의 저하로 이어질 수 있다. 따라서, 단순하게 생성형 AI에 의존하는 것이 아니라, 그것의 도움을 받으면서 학습자가 주도적으로 과제를 분석하고, 해결책을 탐색하며, 학습자들끼리 토론하며 문제를 해결할 수 있도록 가이드가 필요하다. AI와 학습자 사이의 건강한 균형을 유지하며, 학습자들의 창의력, 사고력과 문제해결력을 높일 수 있도록 수업 설계가 이루어져야 할 것이다.

4 생성형 AI와 미래교육의 방향

생성형 AI의 부상으로 전 산업군에서는 기존 비즈니스에 생성형 AI를 접목해 가치를 만들고자 노력하고 있다. 교육분야에서도 ChatGPT의 등장은 많은 충격과 미래교육에 대한 막연한 두려움으로 다가왔다. 그러나 생성형 AI의 시대적 흐름은 거스를 수 없음을 점점 인정하는 분위기가 형성되었고, 이에 따라 어떻게 교육이 변해야 되는지 고민이 시작되었다. 생성형 AI는 교육의 패러다임을 변화시킬 수 있기 때문에 교육에 대한 근본적인 질문부터 다시 시작해야 할 것이다.

1) 학습의 재정의

미래 시대의 인재를 위해 '무엇을 가르쳐야 할 것인가'에 대한 고민이 필요한 시점이다. 생성형 인공지능 시대에는 산업혁명 시대와 같이 지식을 암기하여 잘 기억해내고, 빠르고 정확하게 연산하는 능력이 필요치 않다. 또한 정보가 한정적이고 정보에 대한 접근 자체가 제한적인 시대에는 정보를 검색하는 능력이 중요했지만, 이젠 간단한 키워드만 넣으면 필요한 정보를 찾아서 정리까지 한 자료를 쉽게 얻을 수 있다. 따라서, 이젠 검색 능력보다는 생성된 정보에 대한 비판적 사고와 함께, 양질의 정보를 선별하고 이를 토대로 새로운 정보를 창출하는 능력이 더 필요하게 되었다(류태호, 2023).

최근에는 생성형 AI를 잘 활용하기 위한 좋은 질문의 필요성을 강조하고 있다. 그런데 좋은 질문을 하기 위해서는 선행조건이 필요하다. 그 질문의 목적에 대한 정확한 이해와 질문에 관련된 핵심 개념에 대한 지식이 있어야만 가능한 것이다. 이와 관련하여 ChatGPT 활용 시 개념적 지식 구조의 중요성을 강조하기도 한다. 개념적 지식 구조는 개인의 다양한 경험과 학습의 축적을 통해 형성된 개념적 지식들이 서로 연결되어 있는 구조를 의미한다(정제영 외, 2023). 따라서, 교육과정의 내용 중 각 분야에서의 핵심 지식을 선별하고, 시험을 위한 단순 암기위주의 학습이 아니라 그 핵심 지식을 이해하여 자신의 것으로 만들 수 있도록 해야 할 것이다. 또한 그러한 단계를 거쳐서 자신들이 이해한 지식을 적용하여 문제를 해결하고, 새로운 것을 창출하도록 학습이 설계되어야 할 것이다. 즉, 학생들 스스로가 수업의 주체가 되어서 직접 학습 활동을 주도하며 능동적으로 학습하는 방향으로의 전환이 필요하다.

2) 미래사회의 필요한 역량

생성형 AI 시대가 열리면서 교육 패러다임의 변화가 요구됨에 따라, 교육의 근본적인 목적에 대한 인식의 변환이 이루어지고 있다. 그동안 교육의 목적이 대학진학이나 취업이었다면 이젠 급격하게 변화하는 사회에 대응할 수 있는 학생의 역량 개발에 관심을 가지면서 '미래사회 인재의 역량은 무엇인가'에 대해 사회적인 고민이 이루어지고 있다.

그동안 세계적으로 미래사회 인재에게 필요한 핵심역량에 대한 연구들이 있어왔다. 그중 세계 경제포럼은 4차 산업혁명 시대의 인재에게 중요한 10대 핵심역량을 발표하였다. 그 역량은 복합문제해결 능력, 비판적 사고 능력, 창의력, 인적자원 관리능력, 협업능력, 감성능력, 판단 및 의사 결정 능력, 서비스 지향성, 협상 능력, 인지적 유연성이다. 버지니아 대학교 연구팀은 21세기 핵심역량에 대해 정리한 8개 기관의 자료를 비교/분석하여 8가지 핵심역량을 도출했다(류태호, 2023). 그 8가지 핵심역량은 비판적 · 분석적 사고, 창의성, 복합적 의사소통, 협업능력, 디지털 리터러시, 감성지성, 복합문제해결 능력, 마음의 습관이다. 여기서 마음의 습관은 문제상황에 대처하는 생각과 태도를 의미한다. 국내에서도 정제영(2023)은 미래 인재의 핵심역량으로 '6C'를 제시하였는데, 개념적 지식, 창의성, 비판적 사고, 컴퓨팅 사고, 융합 역량, 인성이 그것이다. 본 절에서는 이러한 국내외 핵심역량을 바탕으로 [표 9.4]와 같이, 비판적 사고, 창의성, 디지털리터러시, 협업 및 의사소통능력, 윤리적 판단과 책임감, 융합적 사고와 복합문제해결능력, 유연성 및 지속적 학습, 메타인지능력 등의 8개 미래 인재를 위한 핵심역량을 제시한다.

표 9.4 미래사회의 필요한 역량

역량	설명
비판적 사고	• AI가 내린 결정과 정보에 대해 부분별하게 받아들이기보다는 비판적 사고를 바탕으로 제공된 정보를 의심 및 검토 필요 • 논리적인 오류, 답변의 부정확성을 식별해 그 타당성을 분석 및 평가
창의성	• 생성형 AI를 통해 창의적인 콘텐츠를 생성할 수 있다고 하지만 인간 고유의 창의성을 대체할 수는 없음 • 생성형 AI 시대에는 더욱더 인간의 창의성이 요구됨 • 창의성을 키우기 위한 요소로 인문학적 상상력을 제시하기도 함
디지털 리터러시	• 디지털 기술을 이해하고 활용할 수 있는 능력 • AI 기술의 발전으로 AI 리터러시, 데이터 리터러시 필요 • 연구자들에 따라서는 컴퓨팅사고와 디지털 시민성도 포함
협업 및 의사소통 능력	• AI 기반 사회는 사람과 AI의 협업, 다양한 배경과 전문성을 가진 사람들과의 협력이 필요 • AI와 효과적으로 협업하기 위해서는 먼저 AI의 능력과 한계에 대한 이해를 바탕으로 정확한 언어를 사용하여 우리의 생각을 명확하게 표현할 수 있는 능력이 필요 • 다양한 사람들과의 협력을 위해서는 의사소통과 공감능력이 필요
윤리적 판단과 책임감	• AI 기술의 발전으로 기존에는 없던 다양한 윤리적 딜레마 직면 • AI를 사용하여 내리는 결정이 사회적, 도덕적 기준에 부합하는지 판단할 수 있고, 다양한 가치와 규범을 고려하여 바람직한 행동을 선택할 수 있어야 함 • 자신의 행동의 결과에 대해 책임을 질 수 있어야 함
융합적 사고와 복합문제 해결능력	• AI 시대에는 다양한 기술과 지식의 빠른 발전으로 사회 문제는 점점 더 복잡해지고 있어, 기존의 방식으로는 해결되기 어려움 • 복잡한 문제들을 해결하기 위해서는 서로 다른 분야의 지식과 이해를 바탕으로 문제를 다양한 관점에서 바라보고 종합적으로 분석하여 새로운 통찰을 얻기 위한 융합적 사고가 필요 • AI 도구를 활용하여 방대한 데이터를 분석하고, 통찰력을 바탕으로 해결 방안을 모색할 수 있는 능력이 필요
유연성 및 지속적인 학습	• AI 기술의 끊임없는 발전으로 인해 기업과 직업 환경에 빠른 변화를 가져오고 있음 • 변화를 두려워하지 않고 새로운 기술, 작업 방법, 업무 환경에 적응하고 유연하게 대응해나가는 능력의 요구 • 새로운 기술과 트렌드에 대한 지속적인 관심과 학습이 필요
메타인지 능력	• 생성형 AI를 활용하여 학습을 하는 경우 메타인지 능력이 중요 • 적절한 질문을 하기 위해서는 자신이 알고자 하는 것이 무엇인지, 무엇을 알고 있으며, 잘 모르고 있는 것이 무엇인지를 정확히 알고 있어야 함 • 생성형 AI를 활용하여 학습할 때 자신의 학습과정을 효과적으로 관리하고 조절하기 위해서 요구되는 자기주도적 학습 능력 또한 메타인지 능력과 깊이 연관됨

3) 학습자 중심의 교육과 교육방법의 변화

생성형 AI의 시대에는 학습자 중심의 교육으로의 변화 요구가 더욱 커질 것으로 예상된다. 미래사회에서 요구되는 역량을 키우기 위해서는 교사가 일방적으로 지식을 전달하는 수업방식에서 학생들 스스로 능동적이고 적극적으로 수업에 참여할 수 있도록 전환해야 한다. 교사는 학생의 개별적 필요와 요구를 파악하고, 이를 충족시키기 위한 학습 기회를 제공하고 학습자가 학습을 잘할 수 있도록 조력자 역할을 해야 할 것이다. 생성형 AI는 이러한 학습자 중심의 학습을 효과적으로 지원할 수 있다. 즉, 학습자의 개별적인 요구와 선호에 맞춰 교육 콘텐츠를 제공해줌으로써 학생들은 스스로 학습 목표를 설정하여 각자의 속도로 학습하고, 자신에게 가장 적합한 방식으로 지식을 습득할 수 있게 된다. 학습자가 학습 내용 중에 이해하기 어려운 부문이 있을 경우 ChatGPT와 같은 생성형 AI를 이용하여 그 부분에 대해 완전히 학습할 때까지 도움을 받을 수 있다. 또한 프로젝트 수행이나 문제해결 과정에서도 교사와 ChatGPT의 피드백을 받으며 자신만의 해결책을 도출할 수 있다.

하지만 이러한 생성형 AI의 활용이 교육 활동의 주가 되어서는 안될 것이다. 어디까지나 생성형 AI는 교육의 보조적인 도구이며, 학습자들이 지식을 습득하고, 기억하는 학습행위는 여전히 중요하다. 블룸(Bloom)의 인지적 학습에 대한 6단계 분류 관점에서 보더라도 1~2단계에 해당하는 기억과 이해 과정이 있어야만 3~6단계에서 문제해결에 자신의 지식을 활용할 수 있고 더 나아가 새롭고 혁신적인 것을 창조할 수 있게 된다.

학습자 중심의 교육이 이루어지기 위해서는 기술 혁신과 변화에 맞는 교육과정 및 학습자 눈높이에 맞는 교수방법 개발, 교육 성과를 측정할 수 있는 역량의 설정 및 평가 방법 등 다양한 노력이 요구되고 있다.

최근, 교육분야에서 하이터치 하이테크(HTHT: High Touch High Tech) 교육이라는 용어가 등장했다. 이것은 교사가 첨단 기술을 활용해 개인별 맞춤형으로 창의적 학습을 이끌어내는 교육이다(정제영 외, 2023). 즉, 교사는 다양한 학습경험의 설계를 통해 학생들의 감성과 창의성 관련 교육에 중점을 두고, 지식 전달을 위해서는 AI를 활용하여 학생 개개인에게 최적화된 맞춤학습을 가능하게 하는 것이다. 생성형 AI는 HTHT 교육 과정에서 학습자 중심의 맞춤형 교육과 다양한 창의적 학습 활동을 위해 효과적으로 활용될 수 있다.

생성형 AI를 교육에 활용할 경우, 기존의 학습 활동 및 과제물 제시에도 많은 변화가 있어야 할 것이다. 예를 들어 어떤 주제에 대해 발표 수업을 하는 경우, 이전에는 학습자가 자료를 검색하여 정리한 후 발표를 하는 것으로 충분했다. 하지만, 이제는 생성형 AI가 검색해서 정리까지 한 결과를 제시해주기 때문에, 그 결과를 토대로 학생들의 생각을 발표하도록 하거나 그것을 분석하여 부족한 부분을 추가 혹은 다른 관점으로 변형하는 등의 창의 활동이 되어야 할 것이다. 따라서, 교사들은 새로운 학습 환경에서 학습자들의 창의성과 사고력을 함양하기 위한 교수전략들에 대해 고민하고 이를 수업에 적용하는 노력들이 있어야 할 것이다.

참고문헌

강옥주(2023). 생성형 AI 모델과 대화하는 프롬프트 엔지니어링. Samsung SDS 인사이트 리포트. https://www.samsungsds.com/kr/insights/prompt-engineering.html

김태훈(2023). 생성형 AI의 수업 활용방안. 교육동향분석 12호.

김용성(2023). 챗GPT 충격, 생성형 AI와 교육의 미래. 프리렉.

류태호(2023). 챗GPT 활용 AI 교육 대전환(2023). 포르체.

백 란(2023). AI 시대를 위한 미래교육. TTA저널(207). 54-65.

서울시교육청(2023). 생성형 AI 교육자료 : ChatGPT 사례 중심으로.

양지훈, 윤상혁(2023). ChatGPT를 넘어 생성형(Generative) AI 시대로 : 미디어·콘텐츠 생성형 AI 서비스 사례와 경쟁력 확보 방안. Media Issue & Trend, Vol(55). https://www.kca.kr/Media_Issue_Trend/vol55/KCA55_22_domestic.html

오봉근(2021). 메타인지, 생각의 기술. 원앤원북스.

오창근, 장윤제(2023). AI가 바꾸는 학교 수업 챗GPT 교육활용. 성안당

이시한(2023). GPT 제너레이션 : 챗GPT가 바꿀 우리 인류의 미래. 북모먼트.

임수종, 초거대 인공지능 언어모델 동향 분석, ETRI, 2021

조영임(2023). 초거대 AI와 생성형인공지능. ICT Standard Weekly, 제1145호. http://weekly.tta.or.kr/weekly/files/20232901012950_weekly.pdf

정제영(2023). 미래세대를 위하여 무엇을 어떻게 가르칠 것인가? arte[365]. https://arte365.kr/

정제영, 조현명, 황재윤, 문명현, 김인재(2023). 챗GPT 교육혁명. 포르체.

The Department for Education(2023). Generative artificial intelligence in education Departmental statement.

Salesforce(2023). 생성형 AI를 위한 프롬프트 작성 방법. 뉴스레터. https://www.salesforce .com/kr/hub/crm/generative-ai-prompts/

CHAPTER
10

AI 디지털교과서의 이해

10

AI 디지털교과서의 이해_계보경

1 맞춤형 교육을 위한 AI 디지털교과서

AI 디지털교과서는 학생 개인의 능력과 수준에 맞춘 맞춤형 학습 기회를 제공하기 위한 교과서로, 인공지능 기술을 활용해 교사, 학생, 학부모 모두가 학생의 학습과정에 대한 이해를 높이고 개별 학습자의 요구를 더욱 정확하게 파악할 수 있도록 돕는 교과서이다. 2025년부터 도입되는 AI 디지털교과서는 누구나 똑같은 방식으로 공부했던 우리 학교와 교실을 한명 한명의 학생 모두가 최적화된 학습을 경험하는 곳으로 바꾸는 기폭제가 될 것이다. 서책 기반의 엄격한 검인정 시스템하에 관리되어 온 교과서 체제에 있어 AI 기술의 활용은 단순히 교과서 형식의 변화를 넘어서 수업방식과 평가의 변화, 교사와 학생의 역할 변화를 의미하며, 나아가 이를 둘러싼 전반적인 학습 생태계의 변화를 수반한다. 본 장에서는 AI 디지털교과서의 개념과 특성을 바탕으로 변화되는 교과서 개발과 활용 체제를 살펴본다.

1) AI 디지털교과서의 개념과 특성

AI 디지털 교과서는 학생들에게 맞춤형 학습 경험을 제공하기 위해 인공지능과 같은 지능정보기술을 활용하는 소프트웨어로, 학생들의 능력과 수준에 맞춰 다양한 학습 자료와 기능을 제공한다. AI 디지털교과서의 주요한 특성은 다음과 같다(교육부 & 한국교육학술정보원, 2023a).

- AI에 의한 학습 진단과 분석(Learning Analytics): AI 기술을 활용하여 학생의 학습 진도와 이해도를 분석하고 진단하고 각 학생의 학습 상태를 정확히 파악.
- 개인별 학습 수준과 속도를 반영한 맞춤형 학습(Adaptive Learning): 학생들 각각의 학습 능력과 속도에 맞춘 맞춤형 학습을 통해 학생들은 자신의 수준에 맞는 학습을 경험.
- 학생의 관점에서 설계된 학습 코스웨어(Human-Centered Design): 학습 콘텐츠는 학생의 관점에서 설계되어, 학생들이 더욱 효과적으로 학습할 수 있는 환경을 조성.

AI 디지털교과서의 도입은 학생은 최적화된 맞춤학습 콘텐츠로 배우고 교사는 데이터 기반으로 수업을 디자인하며, 학부모는 자녀의 학습 활동 정보를 풍부하게 제공받을 수 있는 교육 환경으로 변화를 의미한다.

AI 디지털교과서를 통해 교사는 학생 개별의 학습 경로와 지식 수준을 이해하고, 데이터 기반의 참여형 수업(토론, 협력, 프로젝트 학습 등)을 설계할 수 있다. 또한 AI 보조교사의 활동 분석을 통해 학생들의 학습 성취를 모니터링하고, 개별 학습 계획을 제공함으로써 학생들의 성장을 지원한다. 아울러 학생들은 한 최적화된 학습 환경에서 자신의 속도에 맞게 학습하며, 성공적인 학습 경험을 통해 내재적 학습 동기와 자아 존중감을 향상시킬 수 있다. 가정과 학교에서의 지지와 이해는 학생들이 자신의 학습 경로를 탐색하고 성장하는 데 기여한다. 한편, 학부모는 자녀의 학습 활동 정보를 풍부하게 제공받음으로써 자녀의 학습 과정에서 겪는 어려움, 강점 및 약점을 파악할 수 있다. 이를 통해 진로 탐색과 설계에 있어 다양한 활동 정보를 참고하며, 자녀에 대한 깊이 있는 이해를 바탕으로 정서적 지지와 격려를 제공할 수 있다.

그림 10.1 AI 디지털교과서의 주요 특성

공통(학생, 교사, 학부모)	학생	교사
• 대시보드를 통한 학생의 학습데이터 분석 제공 • 교육 주체(교사, 학생, 학부모) 간 소통 지원 • 통합 로그인 기능 • 쉽고 편리한 UI/UX 구성 및 접근성 보장(보편적 학습 설계: UDL, 다국어 지원 등)	• 학습 진단 및 분석 • 학생별 최적의 학습경로 및 콘텐츠 추천 • 맞춤형 학습지원(AI튜터)	• 수업설계와 맞춤 처방 (AI 보조교사) • 콘텐츠 재구성 · 추가 • 학생 학습이력 등 데이터 기반 학습 관리

출처: 교육부(2023).

AI 디지털교과서는 단순한 지식 전달의 도구를 넘어서 학습자 개인의 특성과 필요를 반영하는 학습 경험을 제공함으로써 학습 방식을 변화시키는 데서 나아가, 학교 체제를 맞춤형 교육 체제로 전환하는 전반적인 교육 시스템의 변화를 이끌어낼 것이다.

2) AI 디지털교과서 개발 원칙과 방향

(1) 개발 3원칙

AI 디지털교과서의 도입은 단순한 기술의 적용을 넘어, 교육의 본질에 대한 고민과 인간 중심의 접근을 전제하고 있다. 인간 존엄성과 평등한 학습 기회, 교사 전문성의 존중은 AI 디지털교과서 개발을 위한 기본 원칙이다(교육부, 2023; 교육부 & 한국교육학술정보원, 2023a).

- 인간 존엄성을 위한 교육: 교육 당국과 전문기관, 개발에 참여하는 민간 등은 인공지능 기술이 개인과 사회에 미치는 영향을 이해하고, 아이들의 삶을 위한 교육을 기획

- 교육 관계자는 신기술에 공존하는 위험과 기회를 바르게 인식하고, 인공지능과 구별되는 인간다움과 기본 권리를 강조한 교육을 설계해야 함
- 신기술을 안전하고 책임감 있게 사용하도록 교육 당사자가 AI 디지털교과서를 주도적으로 활용 · 제어하게 해야 함
- 평등한 학습 기회 보장: 아이들이 언어, 장애, 지역, 계층 등 사회 · 문화 · 경제적 배경과 관계없이 신기술에 접근하고, 맞춤 교육 기회를 갖도록 설계
  - 교육의 기회 균등을 위하여 모든 학생이 AI 디지털교과서에 접근할 수 있도록 모든 조치를 취해야 함
  - 학생의 개별적인 맞춤 교육을 제공하여 모든 학생이 학습에 성공할 수 있도록 지원해야 함
- 교사의 전문성 존중: 모든 아이는 신기술로 측정할 수 있는 범위 이상의 능력이 있음을 전제로, 교사가 이를 관찰하고 지지할 수 있도록 인공지능은 교사의 수업 준비, 평가 기록 등의 활동을 지원
  - 학생의 고유한 능력을 발견함에 있어, 기술에만 과의존하지 않도록 유의해야 함
  - AI 디지털교과서는 교수자 고유의 전문성이 효과적으로 발휘될 수 있도록 교수자를 보조하고 지원해야 함

(2) 개발 방향

2022년 개정된 교육과정에 따라 AI 디지털교과서는 학습 분석 결과에 기반하여 학생들에게 보충학습과 심화학습의 기회를 제공한다. 이는 학생들의 학습 속도와 능력에 따라 개인화된 교육 경험을 제공함으로써, 모든 학습자에게 균등한 교육 기회를 보장하는 것을 목표로 한다(교육부 & 한국교육학술정보원, 2023a).

- 학습자 맞춤형 학습 지원: 2022 개정 교육과정에 근거하여 학습분석 결과에 따라 보충학습(느린 학습자)과 심화학습(빠른 학습자)을 제공
  - 느린 학습자에게는 학생의 학습 수준에 맞는 기본 개념 중심 콘텐츠를 추천하

고, 필요한 경우 학습 결손을 해소할 수 있는 학습자료를 제공(학습분석 결과 등을 교사에게 제공하여 기초학력 보장 지원)

- 해당 교육과정의 기본 학습 내용을 충분히 소화한 빠른 학습자에게는 학생에게는 토론, 논술 과제 등 심화학습 콘텐츠를 제공

• 사용자 친화적인 기능 및 UI/UX 설계: 모두를 위한 맞춤 교육 실현을 목표로 모든 사용자가 쉽고 편리하게 사용할 수 있도록 기능 및 UI/UX를 설계

- 특수교육 대상 학생 · 장애 교원 등의 접근성이 충분히 확보될 수 있도록 보편적 학습 설계(UDL: Universal Design for Learning) 적용

• 데이터 기반의 교육 의사결정 지원: 학생, 교사, 학부모, 정책 입안자 등 교육주체가 학습에 대한 데이터 기반의 의사결정을 내릴 수 있도록 사용자, 학교, 국가 차원의 학습분석을 통해 교육 시스템의 지속적인 개선을 위한 기반을 제공

- 학생, 교사, 학부모가 데이터를 기반으로 학생의 학습 과정에 대해 더 깊이 이해할 수 있도록 지원

- 나아가 국가적 차원에서 데이터 기반의 교육 의사결정을 가능하게 하는 플랫폼의 기능을 충족함으로써 전체적인 교육의 질 향상에 기여

(3) 개발 교과 및 일정

AI 디지털교과서의 개발 및 적용은 2022 개정 교육과정의 적용 일정에 맞추어 이루어진다. 2025년에는 수학, 영어, 정보, 국어(특수교육) 교과의 AI 디지털교과서가 우선 도입되며, 2028년까지 국어, 사회, 과학, 기술 · 가정 등의 교과로 단계적 확대 적용된다(교육부 & 한국교육학술정보원, 2023a).

	구분		2025년	2026년	2027년	2028년	비고
초등학교	국정	국어	국어 ③ 국어 ④	국어 ⑤ 국어 ⑥	-		특수교육 기본 교육과정
		수학		수학 ③ 수학 ④	수학 ⑤ 수학 ⑥		
	검정	국어		국어 3-1 국어 3-2 국어 4-1 국어 4-2	국어 5-1 국어 5-2 국어 6-1 국어 6-2		공통 교육과정
		수학	수학 3-1 수학 3-2 수학 4-1 수학 4-2	수학 5-1 수학 5-2 수학 6-1 수학 6-2	-		
		영어	영어 3 영어 4	영어 5 영어 6	-		
		사회		사회 3-1 사회 3-2 사회 4-1 사회 4-2	사회 5-1 사회 5-2 사회 6-1 사회 6-2		
		과학		과학 3-1 과학 3-2 과학 4-1 과학 4-2	과학 5-1 과학 5-2 과학 6-1 과학 6-2		
		실과		실과 5 실과 6			
	인정	정보*	정보 3 정보 4	정보 5 정보 6	-		
중학교	국정	선택			생활영어	정보통신 활용	특수교육 기본 교육과정
	검정	수학	수학 1	수학 2	수학 3		공통 교육과정
		영어	영어 1	영어 2	영어 3		
		정보	정보	-	-		
		국어		국어 1-1 국어 1-2	국어 2-1 국어 2-2	국어 3-1 국어 3-2	
		사회			사회 ① 사회 ②		
		역사			역사 ① 역사 ②		
		과학		과학 1	과학 2	과학 3	
		기술·가정		기술·가정 ① 기술·가정 ②			

고등학교	국정	선택			생활영어	정보통신 활용	특수교육 기본 교육과정
	검정	수학	공통수학 1 공통수학 2				
		영어	공통영어 1 공통영어 2				
		정보	정보				공통 교육과정
		국어				공통국어 1 공통국어 2	
		사회				통합사회 1 통합사회 2	
		역사				한국사 1 한국사 2	
		과학				통합과학 1 통합과학 2	
		기술· 가정		기술·가정			
합계(책)			18책	34책	25책	13책	
			총 90책				

*초등 '정보' AI 디지털교과서는 초3-6학년 교과, 창의적 체험활동, 학교 자율활동 시간에 활용할 수 있도록 개발

2 AI 디지털교과서의 주요 기능

AI 디지털교과서는 학습 진단과 분석을 통해 학습 과정을 지속적으로 모니터링하는 기능을 기본으로 개별 학생의 어려움을 빠르게 인지하고 학습자에게 맞춤화된 방식으로 이를 지원하는 데 AI 기술을 활용한다. AI 디지털교과서는 학생들의 학습분석 결과를 시각화해 보여주는 대시보드에서, 학생을 위한 AI 튜터, 교사를 위한 AI 보조교사 기능이 이르기까지 학생, 교사 모두에게 똑같은 교과서가

아니라 맞춤화된 학습 내용과 경험을 제공한다. 아울러 개별 학습자의 학습 경험을 향상시키기 위한 모델을 지속적으로 고도화해 개선해나가는 데 학습과정에서 생성되는 정보를 기본 데이터로 활용함으로써 개별 학생들의 학습 효율성과 만족도를 지속적으로 높일 수 있는 스스로 진화하는 교과서이다. AI 디지털교과서의 서비스 구성과 주요 기능은 맞춤형 학습 지원을 위한 거버넌스 체제와 역할을 담고 있다.

1) AI 디지털교과서의 서비스 구성

AI 디지털교과서는 공공이 제공하는 AI 디지털교과서 포털 서비스와 데이터 허브 민간이 제공하는 교과별 AI 디지털교과서 서비스의 형태로 구성된다(교육부 & 한국교육학술정보원, 2023a; 계보경, 2023a).

그림 10.2 AI 디지털교과서 서비스 구성도

출처: 교육부 & 한국교육학술정보원(2023a).

- 공공: AI 디지털 교과서 포털 구축 및 학습 데이터 허브 플랫폼 운영
  - 포털 서비스 제공: AI 디지털 교과서 포털을 구축하여 통합 인증, 책장, 통합 대시보드 등 통합 게이트웨이의 역할 수행
  - 학습 데이터 허브 운영: 학습 데이터 허브 플랫폼을 통해 학습과정에서 발생하는 데이터를 통합 관리하고 국가수준의 학습 분석, 학습 이력 데이터 관리 등을 수행. 교사와 학생들의 학습 진행 상황과 성과를 통합적으로 분석할 수 있도록 지원
- 민간: 교과별 맞춤학습 지원을 위한 AI 디지털교과서 서비스 기획, 개발 및 운영
  - AI 기능과 다양한 콘텐츠를 기반으로 학생들의 개별적인 학습 요구와 선호를 반영하여 맞춤화된 AI 디지털 교과서 서비스를 제공

2) AI 디지털교과서의 주요 기능

(1) 학습 진단 및 사용자 맞춤형 대시보드

AI 디지털교과서는 학습자에 대한 진단을 바탕으로 개별 학습자의 학습 수준, 학습패턴, 강점과 약점을 고려한 학습 내용을 제공한다. 기존 모든 학생에게 진도에 따른 동일한 내용을 제시하는 일반적인 교과서와 달리, 개별 학생에게 필요한 내용과 난이도를 조절하여 제시해줌으로써 학생들이 스스로의 진도와 학습 요구에 맞게 효과적으로 학습할 수 있도록 돕는다. AI 디지털교과서에서는 다양한 학습 데이터가 생성되고 분석되며, 이를 통해 어떤 학생이 어떤 부분에서 어려움을 겪고 있는지 파악할 수 있다. 학습 데이터의 분석을 통해 교사는 개별 학생들의 학습 현황과 성취도를 실시간으로 모니터링 할 수 있게 된다. 이러한 학습 데이터 분석 결과는 사용자 맞춤형 대시보드의 형태로 제공되며, 대시보드를 통한 진단 분석 결과를 바탕으로 학생, 학부모, 교사가 모두가 학생의 학습과정에 대한 이해도를 높이게 된다.

그림 10.3 AI 디지털교과서의 대시보드 개발 예시

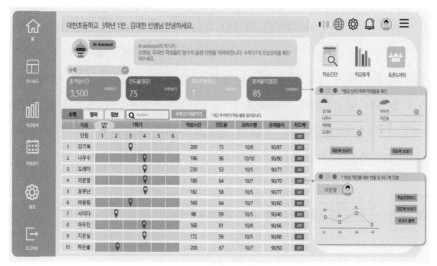

교사용 대시보드

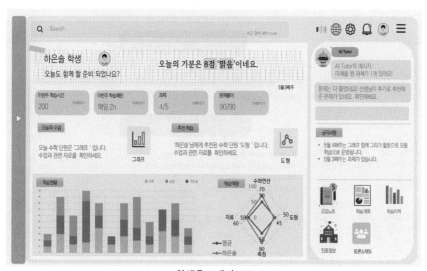

학생용 대시보드

출처: 교육부 & 한국교육학술정보원(2023a).

(2) 적시학습 지원을 위한 대화형 인터페이스 기반의 AI 튜터 서비스

AI 디지털교과서는 자연스러운 대화형 학습을 가능하게 해주는 AI 튜터 기능을 활용해 학생들이 필요할 때 적절한 도움을 받을 수 있게 지원한다. 방과 후나 가정에서 학생들이 자기주도적인 학습을 하는 상황에서도 24시간 대기하여 학생들의 개념 이해를 돕고 지속적인 학생에 대한 모니터링을 통해 현 단계에서 꼭 필요한 도움이 무엇인지를 제공해준다. AI 튜터는 정답을 제공해주는 답안지로서의 역할이 아니라, 궁금한 게 있을 때 단계적 도움을 제공하고 지속적 학습에 기여하며, 적시학습을 지원해줄 수 있는 도구이다.

그림 10.4 AI 튜터 기능을 제공하는 칸 아카데미의 Khanmigo 사례

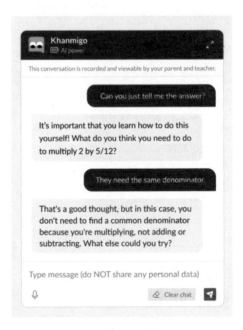

출처: KahnLabs(2023).

(3) 교사의 교수 설계 및 맞춤형 피드백 지원을 위한 AI 보조교사 서비스

AI 디지털교과서는 교사가 학생들의 어려움과 강점을 정확하게 파악하여 개별적인 학습 전략을 제시할 수 있도록 돕는 AI 보조교사 기능을 지원한다. AI 디지털교과서는 교사가 개별 학생에게 꼭 맞는 처방과 지도를 할 수 있도록 기본적인 학습 분석 결과와 추천 콘텐츠를 제공하는데, 기존의 학습 프로그램과 달리 교사가 AI의 진단 추천결과를 확인하고, 재조정하는 권한을 필수 기능으로 보장함으로써 온·오프라인을 넘나드는 종합적인 학생의 학습 상황을 파악한 교사의 지도가 이루어질 수 있도록 한다. 이러한 과정에서 AI 보조교사는 교수 자료를 준비하고, 시험 문제를 출제하고 채점하고 처리하는 등의 업무 일부를 자동화해 교사를 보조하고 필요한 지원을 제공함으로써 교사가 개별학생들의 학습 현황을 살피고 꼭 필요한 인지적, 정서적 도움을 주는 조정자이자 멘토로서의 역할을 수행하는 데 온전한 시간을 할애할 수 있도록 돕는다. 이러한 데이터 기반의 접근은 참여형 수업 시간을 확대해줌으로써 학생들이 더욱 적극적으로 학습에 참여할 수 있도록 돕고, 학습 성과를 높이는 데에도 기여할 수 있다. 교사는 보다 맞춤화된 지도와 지원을 제공하여 학생들이 자신의 성장을 경험할 수 있도록 돕는 데 보다 집중할 수 있다.

(4) 교육과정 표준체계의 활용

AI 디지털교과서는 기존의 서책형 교과서를 그대로 전자화하는 방식에서 탈피하고 새로운 기술과 미디어의 특성에 맞는 학습 내용 제시와 UI/UX의 독자성을 갖는다. 그러나, 각기 다른 방식의 학습 내용을 맞춤화해 제공하더라도 체계성을 잃지 않도록 교육과정 표준체계에 따라 개발된다. 교과, 과목, 학년, 내용영역, 내용요소, 성취기준, 평가기준 등의 요소들을 고려하여 개발되어 어떤 개발사의 교과서로 학습을 하더라도 학습 내용의 일관성과 연계성이 있도록 지원하면서 더욱 다양한 방식으로 학생들이 지식을 체계적으로 구축할 수 있도록 돕는다.

그림 10.5 교육과정 표준체계 활용 개념도

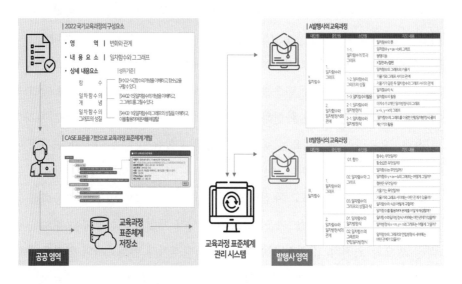

출처: 교육부 & 한국교육학술정보원(2023).

(5) 통합 인증 체제 적용

AI 디지털교과서는 하나의 계정으로 AI 디지털 교과서 포털과 각 발행사의 AI 디지털교과서를 손쉽게 이용할 수 있는 교육디지털원패스 기반의 통합 인증 체계가 적용된다. 교육디지털원패스를 활용하여 통합 로그인을 하게 되면 각기 다른 아이디와 비밀번호를 기억하고 찾는 일 없이 하나의 아이디와 한번의 로그인으로 내가 선택한 각 과목의 교과서를 편리하게 활용할 수 있게 된다.

그림 10.6 교육디지털원패스

- 교직원 및 학생이 하나의 아이디로 교육디지털원패스와 연계된 교육관련 사이트를 이용할 수 있는 다양한 인증수단을 제공
- 간편 로그인 기능을 제공하여 교육관련 사이트 회원가입 편리성을 제공하고, 온라인 학생 신분 확인 및 정확한 학생 정보(학교, 학년 등)을 제공

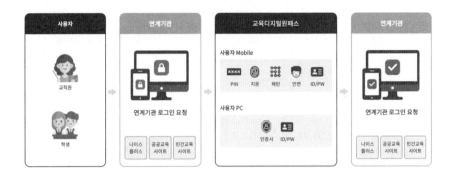

출처: 교육디지털원패스(https://edupass.neisplus.kr).

(6) 사용자 참여 설계 및 보편적 학습 설계(UDL) 적용

AI 디지털교과서는 UI/UX 설계 시 사용자 참여 기반의 현장 의견수렴을 토대로 인사이트를 도출하고 학습 효과를 극대화하기 위한 상호작용을 고려하여 설계된다. 또한 장애, 다문화, 기초학력 증진 등 다양한 특성과 요구를 가진 학생, 교사, 학부모를 포함하여 모든 사용자가 AI 디지털교과서에 동등하게 접근하고 효과적으로 활용할 수 있도록 보편적 학습 설계(UDL: Universal Design for Learning)를 적용해 개발된다. 또한 장애의 유형에 관계없이 AI 디지털교과서를 원활히 활용할 수 있도록 지원하는 접근성 지침을 준용해 개발된다.

표 10.1 보편적 학습 설계(UDL) 가이드라인(CAST, 2023)

구분	다양한 방식의 학습 참여 수단을 제공하기	다양한 방식의 표상 수단을 제공하기	다양한 방식의 행동과 표현 수단을 제공하기
접근	흥미를 돋우는 선택을 제공하기 - 개인의 선택과 자율성을 최적화하기 - 학습자와의 관련성, 가치, 현실성 맞추기 - 위협이나 주의를 분산시킬 만한 요소들을 최소화하기	인지 방법의 선택을 제공하기 - 정보 제시 방식을 학습자에게 맞추어서 제공하기 - 청각적 정보의 대안을 제공하기 - 시각적 정보의 대안을 제공하기	신체적 표현 방식에 따른 선택을 제공하기 - 응답과 자료 탐색 방식을 다양화하기 - 다양한 도구들과 보조공학 기기 사용을 최적화하기
개발	지속적인 노력과 끈기를 갖게 하는 선택을 제공하기 - 목표나 목적을 뚜렷하게 부각시키기 - 도전할 수 있도록 요구와 자원을 다양화하기 - 협력과 공동체 활동을 촉진하기 - 성취지향적 피드백을 증진시키기	언어와 기호의 선택을 제공하기 - 어휘와 기호의 뜻을 명료하게 하기 - 문법(글의 짜임새)과 구조를 명료하게 하기 - 텍스트, 수식, 기호의 해독을 지원하기 - 범언어적인 이해를 촉진시키기 - 다양한 매체들을 통해 의미를 보여주기	표현과 의사소통을 위한 선택을 제공하기 - 의사소통을 위한 여러 가지 매체 사용하기 - 구성과 저작을 위한 여러 도구들 사용하기 - 연습과 수행을 위한 지원을 점차 줄이면서 유창성 키우기
내면화	자기조절 능력을 키우기 위한 선택을 제공하기 - 학습 동기를 최적화하는 기대와 믿음을 증진시키기 - 개인적인 대처기술과 전략들을 촉진시키기 - 자기 평가와 성찰을 발전시키기	이해를 돕기 위해 다양한 선택을 제공하기 - 배경지식을 제공하거나 활성화시키기 - 유형, 핵심, 주요 아이디어와 관계를 강조하기 - 정보처리와 시각화 과정을 안내하기 - 정보의 전이와 일반화를 극대화하기	실행기능에 따른 선택을 제공하기 - 적절한 목표 설정을 안내하기 - 계획하고 전략을 개발하는 것을 지원하기 - 정보와 자료 관리를 촉진하기 - 진전도를 점검하는 능력을 증진시키기

(7) 클라우드 기반의 안전한 학습 환경 제공

AI 디지털교과서는 클라우드 환경(Saas: Software as a Service) 기반으로 서비스되며, 학생들은 단말기에 관계없이 인터넷을 통해 언제 어디서나 접속하여 학습할 수 있다. 갑작스럽게 많은 학생들이 접속하더라도 원활한 서비스를 유지할 수 있도록 하며, 물리적인 시스템 구성의 변경 없이도 확장과 축소가 가능하도록 지원한다. 이를 통해 학생들은 항상 안정적이고 원활한 학습 환경에서 AI 디지털교과서를 활용할 수 있다.

그림 10.7 AI 디지털교과서의 서비스 방식 전환

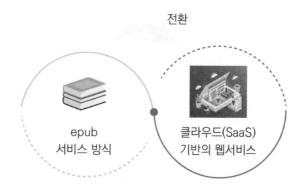

또한 AI 디지털교과서는 안전하고 견고한 데이터 보호를 우선 원칙으로 하고 있다. 개별 학습자들의 데이터는 클라우드 컴퓨팅 서비스 보안인증을 받은 클라우드를 통해 안전하게 관리되고 보호된다. 이러한 데이터 정책은 개인 정보 보호와 학습 데이터의 안전한 관리를 담보한다. 또한 AI를 활용함에 있어 AI 알고리즘이 학습데이터를 통해 편향된 결과를 야기하지 않도록 사람 중심의 인공지능 윤리 기본 원칙을 준수하여 개발된다.

(8) 학습 데이터 허브 플랫폼을 통한 데이터 기반 의사결정 지원

AI 디지털교과서에서 생성되는 학습 과정 데이터들은 학습 데이터 허브 플랫폼을 통해 교육 주체의 요구와 사회적 요구에 따라 활용될 수 있도록 국가적으로 안전하게 관리된다. 개별 학생들의 이력을 관리하고 교육주체의 학습에 대한 더 깊은 이해를 증진시키는 역할에서 나아가, 국가적인 차원에서 전반적 교육의 수준을 높일 수 있도록 데이터 기반의 교육 의사결정을 돕는 체제를 지원한다.

3) 검정 절차

AI 디지털교과서의 도입과 활용을 위한 검정 절차는 크게 내용심사와 기술심사로 나뉘며, 이후 실제 사용자의 참여를 통한 현장적합성 검토의 과정을 거친다(교육부 & 한국교육학술정보원, 2023a).

그림 10.8 AI 디지털교과서 검정 절차

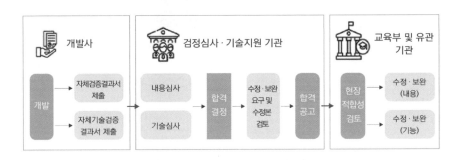

출처: 교육부 & 한국교육학술정보원(2023a).

- 내용심사: 내용심사는 각 교과별 검정 기관에서 진행되며 이 단계에서는 AI 디지털 교과서의 교육적 내용이 해당 교과의 교육 목표와 기준에 부합하는지를 평가
- 기술심사: 기술심사는 기술심사지원기관인 한국교육학술정보원에서 추진하며, 이 단계에서는 인공지능 기술의 적용, 사용자 인터페이스, 안정성 등 AI 디지털 교과서의 AI 디지털교과서의 신뢰성과 적합성, 기술 표준 등 기술적 측면에 대

해 평가

- 현장적합성 검토: 검정심사에 합격한 AI 디지털 교과서는 학생, 교사 등 실제 사용자의 참여를 통한 현장적합성 검토 과정을 거침. 이 단계에서는 교과서가 실제 교육 현장에서 안정적으로 잘 작동하는지를 검토

③ AI 디지털교과서와 교원의 역할 변화

교실은 다양한 목적, 이해관계자, 자원 및 활동들이 함께 하는 매우 복합적인 환경이다. 그리고 이러한 교실에 무엇을 구현하고 구현하지 않을지 결정하는 교사의 역할은 가장 존중받아야 할 역할이자 책무이기도 하다. 교실에서 새로운 AI 디지털교과서를 활용하는 데 있어서 교사는 기술을 수업에 효과적으로 통합하고 이를 사용하여 학생의 학습 및 개발을 효과적으로 지원하는 동시에, 그 한계와 윤리적 고려 사항을 인식해 효율적으로 운영하는 교실 오케스트레이션(Classroom orchestration)으로 역량을 길러야 한다(계보경, 2023b).

- 촉진자로서의 역할 강화: 교사는 AI 디지털교과서 활용을 통해 개별학생의 학습적 요구에 따른 교육 및 맞춤형 학습을 지원할 책무가 있음. 더불어 학생들이 기술을 사용하는 방법과 기술을 효과적으로 사용하는 방법을 이해하도록 도울 수 있어야 함
- 전문성 개발: 교사는 AI 디지털교과서의 기능과 한계, 교실에서 이를 효과적으로 사용하는 방법에 대해 지속적인 학습을 해야 함. 이를 통해 개별 학생들의 특성에 근거해 보다 깊이있는 학습을 이끌어낼 수 있는 기술 기반의 수업 역량을 강화해야 함

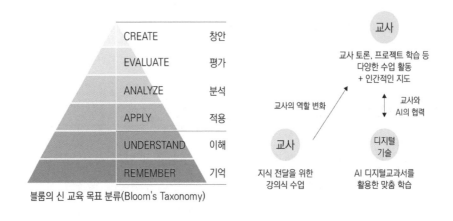

그림 10.9 블룸의 신교육 목표와 AI 디지털교과서 도입에 따른 교원의 역할 변화

블룸의 신 교육 목표 분류(Bloom's Taxonomy)

출처: 한국교육학술정보원(2023b).

- 기술의 능력과 한계에 대한 깊은 이해: 교사는 기술을 교육에 통합하는 방법과 사용할 전략에 대해 정보에 입각한 결정을 내리기 위해 기술과 그 기능 및 한계에 대해 깊이 이해해야 함
- 윤리적 기준 정립 및 책임 있는 기술 활용 촉진: 교사는 교육에서 AI의 책임 있는 사용을 촉진하고 데이터 프라이버시 및 편견과 같은 윤리적 문제를 해결하는 데 기준을 제시할 수 있어야 함. 아울러 이러한 문제를 인식하고 위험을 완화하고 기술이 윤리적으로 사용되도록 하기 위한 조치를 취할 수 있어야 함
- 인간적 상호작용: AI 디지털교과서가 인간 상호 작용을 대체하는 것이 아닌 증진시키는 데 활용되어야 하며, 교사는 인간적 상호작용을 증진하는데 중요한 역할을 해야 함

그러나 교실에서의 기술 통합을 넘어 무엇보다 중요한 요소는 교사가 스스로 전문적인 성장을 주도하고, 직면한 문제에 대한 해결책을 찾으며, 개선을 위한 행동을 실천하는 'Teacher Agency'로서의 주도성을 확보해 진정한 가르치는 방식

의 변화와 궁극적인 학생의 성장을 이끌어내는 것이다. 혁신의 완성은 AI 기술과 교과서 체제의 변화를 넘어서 교육 주체가 기존의 수업 방식과 역할을 주도적으로 변화시킬 때 이루어질 수 있다.

참고문헌

교육부(n.d.). 교육디지털원패스. https://edupass.neisplus.kr/

교육부(2023). 디지털 기반 교육혁신방안.

교육부(2023). AI 디지털교과서 추진 방안.

교육부 & 한국교육학술정보원(2023a). AI 디지털교과서 개발 가이드라인 1.0. 한국교육 학술정보원.

교육부 & 한국교육학술정보원(2023b). 2024 디지털교육백서. 한국교육학술정보원.

계보경(2023a). 500만 학생을 위한 500만 개의 교과서; AI 디지털교과서로 달라지는 10 가지. **행복한 교육**, 494. 16−19.

계보경(2023b). 교사와 AI 튜터, 적일까? 동지일까?. **새교육**, 820. 24−27.

방송통신표준심의회(2022). 한국형 웹 콘텐츠 접근성 지침 2.2(2022. 12. 28 개정).

CAST (2011). *Universal design for learning guidelines version 2.0 [graphic organ−izer]*. Wakefield, MA: Author.

Churches, A. (2009). *Bloom's digital taxonomy*. Retrieved from edorigami.wikispaces.com/Bloom%27s＋Digital＋Taxonomy

Khanlabs. (n.d.). Khanmigo. https://www.khanacademy.org/khan−labs

CHAPTER

11

학습데이터의 이해

학습데이터의 이해_하민수

1 교수·학습과 학습 데이터

1) 교수·학습 과정과 데이터

'데이터'의 사전적 의미는 관찰이나 측정으로부터 수집된 정보를 의미한다. 예를 들어 관찰되어 수집되는 다양한 사진, 측정되어 수집되는 무게, 길이와 같은 정보, 인터넷에 검색되는 수많은 텍스트가 모두 데이터이다. 데이터는 숫자, 문자, 이미지 등 다양한 형태로 저장될 수 있으며, 형태끼리 서로 변환될 수도 있다. 우리 주변에는 끊임없이 데이터가 생성되고 있다. 과학을 연구하는 실험실에서는 과학적 지식을 생성하는데 사용되는 데이터를 수집하고 있으며, 설문조사를 실시하는 기관에서는 사회학적 질문에 대한 답을 찾기 위해 데이터를 수집하고 있다. CCTV는 영상 데이터들을 자동으로 수집하고 있으며, 인공위성은 지구의 모습의 데이터를 실시간 수집하여 전송하고 있다.

데이터는 지식을 생성하는 데 중요하다. 경험주의 철학에 따르면 관찰과 실험을 통해 얻은 경험이 지식의 원천이다. 인간의 경험은 데이터의 형태로 수집되고 분석된다. 이와 같은 지식을 통해 우리는 세상에 대한 더 정확하고 신뢰할 수 있는 이해를 구축할 수 있다. 이와 같은 관점에서 데이터는 여러 가치를 지닌다. 먼저 데이터는 가설이나 이론을 실제 경험과 비교하고 검증하는 데 필수이다. 이를 통해 이론이 실제 세계에 얼마나 적용되는지 평가할 수 있다. 데이터 분석을 통해 세상에 숨겨진 법칙이나 상관관계를 발견할 수 있다. 데이터는 다양한 모델을 활용하여 미래를 예측하고 현상을 설명한다. 또한 데이터는 주관적인 편견에서 벗어나 객관적인 지식 생성에 기여한다.

교육 현장에서도 많은 데이터가 생성되고, 학습과 관련된 다양한 지식과 이론을 생성하는 데 도움을 준다. 예를 들어, 교육 내용의 개선, 학습 경험의 맞춤화 등을 위해서 우리는 학습데이터를 사용한다. 시험, 설문조사, 온라인 학습 플랫폼의 사용 데이터, 수업 참여 기록 등을 통해 학생의 성적, 피드백, 참여도, 학습 스타일 및 행동 패턴과 같은 다양한 학습 데이터가 수집될 수 있다. 수집된 데이터를 통계적 방법, 기계학습 등의 방법으로 분석하여 학습의 효과성, 학생들의 이해도, 어려움을 겪고 있는 영역, 그리고 학생들의 학습 스타일과 선호도 등을 확인한다. 분석을 통해 얻은 결론을 활용하여 교육 내용의 어떤 부분이 개선되어야 하는지 결정할 수 있다. 특정 주제에 대한 이해도가 낮은지, 특정 집단의 학습에 문제가 있는지 등이다. 이와 같은 결과를 활용하여 학생들의 개별적인 요구와 학습 스타일에 맞춘 맞춤형 교육을 개발할 수 있으며, 학습의 수준에 맞는 다양한 수업 자료를 보완할 수 있다. 이처럼 학습데이터를 이용한 교육 내용의 개선은 학습을 학생 중심의 접근 방식으로 전환하고, 학습의 효과를 높이는 중요한 방법이다(함윤희 등, 2021). 이와 같이 학습데이터를 효과적으로 활용하기 위한 방법을 이 장에서 확인하고자 한다.

2) 학생 관련 데이터

학습을 이해하고, 학습과 관련된 이론을 생성하는 데 있어 학습자에 대한 이해는 가장 중요하다. 학습자의 필요, 능력, 배경, 학습 스타일을 이해함으로써 학습이론은 실제 학습 상황에 더 잘 적용되고, 학습자에게 실질적인 가치를 제공할 수 있다. 학습은 학습자의 다양한 문화적, 사회적, 경제적 배경에 큰 영향을 받으므로 학습자의 다양한 면을 이해하는 것도 중요하다. 학습자의 다양성을 이해하고 반영하는 것은 포용적이고 다양한 학습 환경을 조성하는 데 필수이다. 더욱이 학습의 효과를 높이기 위한 맞춤형 교육을 위해서도 학습자의 데이터가 필요하다. 학습자의 사회적 상호작용, 정서 상태, 동기부여 등을 이해하고, 교육 현장의 실제 문제를 해결하기 위해 학습자의 현실적인 상황을 이해하는 것은 중요하다 (김민수 & 안성진, 2022).

학습자로부터 수집될 수 있는 다양한 데이터를 생각해 보자. 첫 번째는 학생의 학습에 영향을 주는 인지적 수준에 관한 정보이다. IQ와 같은 지표가 가장 대표적일 것이다. 학업 성취도는 학생이 수행한 총괄 시험의 점수, 평소 학습과정에서 생성된 형성평가의 점수, 프로젝트형 평가에서 교사의 관찰 평가 등이 있다. 학생마다 학습 발달 속도가 다를 수 있는데 학습 발달에 관한 정보도 중요한 데이터이다. 또한 과목마다 학습의 진도가 다를 수 있는데 과목에 따른 학습진도도 학습자를 이해하는 데 중요한 정보로 활용될 수 있다. 그 외에도 교과서, 온라인 자료, 도서관 자료를 얼마나 사용하는지에 관한 정보, 개인 학습 목표, 학습에 대한 동기 등에 관한 정보도 중요한 학습자의 정보이다.

두 번째로 학생들의 사회적 상호작용의 수준을 보여주는 다양한 데이터들이 있다. 동료와의 교류, 집단 활동 참여도, 친한 동료, 방과 후 활동, 클럽 활동 등을 보여주는 사회적 상호작용에 관한 정보가 있다. 수업에 얼마나 적극적인지, 상호작용에서 얼마나 참여도가 높은지 등을 보여주는 정보도 중요하다. 학생의 가정환경, 경제적 상황, 문화적 배경 등도 학생을 이해하는 데 중요한 정보이다. 세 번째는 학생의 정서적 수준을 보여주는 데이터이다. 학습에 다양한 영향을 주는 심리적 또는 정서적 요인 중에는 학생의 감정, 스트레스 수준, 자신감 등이 있다. 학습이 단순히 심리적인 활동이 아니라 많은 경우 신체적 활동을 동반하기 때문에 학생의 체력, 건강 상태 등도 학습을 분석하기 위한 중요한 정보이다. 그 외에도 최근 디지털 기반 학습의 증가로 학습자의 디지털 교육 기술에 대한 접근성 및 사용 빈도, 디지털 기기 사용 습관 등도 중요한 학습자 특성이다.

3) 교육 활동으로 생성되는 데이터

교실에서 교사와 학생 간의 상호작용은 빈번하게 일어나며, 학생과의 상호작용에서도 다양한 형태의 데이터가 생성된다. 예를 들어서, 교사가 학습 내용을 강의하고 설명하는 과정에서도 많은 데이터가 생성된다. 교사는 주제에 대한 정보를 제공하고, 예시를 들며, 개념을 설명한다. 교사의 강의 데이터는 분석을 통해 교사의 강의 능력에 관한 피드백을 제공하는 데 활용될 수 있을 것이며, 인공지능을 활용하여 자연스러운 피드백 문장을 생성하는 기술 등에도 활용될 수 있다. 학생이 교사에게 하는 질문들도 중요한 데이터이다. 학생의 질문분석을 수업 내용이 얼마나 효과적으로 전달되었는지 분석할 수 있을 것이며, 학생의 흔한 질문들은 인공지능 챗봇 개발에도 활용될 수 있다.

교육 활동으로 생성되는 데이터 중 첫 번째는 교사의 강의에서 생성되는 데이터이다. 교사는 수업 전에 학생의 사전 지식과 학습 발달 수준 등을 고려하여 수업의 내용을 구성한다. 학습 주제를 선정하고, 관련된 정보들을 수집하여 학생들에게 제공할 유인물을 만들거나 수업 시간에 보여줄 시각 자료를 개발한다. 이와 같은 데이터는 디지털 문서 등으로 저장되어 있을 가능성이 높으며 쉽게 수집될 수 있다. 디지털로 수집하기 어려운 강의 자료는 수업 중에 칠판에 작성하는 다양한 판서이다. 칠판 또는 디지털 기기 등에 교사가 작성하는 내용, 다이어그램, 공식, 텍스트 등도 있다. 교사가 수업 중에 언어적으로 설명한 것도 중요한 데이터이지만 수집하기는 어렵다. 하지만 최근 음성 녹음, 음성을 텍스트로 변환하는 기술 등을 활용하면 수집될 수 있는 가능성은 있다.

교실 수업에서 이루어지는 다양한 평가 활동을 통해 많은 데이터가 생성된다. 먼저 교사가 학생에게 제공하는 문제들도 교육 현장에서 생성되는 중요한 데이터이다. 문제에 대한 학생의 응답, 정답 비율과 오답 비율, 문제를 해결하는 데 소요되는 시간 등 평가에서 생성되는 데이터는 상당하다. 서술형 문항의 경우 학생이 직접 작성한 응답은 학생의 학습 과정을 분석하는 데 중요한 데이터이다. 서술형 문항에 대한 학생 응답을 교사는 피드백을 제공하기 위해 직접 분석한다. 학생 응답에 대한 교사의 분석은 피드백을 제공하는 데 사용될 뿐만 아니라 서술형 자동평가 채점 모델을 개발하는 데에도 활용된다.

2 학습데이터의 수집

1) 설문을 활용한 데이터 수집

교육 현장에서 데이터를 수집하는 다양한 방법 중에서 가장 보편적인 방법은 설문을 이용한 데이터 수집이다. 학습에 대한 학생의 관심, 흥미, 동기 등의 심리적 특성을 조사하거나, 진로, 관심 분야 등과 같은 진학 상담에 필요한 기초 자료를 수집할 때, 학교에 대한 만족도를 조사하는 등에서도 설문은 활용된다. 국가와 교육청에서도 교육 정책을 개발하고, 학생의 변화를 분석하기 위하여 다양한 설문을 통해 데이터를 수집하고 있다. 대표적인 것이 교육종단연구이다. 교육종단연구는 학생들의 학습과 발달을 장기간에 걸쳐 추적 조사하는 연구 방법으로, 장기간에 걸쳐 설문을 동일한 대상에게 제공하여 데이터를 수집한다. 생성한 데이터를 활용하여 학습자 변인, 교사 변인, 학부모 변인 등의 관계 등 다양한 분석을 실시한다. 이러한 연구 결과를 활용하여 교육 정책을 개발하거나 교육 시스템을 개선한다.

설문조사를 통해 정성적, 정량적인 데이터를 수집하는데 유용한데, 객관적이고 신뢰로운 데이터를 수집하기 위해서 효과적인 설문지를 개발해야 하며 데이터를 수집하는 과정에서도 주의가 요구된다. 효과적으로 설문조사를 하기 위한 단계를 요약하면 다음과 같다.

① 설문의 목표 정의
② 질문 유형의 선택

③ 질문 문항 개발

④ 질문 문항의 타당화

⑤ 설문지의 구성

⑥ 설문조사 디자인 및 자료수집

① 설문의 목표 정의

설문지를 개발하기 전에 설문의 목표를 구체화해야 된다. 설문지를 활용하여 데이터를 수집하는 과정에는 많은 예산과 노력이 들 수 있으며, 설문을 응하는 학생이 물리적으로 응답할 수 있는 문항의 수가 제한되기 때문에 효율적으로 데이터를 수집하기 위해 필요한 문항만 설문에 포함해야 한다. 예를 들어 교사가 학생들의 진로 상담을 위해 설문조사를 수행하고자 한다면 학생의 진로에 대한 태도, 관심 분야 등의 조사가 설문의 목표일 것이다. 교육종단연구인 서울학생종단연구 2020은 서울학생들의 역량, 행복감 등 다양한 영역의 종단자료의 수집, 수집된 자료를 바탕으로 교육정책 및 교육활동의 효과를 분석, 궁극적으로 학교현장 내 교육활동을 개선하고 효과적인 교육정책 수립을 목표로 하고 있다. 설문의 목표가 분명하면 질문의 개발이 쉬울 뿐만 아니라 불필요한 질문을 최소화 할 수 있다.

② 질문 유형의 선택

설문의 목표를 정의한 후에는 어떤 유형의 질문으로 필요한 데이터를 생성할 수 있는지 고려한다. 질문의 유형에 따라 분석 방법이 결정되며, 분석 과정에 대한 쉽고 어려움을 고려하여 질문의 유형을 결정할 필요가 있다. 예를 들어서 선택형 질문이나 단답형 질문의 경우 데이터의 수집과 분석이 쉽다. 하지만 개방형 설문조사, 서술형 응답을 수집하면 응답 분석에 시간이 많이 요구된다. 선택형 평가인 폐쇄형 질문 유형은 분석이 쉬우며 응답자가 빠르게 답변을 할 수 있어 인지적 부담이 낮은 질문이다. 하지만 선택형 질문이 항상 적절하지는 않다. 응답이 제한된 질문은 다양한 정보를 수집하는데 한계가 있다. 따라서 선택지 외에 의견을 적을 수 있는 공간을 제공하는 것도 고려할 수 있다.

③ 질문 문항 개발

설문 목표에 맞는 질문 유형을 결정하였다면 질문 유형에 맞게 구체적인 질문 문항을 만들어야 한다. 문항은 설문자와 응답자의 의사소통 과정이라고 이해할 수 있다. 만약 질문 문항의 의도가 잘 전달되지 않는다면 좋지 않은 자료가 수집될 수 있다. 예를 들어서 질문은 짧고 이해하기 쉬워야 하며, 한 문항에 하나만 질문하고 두 개 이상을 묻지 않아야 한다. 질문에 포함되는 단어는 최대한 쉽고 복잡하지 않아야 하며, 응답자가 이해할 수 있는 수준의 단어를 사용해야 한다. 질문이 특정 답안을 유도하게 하거나, 편견이 내재해서는 안된다. 응답자의 이해를 돕기 위해서 이미지나 비디오 등을 포함할 수 있으나, 응답하는데 시간이 오래 걸리게 하면 안된다.

다음은 설문지에 포함되는 다양한 유형의 질문이다.

• 텍스트 기반 개방형 질문: 응답자는 자신의 생각을 글로 직접 입력한다. 질문이 구체적이지 않고 다양하게 해석이 될 경우 설문자가 의도하지 않은 응답도 상당수 입력되게 된다. 따라서 질문이 구체적이고 명확하게 전달되어야 한다.

• 선택형 질문지: 응답자는 사전에 정해진 여러 선택지 중에서 하나 또는 다수를 선택한다. 선택지를 선택할 때 중요 순서로 응답할 수 있다. 선택형 질문이라도 해당하는 선택지가 없는 경우 해당 없음을 표시하고, 자신의 의견을 적는 칸을 둘 수 있다.

• 척도형 질문지: 척도형은 자신의 상태를 척도로 표현한다. 예를 들어서 예/아니요, 참/거짓, 동의/반대 등으로 표시한다. 여러 점수를 포함하는 평가 척도도 척도형 질문이다. 대표적인 예는 리커트 척도로 '매우 그렇다-전혀 그렇지 않다'로 주로 5단계로 질문한다. 5단계 척도가 아닌 7단계, 10단계 척도도 사용할 수 있으며, 짝수점수로 중간 항목이 없는 질문도 구성할 수 있다.

• 인구통계학적 질문: 성별, 거주 지역, 경제 상황 등에 관한 질문으로 선택형 질문지와 동일한 형식으로 질문한다. 인구통계학적 질문은 설문 분석에 중요하게 활용되므로 필요하나 일부 문항은 개인적인 질문으로 인식시키고, 응답이 불편할

수 있어 질문을 신중히 해야 한다.

④ 질문 문항의 타당화

질문이 정해지면 질문이 최초로 묻고자 하는 내용을 답변할 수 있도록 잘 안내하고 있는지에 관하여 종합적으로 검토하는 타당화 과정을 수행한다. 설문 문항에 관한 전문가에게 설문지를 제시하고 검토를 받거나, 설문을 수행하는 대상과 유사한 일부에게 직접 설문 문항을 제시하고, 어떻게 응답을 하는지를 살펴볼 수 있다. 이 과정에서 문항에 포함된 다양한 오류를 검토할 수 있다. 설문조사를 수행하는데 주의해야 하는 것은 응답자의 편향이다. 예를 들어서 사회적 바람직성 편향은 응답자가 사회적으로 허용되거나 기대되는 방식으로 응답하는 경향이다. 자신은 학습이 즐겁다고 응답을 하거나, 교사의 기대에 부응하는 태도를 가지고 있다고 응답하는 경우이다. 익명으로 설문하지 않을 때 사회적 바람직성 편향은 강화될 수 있다. 질문의 순서가 후속 질문에 대한 응답자의 답변에 영향을 미칠 수도 있다. 선택형 질문의 경우 첫 번째 선택지를 선택하거나, 선택지가 길거나 좋아 보이는 선택지를 선택할 가능성이 있다.

⑤ 설문지의 구성

설문조사에서 질문 순서는 질문 문구만큼 중요하다. 설문조사의 흐름은 질문하는 사람의 응답에 영향을 줄 수 있다. 예를 들어서 답변하기 어려운 질문이나 답변이 힘든 질문이 설문의 앞쪽에 있을 때 설문 후반부에 응답의 질이 낮아질 수 있다. 또는 개인적인 질문이 앞에 있을 때 뒤에 이어지는 질문에 사회적 바람직함 편향이 강화될 수도 있을 것이다. 여러 가지 가능성을 고려하면서 질문 순서가 응답에 미칠 수 있는 영향을 최소화하도록 질문의 순서를 구성한다. 본 설문 전에 응답자와 비슷한 조건의 참여자에게 설문을 실시해보고 심리적, 인지적 부담이 최소가 될 수 있는 순서로 구성할 수 있다. 또한 개인적인 질문은 설문조사 끝에 넣는 것이 효과적이다.

⑥ 설문조사 디자인 및 자료수집

질문지와 질문의 순서 등이 모두 준비되었다면 실제 설문조사 방식을 결정한다. 종이와 연필 방법, 설문조사 플랫폼을 사용할 것인지 등을 결정한다. 종이와 연필로 설문을 수행하면 후에 데이터를 입력해야 한다. 설문조사 플랫폼을 사용하면 데이터 입력 등 추가적인 작업은 줄어들 수 있으나 설문 참여율에 영향이 있으며, 설문조사 플랫폼에 설문지의 형식을 맞춰야 하는 어려움이 있다. 학교 현장에서는 학습관리시스템을 사용하기 때문에 학습관리시스템에서 설문을 수행할 수 있다. 대부분의 학습관리시스템은 설문 기능을 포함하고 있으며 학생에게 인구통계학적 질문을 하지 않더라도 학생의 정보를 수집할 수 있다. 설문을 수행할 때 몇 명의 응답자로부터 데이터를 수집할 것인지도 중요한 결정사항이다. 학생 개인의 정보를 수집해야 한다면 학생 전원에게 수집을 해야 되지만, 다양한 정책을 개발하거나 교육 내용의 개선 등을 위한 설문이라면 모든 학생을 조사할 필요가 없다. 이 같은 경우에는 통계적 방법을 활용하여 적정한 데이터의 양을 결정할 수 있다.

2) 평가를 통한 데이터 수집

교실에서 학습과 관련된 데이터 중에서 가장 큰 부분을 차지하는 영역은 아마도 평가에서 수집되는 데이터일 것이다. 평가는 학습에서 중요한 영역이므로 수업 과정에서 계속 이루어지고, 대단위의 평가는 많은 수의 학생이 참여하여 데이터가 축적된다. 평가의 주된 목적은 피드백을 제공하는 것이기 때문에 평가 결과는 대부분 분석되며, 학생 응답과 교사의 분석 데이터가 함께 수집되고 있다. 예를 들어서 영어 능력을 평가하는 전문기관에서는 영어 평가를 실시하는 수만큼 응답 데이터와 점수 데이터가 축적된다.

평가는 학생의 학습을 촉진하기 위한 효과적인 수단이다(박민정 등, 2007). 평가를 통해 학생의 학습 동기를 높일 수 있으며, 학생의 학습과정을 관찰하여 맞춤형 학습을 제공할 수 있다. 평가를 통해 학생이 학습의 주체가 될 수 있으며,

자신의 학습과정을 분석하고 역량을 강화하는 학습의 기회를 추가적으로 얻을 수 있다. 평가는 다양하게 분류할 수 있으나 그 목적에 따라 진단평가, 형성평가, 총괄평가로 크게 구분한다. 먼저 진단평가는 학습자의 능력, 강점, 약점, 지식 및 기술 수준을 확인하기 위한 평가로 주로 학습 전에 이루어진다. 교사는 학습자의 현재 수준을 확인하여 학습의 목표를 설정하고, 개별화된 교육을 계획하는 데 활용한다. 진단평가를 통해 학생 사이의 학습 격차가 확인되면 맞춤형 학습을 위해서 팀의 구성을 다르게 하는 등의 다양한 교육적 조처를 할 수 있다. 진단평가는 형성평가과 유사한 질문으로 구성할 수 있다. 이 경우에는 형성평가를 수행하고 수업 전과 후의 변화를 비교할 수 있을 것이다. 진단평가를 통해 학습 전에 학생이 가지는 일반적인 특성을 조사할 수 있다. 예를 들어서 학습 내용에 관한 학생의 관심이나 잘못된 이해 등을 조사할 수 있다. 이와 같은 데이터는 학생의 평소 준비 상태를 알려주는 정보이기 때문에 새로운 진단평가를 구성하거나 교육용 챗봇 등과 온라인 교육 시스템을 개발하는 데에도 효과적으로 활용될 수 있다.

두 번째는 형성평가이다. 형성평가는 학생의 학습을 촉진하기 위하여 학습 과정과 이후에 수행하는 다양한 평가 등을 의미한다. 형성평가는 시험의 형식을 갖춘 공식적인 평가일 수 있지만 수업 중에 이루어지는 다양한 질문도 이에 포함될 수 있다. 형성평가의 목표는 학생의 학습을 관찰하여 학습의 진행 과정을 살피고, 학생이 자신의 학습을 학습 목표의 달성 여부 등을 이해하는데 도움이 될 수 있는 지속적인 피드백을 제공하는 데 있다. 교사는 학생이 어려움을 겪고 있는 부분을 이해하고, 즉시 해결하기 위해 다양한 전략을 구성하는데 활용한다. 형성평가는 학습과 관련된 피드백을 목적으로 하기 때문에 평가의 점수를 학생에게 제공하는 것이 아니라 피드백을 제공하는 것을 목적으로 한다. 형성평가는 다양한 방법으로 평가될 수 있다. 교사 주도형으로 시험지 등을 활용하여 형성평가를 구성할 수 있지만 학생 스스로 자신의 학습을 평가하는 자가평가를 실시할 수 있다. 교사가 많은 수의 학생을 평가하는데 어려움이 있으면 동료평가를 형성평가로 활용할 수 있으며, 이 경우에 동료평가는 학습을 촉진하는 중요한 교수 전략이 되기도 한다. 형성평가를 통해 수집된 자료는 학생이 어떻게 이해하고 있는지, 학습의 발달 과정은 어떠한지 등을 보여주기 때문에 학습과정을 연구하는데 중요하게 활용된다. 형성평가 자료가 학습관리시스템에서 자동으로 수집될 경우 학습자의 발달 과정을 종단으로 확인할 수 있다. 이와 같은 경우 개별 학습자의 발달 과정을 심층적으로 분석하여 맞춤형 학습을 구성할 수 있다. 또한 서술형 문항을 자동채점하는 인공지능 채점시스템, 교육용 챗봇을 개발하는데 형성평가 자료가 중요하게 활용된다.

마지막은 총괄평가이다. 총괄평가는 진단평가와 형성평가와 같은 학습을 위한 평가는 아니며 학생의 학습을 종합적으로 분석하여 그 수준을 확인하는 데 있다. 주로 교육 기간이 끝나는 학기말이나 학년이 마칠 때 학생의 학습역량, 기술 습득 및 학업성취도를 평가하는 평가이다. 대표적인 총괄평가인 시험, 과제 또는 프로젝트는 학생들이 배워야 할 내용을 배웠는지 여부를 확인하는 데 사용된다. 이 경우에 평가점수를 확인하고 개별적으로 학습의 질을 진단하고 피드백을 주는 것이 목적이 아니라 학생이 성취 수준에 도달하였는지에 관한 여부, 그 정도를 결정하고 그에 맞는 점수를 제공하는 것이다. 즉 총괄평가는 진단보다는 점수를 부여하는 평가적인 과정이다. 따라서 총괄평가 결과는 성적표에 문자 등급으로 표시되거나 대학 입학 과정에서 사용되는 시험 점수로 표시된다. 대부분은 학생의 학습 기록으로 남게 되어 영구적으로 관리될 수도 있다. 총괄평가는 대부분 고부담의 평가이기 때문에 학생이 자신의 최대 역량을 발휘하여 평가에 임하게 된다. 즉, 학생의 현재 수준을 진단하는데 매우 효과적인 데이터이다. 예를 들어서 시험 성적에 중요하게 반영되지 않는 형성평가에는 적극적으로 임하지 않고 시험 성적이 반영되는 평가에는 적극적인 집단이 있다면 해당 집단의 실제 능력은 총괄평가를 통해 확인할 수 있다. 따라서 총괄평가는 학생의 등급을 결정하는데에도 활용되지만 학생의 학습 역량, 집단간 차이 등을 분석하는데 중요한 정보가 될 수 있다. 예를 들어서 교육종단연구에서 참여자의 대학수학능력시험의 점수를 중요한 예측변수로 설정한 이유도 그에 있다.

3) 교실 내 교육 활동에서 데이터 수집

교실 내 수업 중에는 다양한 활동이 수행되며, 각 활동의 결과물로서 다양한 데이터가 생성될 수 있다. 예를 들어서 교사의 판서 내용과 강의 음성, 학생의 활동을 담은 영상 및 목소리, 토론 중에 녹음되는 학생 간 상호작용 음성 등이다. 이와 같은 데이터는 학습 과정을 분석하고 다양한 교육 관련 기술을 개발하는데 유용하게 활용될 수 있으나 기록하기 어렵기 때문에 데이터로 수집하기는 한계가 많다. 하지만 영상 녹화 기술, 녹음 기술과 음성 인식 기술과 음성을 문자로 전환하는 기술 등을 활용하여 데이터로 생성할 수 있다(김태기, 2019).

디지털 기기를 활용한 교육이 활성화되며, 또한 디지털 기기에서 나타나는 학생들의 반응을 실시간으로 수집하고 분석하는 기술의 개발이 더해져 교실 내 교육 활동이 실시간으로 분석될 수 있다. 학생이 디지털 기기(예: 태블릿, 컴퓨터, 스마트폰)를 사용하여 학습하는 동안, 이 시스템에서 이루어지는 다양한 교육 활동이 실시간으로 저장, 분석, 제공된다. 학생들이 디지털 학습 자료를 사용할 때 발생하는 모든 클릭 및 상호작용을 기록한다. 예를 들어 학습 자료의 어느 부분이 가장 많이 조회되고, 얼마나 오래 머무는지 등의 정보가 실시간으로 수집된다. 수업에 얼마나 열심히 임하는지에 관한 수업의 참여도, 교사의 수업 진행을 얼마나 참여하는지에 관한 정보 등을 실시간으로 분석하고 교사에게 제공될 수 있다. 또한 학습자의 디지털 작업물도 실시간으로 분석될 수 있다. 학생이 기기에 기록하는 에세이, 프로젝트, 프레젠테이션, 코드 작성 등의 다양한 활동의 내용을 요약하거나, 평가를 수행하는 등의 분석이 실시간으로 이루어질 수 있다. 이와 같은 실시간 정보를 바탕으로 교사는 즉각적으로 교육 내용과 방법을 학생의 필요에 맞추어 조정할 수 있다. 또한 그와 같은 정보는 수업 후에도 학습 분석 보고서의 형태로 교사의 다음 수업을 준비하는데 활용하는 등 다양한 목적으로 활용된다. 실시간 정보가 아니더라도 학습관리시스템을 통해 교실 수업의 결과물에 관한 다양한 정보를 수집할 수 있다. 온라인 학습 플랫폼에서는 학생의 로그인 횟수, 과제 제출 기록, 토론 포럼 등의 활동에 참여 유무, 퀴즈 점수, 페이지 조회 등 다양한 수업 활동이 기록된다.

3 학습데이터의 분석 및 해석

1) 기초통계를 활용한 데이터 분석 및 해석

학습데이터를 활용하여 할 수 있는 분석은 다양할 것이다. 아마도 가장 먼저 수행할 수 있는 분석은 집단 간 평균의 차이가 있는지를 확인하는 것이다. 예를 들어서 학생 데이터를 활용한 분석이면 남학생과 여학생의 성취도 차이, 전학을 온 학생과 기존부터 계속 다니고 있는 학생의 차이, 사회적 배려 대상자와 그렇지 않은 집단의 차이 등이 있다. 데이터를 활용하여 집단 간 차이를 분석하는 데에는 다양한 통계 방법을 사용한다. 집단 간 데이터를 분석하는 대표적인 방법은 t검정과 분산분석(ANOVA)이 있다. t검정은 두 집단 간의 평균 차이를 비교할 때 사용된다. 독립표본 t검정은 남성과 여성 등 두 개의 서로 다른 집단의 평균을 비교할 때 사용된다. 대응표본 t검정은 같은 수업 전과 수업 후의 점수를 비교하는 등과 같이 같은 집단에 대해 두 번의 측정값을 비교하는데 사용한다. 대부분의 통계는 데이터가 특정 조건을 만족할 때 사용할 수 있도록 공식화되어 있다. t검정은 데이터가 정규 분포인지, 두 집단의 분산이 동일한 등분산조건을 만족해야 사용이 가능하다. t검정은 평균, 표준편차, 그리고 표본 크기를 바탕으로 t값을 계산하고, 그에 맞는 유의확률인 p값을 확인한 뒤 평균차이의 유의미함을 결정한다.

두 개 이상의 집단 간 평균의 차이를 비교할 때 사용하는 방법은 분산분석이다. 일원배치 분산분석은 하나의 독립 변수(예: 초중고)에 따른 평균을 비교할 때 사용한다. 여러 종류의 집단이 있을 경우에는 이원 배치 분산분석을 사용한다. 이 경우에는 집단간의 교호작용 효과도 확인이 가능하다. 예를 들어서 성별(남학생과 여학생)과 학교급별(초중고)의 두 집단이 있다면 총 6개의 집단으로 구성된다.

이원배치분산분석을 실시하면 평균에서 성별 집단의 효과, 학교급별 집단의 효과와 함께 성별과 학교급별이 혼합되어 나타나는 영향도 확인할 수 있다. 예를 들어서 초등학생의 경우 남학생이 여학생에 비해 평균값이 높지만 고등학생은 여학생이 남학생에 비해 평균값이 높을 때 성별과 학교급별의 교호작용이 있다고 판단할 수 있다. 분산분석도 마찬가지로 각 집단의 데이터가 정규 분포를 따라야 하며, 모든 집단의 분산이 동일해야 하는 조건을 따른다. 분산분석은 집단 간 분산과 집단 내 분산을 비교하여 F값을 계산하고, F값을 바탕으로 p값을 결정하고 유의도를 확인한다. 유의도에 따라 평균의 차이가 통계적으로 의미있는 차이인지 확인한다. t검정과 분산분석은 집단 간 평균 차이를 검정하는 데 사용되는 기본적인 통계적 방법이며, 이 방법은 데이터가 특정 가정을 만족해야 한다. 데이터가 이러한 가정을 충족하지 않을 때는 비모수적 방법(예: Mann–Whitney U 검정, Kruskal–Wallis 검정)을 고려할 수 있다.

학습관련 데이터는 다양한 변인들이 있다. 학생의 학업성취도, 학습동기, 부모의 소득 수준, 사교육 수준 등 다양한 변인들은 서로 관련이 있어 보인다. 예를 들어서 학습동기가 높은 학생들은 열심히 공부해서 성취도가 높을 수 있다. 또는 공부를 잘하는 학생들은 공부가 재미있다고 느낄 수 있다. 부모의 소득이 높으면 사교육을 많이 경험하게 하고, 그에 따라 성취도가 높아질 수 있다. 이런 경우 학생은 성취도는 높으나 많은 학습으로 학습동기는 낮을 수 있다. 이와 같이 변인들 간에 서로 관련성이 있는지를 확인하는 분석이 상관관계 분석이다. 상관관계 분석은 두 변수 간의 관계의 강도와 방향을 측정하는 통계적 방법으로, 두 변수가 어떻게 관련되어 있는지, 즉 하나의 변수가 변할 때 다른 변수가 어떻게 변하는지를 확인할 수 있다. 중요한 점은 상관관계가 인과관계를 의미하지는 않는다. 두 변수가 서로 연관되어 있다고 해서 특정 변인이 원인이 되어 다른 변인의 변화를 발생시킨다고 단정할 수는 없다. 이 점은 상관관계 분석을 수행할 때 항상 주의해야 한다.

상관관계 분석은 상관계수의 높고 낮음으로 나타내어진다. 상관계수는 −1

에서 +1 사이의 값으로 나타나며, 이 값은 관계의 강도와 방향을 나타낸다. +1
에 가까울수록 정적인 상관관계로, 그 강도가 높은 것을 의미한다. 예를 들어서
수학점수와 과학점수는 서로 관련성이 높아 보이는데 아마도 높은 정적인 상관관
계를 가질 것이다. −1에 가까울수록 부적인 상관관계를 나타낸다. 수업을 빠지
는 정도와 성취도의 관련성을 분석하면 아마도 부적인 상관관계가 나타날 수 있
다. 상관관계 분석은 데이터의 특성에 따라 다양한 방법으로 분석한다. 먼저 피어
슨 상관계수는 두 변수가 모두 연속적이고 정규 분포를 따를 때 주로 사용되는
분석이다. 스피어만 순위 상관계수는 두 변수 중 하나 이상이 정규 분포를 따르지
않거나, 서열 척도일 때 사용한다. 상관관계를 활용하여 직접적으로 인과관계로
해석할 수는 없지만 인과성을 보이기 위해서는 반드시 상관관계를 보여야 한다.
따라서 인과분석을 추론하기 전에 상관관계 분석을 먼저 수행할 수 있다.

많은 데이터가 생성되었을 때 데이터들 간의 관계를 이용하여 어떤 요인을
예측하는 모델을 만들 수 있다. 회귀분석은 이와 같은 경우에 널리 사용된다. 회
귀분석은 변수들 간의 관계를 모델링하고 분석하는 중요한 방법이다. 하나 또는
여러 개의 독립 변수(예측 변수)가 종속 변수(결과 변수)에 어떤 영향을 미치는지
를 추정하고 예측하는 데 사용한다. 단순 선형 회귀는 한 개의 독립 변수와 한 개
의 종속 변수 사이의 선형 관계를 모델링한다. 다중 선형 회귀는 두 개 이상의 독
립 변수와 한 개의 종속 변수 사이의 관계를 모델링한다. 학업성취도를 그것에 영
향을 미치는 다양한 요인(학습동기, 부모 소득, 성별 등)으로 예측하는 모델을 만
들 때 다중 선형 회귀분석을 실시한다. 종속변인이 연속적이지 않은 변인일 경우
에는 로지스틱 회귀를 사용하기도 한다. 회귀분석은 예측, 추정, 인과관계 분석에
널리 사용되기 때문에 학습데이터, 교육관련 분석에 널리 활용된다. 이 분석을 통
해 데이터에서 숨겨진 패턴을 발견하고, 미래를 예측하며, 중요한 변수들의 영향
력을 이해할 수 있다.

2) 고급통계를 활용한 데이터 분석 및 해석

군집분석은 특성의 유사성을 근거로 많은 수의 개체를 일정한 수의 집단으로 묶는 통계 방법이다. 군집분석을 활용하면 많은 수의 학생을 적은 수의 집단으로 묶을 수 있어 다양하게 활용할 수 있다. 학생들을 유사한 특성이나 행동 양상을 가진 그룹으로 분류하면 교육적 처치의 수를 줄이거나, 학생 피드백에 대한 노력을 줄일 수 있다. 예를 들어서 학업 성취도, 창의성, 동기부여의 세 가지 변인을 조사하였다면 모든 면에서 높은 수준을 보이는 집단도 있으며, 세 변인 중에서 한 변인만 유독 낮은 집단이 있을 수 있다. 해당 집단 내의 학생 수가 일정한 비율 이상으로 교육적 처치를 투입할 정도의 수라면 해당 집단에 맞춤형 피드백이나 처치를 내릴 수 있다. 예를 들어, 수학과 과학은 잘하지만 언어 능력이 상대적으로 부족한 학생의 집단이 확인이 되고, 해당 집단의 학생 수가 상당한 비율로 존재한다면 해당 집단에 대한 특별한 교육 프로그램을 준비할 수 있을 것이다. 군집분석의 예인 K－Means clustering 알고리즘을 살펴보면 집단 내 데이터 개체들을 최대한 비슷하게 만들면서도 집단 간 차이를 최대화한다. 이 과정에서 사전에 군집의 수를 결정한다. 군집의 수가 많을수록 집단에 정확하게 포함할 수 있는 데이터의 수는 증가하지만 집단별로 특성을 정의하거나 교육적 처치를 해야 한다면 집단의 수가 많은 것이 항상 유리하지 않다. 분석 후 각 집단의 특성을 살핀 다음 각 집단별로 적절한 처치를 수행할 수 있다. 군집분석을 통해 학생들을 효과적으로 집단화하여 학생 개개인의 필요와 능력에 더 잘 부응하는 맞춤형 교육 전략을 개발할 수 있으며, 교육의 질을 높일 수 있다.

궤적 분석은 개인이나 집단이 시간이나 주기에 따라 변화하는 과정을 확인한다. 예를 들어 학생은 학기 초, 학기 중, 학기 말에 따라 학업 역량, 학습 동기 등이 지속적으로 변화할 것이고, 그 변화는 개인마다 차이가 있을 것이다. 사람의 다양한 궤적을 유사한 특성을 기준으로 묶어 집단으로 구분하는 것은 다양한 이점을 가진다. 유사한 궤적을 가진 사람들을 그룹화함으로써 특정 집단의 발달 과정을 더 잘 이해할 수 있다. 또한 특정 집단의 필요와 문제점을 명확하게 확인하고, 그것에 기반한 맞춤형 정책이나 프로그램 개발을 수행할 수 있다. 예를 들어서 학습동기의 변화 과정을 분석했을 때 시간에 따라 학습동기가 높아지는 집단, 정체되는 집단, 낮아지는 집단 등 다양한 궤적이 확인될 것이다. 집단별로 적절한 피드백과 교육 프로그램이 제공된다면 교육의 효과는 높아질 수 있다. 또한 궤적을 분석하면 미래 행동이나 결과도 예측할 수 있다. 학습 역량이 지속적으로 향상하는 집단의 경우 앞으로 그와 같은 변화가 이어질 것으로 기대할 수 있다. 학습역량이 낮아지는 집단은 원인을 분석하고, 조기 개입을 통해 학습을 지원할 수 있다. 교육 분야에서 다양한 종단 연구가 이루어지고 있다. 궤적 분석은 종단 데이터를 분석하는데 효과적이다. 또한, 교육 프로그램을 처치하는 동안 수집되는 학생 데이터 분석에도 유용하다.

참고문헌

김민수, & 안성진(2022). 프로그래밍 교육에서 학습자의 수준차이 식별을 위한 학습 데이터 수집에 관한 연구. 컴퓨터교육학회 논문지, 25(2), 47–58.

김태기(2019). 학습분석학의 교수학습현장적용을 위한 학습데이터 탐색. 아시아교육연구, 20(4), 1181–1205.

박민정, 김윤복, & 전동렬(2007). 성취도가 높은 학생들의 과학 학습 동기 유발에 영향을 주는 평가 요소. 한국과학교육학회지, 27(7), 626–633.

함윤희, 조영환, 이한솔, & 김혜은(2021). 다중양식 학습분석의 연구동향과 발전방안 탐색을 위한 체계적 문헌 고찰. 교육정보미디어연구, 27(2), 501–529.

CHAPTER

12

학습데이터 활용의 실제

학습데이터 활용의 실제_하민수

학습데이터 분석을 통해 교육적으로 의미 있는 지식을 생성할 수 있다. 이 장에서는 교사가 학습데이터를 활용하여 실제 수행할 수 있는 예시를 소개하고자 한다.

1 jamovi를 활용한 총괄평가 문항 분석

1) 총괄평가와 문항 타당도

학기 말에 수행하는 총괄평가는 학습기간 동안 학생들의 학력과 학습 능력을 종합적으로 평가하는 과정이다. 이 평가는 학기말에 학생들이 수업과 학습 활동을 통해 얻은 지식, 기술, 능력을 측정하고 평가한다. 또한 총괄평가는 교육 기관이나 교사들이 학생들의 학습 성과를 확인하고 개선점을 확인하는 데에도 중요하다. 총괄평가 문제는 매번 달라야 하므로 교사에게 문제 출제에 대한 많은 노력과 시간을 요구한다. 학생들이 학기 동안 다양한 주제와 학습 목표를 경험하므로, 총괄평가 문제는 이러한 다양성을 반영해야 하며, 학습 내용을 잘 반영한 타당하고 적절한 문제를 만들어야 한다. 평가의 공정성과 신뢰성을 높이기 위해 문항의 타당성을 확인해야 한다. 총괄평가 이후 생성된 데이터를 활용하면 교사가 자신이 만든 문항들의 타당도를 일부 확인할 수 있다. 간단한 데이터 분석 과정을 통해 문항의 타당도를 빠르게 확인할 수 있으며, 타당도가 낮은 문항들의 원인 분석 등을 수행하면 교사의 평가 전문성도 높아질 수 있다.

타당도란 평가 결과가 실제로 측정하고자 하는 것을 정확하게 반영하고 있는지를 나타내는 정도이다. 타당도에 관한 유용한 증거 중에는 문항 적합도가 있다. 문항 적합도는 평가 도구나 시험의 개별 문항이 전체 평가 척도나 시험 목표와 얼마나 잘 일치하거나 얼마나 적합한지를 나타내는 지표로, 개별 문항이 평가의 목적과 구조에 부합하는지를 평가한다. 만약에 특정 문항에서 학생들이 이상한 반응을 보이면 해당 문항에는 어떤 문제가 있을 것으로 예상할 수 있다. 예를 들어서 학업 능력이 매우 뛰어난 학생들이 특정 문항에서 틀리는 사례가 자주 발생할 경우에는 해당 문항이 오류가 있을 가능성이 있다. 이와 같은 분석은 문항반응이론에 근거한 라쉬(Rasch) 모델 분석을 통해 확인이 가능하다. 평가 결과를 활용하여 학생이 특정 문항을 맞출 확률을 계산하고, 실제로 그 문제를 맞추었는지 데이터를 통해 확인함으로써 문항의 적합도를 계산한다. 이 장에서는 온라인 오픈 소스 도구인 jamovi를 활용하여 학교에서 수행한 기말평가 데이터를 활용하여 문항 적합도를 확인하는 과정을 학습한다.

2) jamovi 도구

jamovi는 데이터 분석 및 통계를 위한 무료 오픈 소스 컴퓨터 프로그램이다. jamovi 다른 오픈 소스 통계 프로그램인 JASP 프로젝트의 개발자들에 의해 개발된 것으로, R프로그래밍 언어에 기반하여 개발되었다(Şahin et a., 2019). 분산분석, t-검정 등과 같은 일반적으로 수행하는 다양한 통계 분석이 가능하며, 선형 회귀, 혼합 모델 및 베이지안 모델 분석 등도 가능하다. 특히 문항반응이론과 관련된 다양한 평가 문항 분석 모듈도 제공하고 있어 데이터만 있으면 누구나 쉽게 분석할 수 있다. jamovi는 인터넷 검색을 통해 운영 사이트를 찾을 수 있으며, 프로그램을 다운받을 수 있다.

3) jamovi를 활용한 평가데이터 분석 과정

jamovi를 활용하여 평가데이터를 분석하기에 앞서 평가 데이터를 준비한다. 평가데이터는 엑셀에 담아서 준비할 수 있다. 엑셀의 첫 번째 행에는 문항 번호를, 첫 번째 열에는 학생의 코드를 넣어서 준비한다. 평가데이터는 문항의 맞고 틀림으로 기록되기 때문에 1과 0으로 자료가 정리된다. 만약 부분점수가 있는 평가라고 하면 부분점수를 포함하여 기록할 수 있다. 0과 1점으로 구성된 데이터를 분석하는 모델과 부분점수가 있는 데이터를 분석하는 모델은 다르다. 이 장에서는 선택형 문항으로 맞는 경우 1, 틀린 경우 0으로 정리된 파일을 준비한다. ja-movi의 모듈을 검색하여 snowIRT를 설치한 뒤 Dichotomous Rasch model을 선택한다. 이 모델은 1과 0으로 된 데이터를 분석하는 모델이다. Polytomous Rasch model은 부분점수가 있는 데이터를 분석할 때 사용할 수 있다. 변수를 분석 항목으로 이동시키고, 생성할 결과값을 지정하면 자동으로 분석되어 결과를 보여준다. 실제 분석은 몇 분에 마치게 되고 결과값을 해석하면 된다.

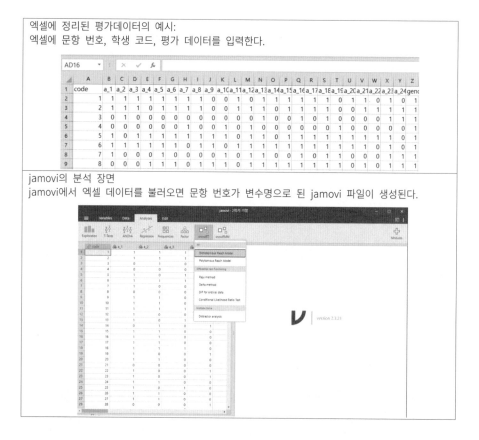

엑셀에 정리된 평가데이터의 예시:
엑셀에 문항 번호, 학생 코드, 평가 데이터를 입력한다.

jamovi의 분석 장면
jamovi에서 엑셀 데이터를 불러오면 문항 번호가 변수명으로 된 jamovi 파일이 생성된다.

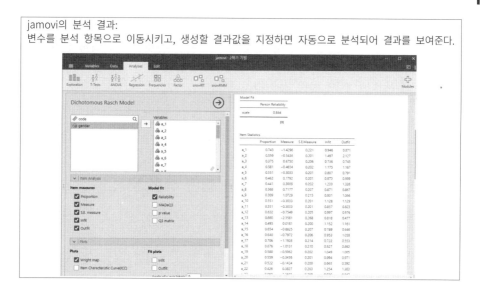

jamovi의 분석 결과:
변수를 분석 항목으로 이동시키고, 생성할 결과값을 지정하면 자동으로 분석되어 결과를 보여준다.

4) Dichotomous Rasch model의 결과 해석

라쉬 모델 분석을 수행한 뒤 각 문항에 대한 통계치가 제공된다. 교사가 확인해야 하는 첫 번째 중요한 정보는 Person Reliability이다. 평가 문항이 학생들의 능력치를 구분하는데 민감한지를 보여준다. Person Reliability가 상당히 낮다면 평가 문항들은 학생들의 능력을 구분하는 평가 도구로서 적절하지 않음을 의미한다. jamovi를 분석하면 Person Reliability가 오른쪽 결과창에 나오게 된다. 다양한 기준이 있으나 0.7 이상일 경우 적절하다고 판단할 수 있다(Boone et al., 2014). 두 번째는 문항 적합도인 mean−square fit 값이다. Infit과 Outfit 값으로 구분하여 확인할 수 있다. 이 통계의 기대치는 1이고, 1보다 클 경우 Rasch 모델에 적합하지 않음을 나타낸다. 즉, 데이터가 모델의 예상과 차이가 있음을 의미한다. 1보다 작을 경우 Rasch 모델에 대한 과적합을 의미한다. 이 값의 권장사항은 다양한데, 고부담 선택형 평가의 경우 0.8~1.2, 형성평가 등의 저부담의 선택형 평가는 0.7~1.3이 적합하다. 0.5~1.5를 적합한 수준으로 보는 경우도 있다(Boone et al., 2014). 이 관점에서 예시 파일의 경우 2번 문항, 24번 문항에 오류가 있을 것으로 예상된다. 실제 이 데이터에서 2번 문항의 경우 학생이 문제를 이해하는데 오해의 소지가 있는 것으로 확인이 되었다. 이처럼 총괄평가 데이터를 활용한 데이터 분석을 통해 평가 문항의 타당도와 신뢰도를 확인할 수 있으며, 문제 개발에 교사의 역량을 신장시킬 수 있다.

2 poLCA를 활용한 직업 가치관 집단 유형 분석

1) 직업 가치관과 진로 지도

학생의 진로 지도는 교육에서 중요한 목표 중 하나이다. 진로 지도는 학생이 자신의 능력, 흥미, 가치관을 이해하고, 이를 바탕으로 자신에게 맞는 직업이나 전공을 찾을 수 있도록 돕는다. 이 과정에서 학생들이 자신의 장래를 보다 명확하게 계획하고, 그들의 꿈과 열정을 실현하는 데 필요한 기술과 지식을 습득하도록 교사는 격려한다. 진로 지도는 단순히 직업 선택에만 국한되지 않는다. 학생의 전인적인 성장을 돕고, 사회적, 감정적, 지적 발달을 촉진하는 역할도 한다. 학생은 자신의 진로를 탐색하고 결정하는 과정에서, 그들은 자기 자신에 대해 더 깊이 이해하고, 자신의 삶을 주도적으로 설계하는 능력을 기르게 된다. 교사는 학생의 진로 지도를 통해 학생들이 자신의 잠재력을 최대한 발휘하도록 도와야 하며, 이 과정에서 학생의 진로에 관한 다양한 정보가 필요하다.

진로 지도를 위해 필요한 여러 데이터 중 학생의 직업 가치관이 있다. 개인이 직업에서 중요하게 여기는 가치와 기준을 말하는데, 개인이 직업 선택, 직장 생활의 만족도, 그리고 경력 개발 방향을 결정하는 데 중요한 역할을 한다. 한국 직업능력개발원의 임언 등(2001)의 연구에서 직업 가치관에 관한 문항을 개발하였는데, 이 문항을 살펴보면 직업 가치관의 의미를 쉽게 이해할 수 있다. 11개의 직업가치관 하위영역은 능력 발휘, 다양성, 보수, 안정성, 사회적 인정, 지도력 발휘, 더불어 일함, 사회봉사, 발전성, 창의성, 자율성으로, 직업 선택에서 중요하게 고려하는 내용을 포함하고 있다.

표 12.1   임언 등(2001)의 연구에서 정의한 직업 가치관

하위 요소	정의
능력 발휘	자신의 능력을 발휘하고 성취감을 갖는 것
다양성	단조롭게 반복되지 않고 변화 있게 일하는 것
보수	많은 돈을 버는 것
안정성	쉽게 해직되지 않고, 오랫동안 그 직장에서 일할 수 있는 것
사회적 인정	다른 사람으로부터 인정받는 것
지도력 발휘	다른 사람들을 이끌면서 일하는 것
더불어 일함	다른 사람들과 함께 일하는 것
사회 봉사	다른 사람들에게 구체적으로 도움이 되는 일을 하는 것
발전성	더 발전하고 배울 수 있는 기회가 있는 것
창의성	자신의 아이디어를 내서 새로운 시도를 할 수 있는 기회가 많은 것
자율성	윗사람의 명령이나 통제 없이 독자적으로 일하고 책임지는 것

직업 가치관을 조사할 때 임언 등(2001)의 연구에서는 각 항목별로 리커트 척도(5단계 척도)를 사용하여 개인의 직업 가치관을 조사할 것을 권하였다. 하지만 더 간단한 방법은 11개 항목 중에서 자신이 중요하게 고려하는 직업 가치관을 선택하라고 하는 것이다. 11개 항목을 리커트로 측정할 경우 11개 문항이 되지만, 다중선택이 가능한 1개 문항으로 구성하면 문항의 수가 상당히 적어 보이기 때문에 학생의 참여를 높일 수 있다. 11개 항목을 선지로 하여 다중선택의 1개 문항으로 구성하면 11개 항목의 선택 유무를 0과 1로 구분하여 데이터를 구성한다. 이 장에서는 이와 같은 데이터를 활용하여 직업 가치관의 유형을 확인하는 분석 방법의 실제를 확인하고자 한다. 이 장에서는 2천 명 이상의 공학대학 학생의 직업 가치관 데이터를 활용한 잠재계층 분석의 사례를 학습한다.

2) R 통계 패키지와 poLCA

맞춤형 학습은 학생 각자의 필요와 능력에 맞추어 교육과정을 조정하는 교육 방식이다. 각 학생의 학습 속도, 스타일, 흥미, 강점 및 약점을 고려하여 최적화된 학습 환경을 제공하는 것을 목표로 한다. 하지만 맞춤형 학습을 실천하는 것은 여러 가지 어려움이 있다. 주된 이유 중 하나는 학생 수가 많고 교사의 시간 및 자원이 제한적이기 때문이다. 일반적인 학교 환경에서 한 반에는 수십 명의 학생이 있다. 각 학생은 독특한 학습 요구와 선호도를 가지고 있다고 가정하면 이를 모두 충족시키는 것은 불가능하다. 교사는 수업 준비, 학생 평가, 행정 업무 등 다양한 책임을 지니고 있으며, 각 학생에게 개별적인 관심과 지도를 제공하는 것은 현실적으로 불가능하다. 이러한 문제점에도 불구하고, 맞춤형 학습은 학생들의 학습 효율을 극대화하고, 개별 학생의 잠재력을 최대한 발휘할 수 있도록 하는 중요한 교육 방법으로 지나칠 수는 없다. 그래서 대안은 데이터를 통해 학생을 비슷한 집단별로 유형화하고, 각 유형별로 필요한 교육 내용을 제공하는 것이다.

데이터에서 유사한 집단으로 구분하는 방법을 군집분석 또는 잠재계층분석이라고 한다. 11개 직업가치관의 응답 자료를 토대로 유사한 집단을 구분하여 최적화된 집단을 추출하는 과정이다. 데이터 내에 잠재적으로 포함된 군집을 확인하기 위한 다양한 통계 방법이 있다. 각 방법마다 장점과 단점이 있으며, 사용할 수 있는 데이터의 성격도 정의되어 있다. 이 장에서는 잠재계층분석의 다양한 모델 중 널리 활용되고 있는 poLCA를 소개한다(Linzer & Lewis, 2011). R package를 활용하여 쉽게 분석할 수 있으며 그 결과의 해석도 직관적이고 어렵지 않다. poLCA를 통해 분석하면서 가장 낮은 Bayesian information criterion 값을 가진 모델을 찾고, 해당 모델이 지정하는 집단의 수로 결정하면 된다. 그 이후 각 참여자들은 각 잠재계층집단에 포함될 확률을 제시받는데, 가장 높은 확률을 가진 집단이 해당 참여자가 속한 집단으로 이해한다. 그리고 각 집단별로 그 성격을 정의하고 맞춤형 피드백을 생성한 뒤 제공할 수 있다.

3) poLCA를 활용한 직업 가치관 데이터 분석

poLCA를 활용한 분석은 약 2천 명의 공대학생의 직업 가치관에 관한 자료이다.[1] 2천 명의 학생은 크게 4개 집단으로 구분되었다. 각 집단별로 가장 많이 선택한 항목을 중심으로 집단의 이름을 정의할 수 있을 것이다.

저장된 엑셀 데이터
poLCA를 사용하기 전에 데이터는 엑셀에 저장한다. 엑셀에 저장된 데이터를 R 프로그램으로 불러온다.

잠재계층의 정의
poLCA를 활용하여 먼저 집단의 수를 결정한다. 집단의 수는 BIC의 값을 활용하여 결정한다.

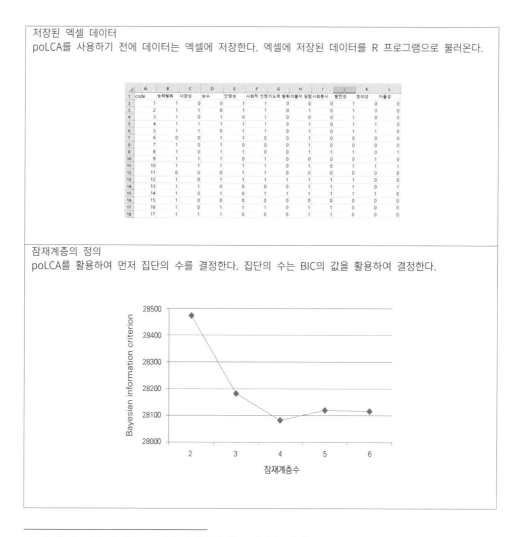

---

1) 이 자료는 다음의 연구논문에서 발췌함(하민수, 신세인, 아리프, & 이준기. (2017). 잠재집단분석
방법을 통한 공과대학 학생들의 직업가치관 유형탐색. 학습자중심교과교육연구, 17(3), 29-51.).

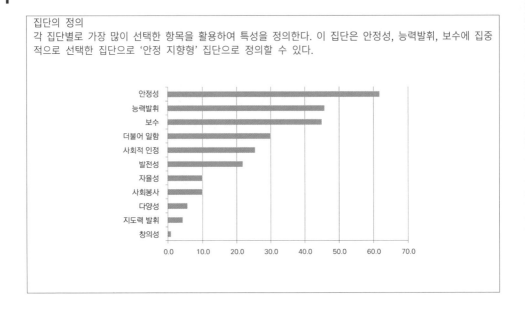

집단의 정의
각 집단별로 가장 많이 선택한 항목을 활용하여 특성을 정의한다. 이 집단은 안정성, 능력발휘, 보수에 집중
적으로 선택한 집단으로 '안정 지향형' 집단으로 정의할 수 있다.

4) 분석 결과의 해석

집단 1은 안정성, 능력발휘, 보수를 가장 많이 선택한 집단이다. 이런 종류의 직업은 아마도 전문직과 가장 어울릴 것이다. 집단 2는 능력 발휘, 창의성, 발전성, 다양성으로 아마도 다양한 사람들과 어울리면서 창의적인 일을 하는 사업가와 어울릴 것이다. 이렇게 분석된 결과를 바탕으로 4개 집단의 성격을 먼저 정의하고, 각 성격에 맞는 적절한 직업군을 조사한다. 예를 들어서 과학에 흥미가 있는 학생이 집단 1에 포함되었다고 가정하였을 때 이 학생에게 적절한 직업군은 과학관련 연구소의 정규직이 될 것이다. 이런 분야에 취업을 하기 위해서는 박사학위가 있어야 하며 연구에 흥미를 가져야 한다. 이와 같은 정보들을 학생에게 제공한다면 맞춤형 피드백이 가능할 수 있다. 하지만 명심해야 하는 것은 2천 명의 학생을 4개 집단으로 명확하게 구분할 수는 없다는 것이다. 이와 같은 분석은 대략적인 유사성을 근거로, 편의를 위해 소수의 집단으로 구분한다. 그래서 각 학생별로 어느 집단에 포함되어 있는지를 확률적으로 이해할 수 있다.

그림 12.1 poLCA로 분석된 네 가지 직업가치관 유형

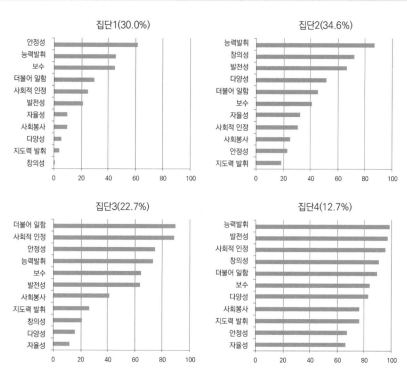

표 12.2 세 학생의 각 집단별 포함될 확률

code	집단1	집단2	집단3	집단4
1	0.51	0.13	0.36	0.00
7	0.71	0.16	0.13	0.00
11	0.96	0.01	0.04	0.00

[표 12.2]를 보면 세 학생이 각 집단에 포함될 확률을 보여준다. 세 학생 모두 집단1에 포함되는 것으로 분석이 되었지만, 그 확률이 다르다. 학생1의 경우 집단3의 성격도 일부 나타난다. 학생 11의 경우에는 집단1의 성격만을 가지고 있

다. 두 학생에게 같은 내용의 피드백을 제공할 것인지, 아니면 약간 다른 내용을 제공할 것인지는 교사가 결정할 수 있다. 학생1의 경우에는 안정적인 전문직 직장을 추천하면서도 단독으로 일하지 않고 여럿이 일을 하는 직종을 추천할 수 있을 것이다.

간단한 단일 문항의 설문 데이터와 poLCA를 활용하면 2천 명이 넘는 학생들의 진로 지도도 쉽게 해결할 수 있다. 비록 학생별 데이터를 바탕으로 한 명씩 면담을 수행하는 것이 가장 이상적인 방법이겠지만 현실적으로 불가능하다. 데이터 분석을 통해 최대한의 맞춤형 피드백을 제공하는 것이 효과적인 대안이 될 수 있다.

3 crimCV를 활용한 교육 프로그램의 효과 분석

1) 교육 프로그램의 효과 분석

새로운 교육 프로그램을 개발한 후 그 효과를 분석하는 것은 여러 면에서 중요하다. 프로그램의 효과성 분석은 교육적 효과의 크기, 지속 가능성 및 개선 가능성을 평가하고 프로그램의 개선에 여러 가지 정보를 얻는 것이 주목적이다. 가장 기본적으로 새로운 교육 프로그램이 그 목적을 달성했는지를 평가해야 한다. 학생의 학습 성과, 기술 습득, 지식 향상 등의 직접적인 학습 결과를 측정하여 이루어질 수 있다. 두 번째는 학습의 만족도와 참여도이다. 프로그램이 학습자의 기대와 요구를 충족시키는지, 그리고 학습자들이 프로그램에 얼마나 적극적으로 참여하고 있는지를 평가한다. 새로운 교육 프로그램이 교사나 강사에게 효과적인 교수 방법을 제공하는지도 평가한다. 교사의 업무 부담을 줄이고, 교육의 질을 향상시키는 데 도움이 되는 다양한 정보를 얻는다. 특히 정책적인 관점에서 비용 효율성도 교육적 효과를 확인하는 중요한 이유이다. 교육 프로그램의 효과의 크기가 재정적으로 지속해야 할 정도인지를 판단하여 정책에 반영할 수 있다. 따라서 교육 프로그램을 적용할 때 교육 프로그램의 목표 등을 고려하여 지속적으로 평가 데이터를 수집할 필요가 있다. 이 장에서는 과학중점학교 프로그램을 투입한 한 고등학교에서 수집한 데이터를 분석하는 방법을 소개하고자 한다.

과학중점학교는 과학에 흥미가 높고 역량이 뛰어난 학생들이 더 많은 과학 학습을 할 수 있도록 지원하는 프로그램이다. 많은 예산이 투입되는 교육 사업으로 전국에 참여하는 학교의 수가 상당히 많다. 이 장에서 소개하는 과학중점학교 역시 다양한 과학 프로그램을 학생에게 제공하고 있다. 대부분의 과학프로그램은 학생의 역량과 과학동기를 높이는 것을 가장 주된 목적으로 한다. 특히 과학동기는 과학학습의 지속가능성, 과학 진로 등과 밀접하므로 학생의 과학동기를 높이는 것은 중요한 교육목표이다.

이 장에서는 교육적 효과를 분석하는 방법 중 전통적인 사전-사후 평균 비교가 아닌 궤적을 분석하는 방법을 소개하고자 한다. 학생의 사전점수와 사후점수의 평균을 비교하는 방법으로 프로그램의 효과는 가장 널리 활용하는 방법이다. 하지만 이와 같은 방법은 프로그램의 효과성을 실험적으로 확인하는 방법으로, 그 중심이 프로그램의 효과성이다. 한 학교에 200명 이상의 학생을 대상으로 새로운 교수법이 투입되었다고 가정하였을 때 모든 학생이 프로그램에 교육적 효과를 얻진 못했을 것이다. 일부 학생은 과학적 흥미가 더 높아졌을 수 있지만 일부는 그렇지 못했을 가능성도 있다. 만약에 과학적 흥미가 높아진 학생의 수와 과학적 흥미가 낮아진 학생의 수가 비슷할 때 전체 평균값에는 큰 차이가 없을 것이고, 프로그램은 성공적이지 못하다고 판단한다. 하지만 이와 같은 분석은 한계가 있다. 다음의 두 가지 경우를 생각해 보자. 먼저 전체적으로 학생들의 사전검사와 사후검사 점수가 비슷하여 프로그램의 효과가 없는 것으로 분석된 것이다. 두 번째는 향상 집단과 하락 집단의 수가 비슷하여 프로그램의 효과가 없다고 판단하는 것이다. 이 두 가지 경우는 평균값으로 비교하였을 때에는 비슷한 결과로 도출되지만 실제는 전혀 다르다. 전체적으로 학생들의 학습동기가 높아지지 못하여 프로그램의 효과가 없다고 분석될 경우에는 프로그램이 효과적이지 않았다고 판단할 수 있지만, 학습동기가 높아진 학생과 낮아진 학생이 비슷한 수로 존재할 때는 추가적인 분석이 요구된다. 프로그램이 왜 특정 학생에게만 잘 작용했는지 또는 잘 작용하지 않았는지를 분석해야 한다. 이런 분석을 통해서 프로그램의 특성을 이해하고, 향후 개선할 수 있는 다양한 정보를 얻을 수 있다. 더욱이 프로그램이 잘 작용하지 않은 학생이 누구인지 확인함으로써 그 학생들에게 추가 프로그램을 제공할 수도 있을 것이다.

2) 궤적분석과 R 패키지 crimCV

장기간의 교육프로그램을 투입할 때에 프로그램의 투입 전과 투입 후에 학생 평가를 할 수 있지만 중간에 몇 번의 평가를 추가하면 학생의 변화 과정을 분석할 수 있다. 이와 같은 경우에 사용하는 것이 궤적 분석이다. 궤적 분석은 개인이나 그룹이 시간에 따라 보이는 행동, 성과, 또는 상태의 변화를 추적하고 분석하는 방법이다. 이 분석 방법은 교육, 사회과학, 의학, 심리학 등 다양한 분야에서 유용하게 사용된다. 궤적 분석은 개인의 변화를 시간 경과에 따라 세밀하게 추적하고, 변화 과정이 유사한 집단을 구분하여 전체적인 변화 양상을 확인하는데 유용하다. 학생들의 학습 진도, 성취도, 학습 동기의 변화를 시간에 따라 추적함으로써 교육 프로그램의 효과도 구체적으로 평가한다. 서로 다른 궤적을 보이는 집단을 비교하면서 특정 교육전략의 유용성을 판단할 수 있다. 예를 들어서 교육 프로그램을 받는 동안 점진적으로 동기가 낮아지는 집단과 높아지는 집단이 있다며 이 두 집단에는 다양한 요인의 차이가 있을 것이다.

궤적 분석을 수행할 때 피드백을 맞춤형으로 제공할 수 있어 학생 중심적 피드백이 가능하다. 학생마다 변화의 양상이 다를 것이고, 자신의 상태에 맞는 피드백을 제공받을 때 교육적 효과가 높을 수 있다. 많은 수의 학생 데이터를 관찰하면 변화양상이 모두 다르진 않을 것이다. 변화양상이 유사한 학생끼리 묶으면 교사가 대응해야 하는 집단의 수는 줄어들 수 있다.

궤적분석을 수행하는 통계 방법은 다양하다. 이 장에서는 널리 활용되고 있는 집단중심 추세모형(GBTM: group−based trajectory modeling) 분석 중 R 패키지의 crimCV모델을 소개한다(Nielsen, 2018). GBTM은 집단 내에서 비슷한 궤적을 갖는 비슷한 개인을 구별한다. GBTM은 한 집단 내에 개인 간에 차이가 없다고 가정한다. GBTM은 심리측정의 연속 데이터, 순위 데이터, 범주형 데이터에서 사용할 수 있다. 데이터 내에 집단의 수를 늘려가면서 각 집단의 수에 따른 적합도를 분석하면서 최적의 집단수를 찾는다. 최적의 집단수를 결정할 때는 단순히 BIC값 등을 활용하여 결정하지 않고 유용성 관점에서 접근할 수 있다. 예를 들어서 집단의 수가 늘면 설명가능한 데이터의 수는 늘기 때문에 집단의 수가 느는 것은 큰 문제가 없다. 하지만 각 집단별로 교육 프로그램을 제공해야 한다고 가정하였을 때 집단의 수가 많은 것은 단점으로 작용한다. 따라서 데이터에 잘 맞는 유용하고 간결한 모델을 선호할 수 있다. 예를 들어서 각 집단에는 적어도 5% 이상은 포함이 되어야 의미있는 집단이라 할 수 있다. GBTM 방식 중에서 R패키지에서 사용가능한 방법이 crimCV 패키지이다. 그 외에도 다양한 방법이 있으므로 자신의 데이터에 적합한 궤적 분석 방법을 찾을 수 있다.

3) crimCV를 활용한 학습동기의 변화 분석

이 장에서 소개하는 데이터는 지방 소도시에 위치한 과학중점학교의 1학년들을 대상으로 수집하였다. 과학중점학교 프로그램의 하나로 3월부터 과학탐구 관련 프로그램이 시작되었다. 학생의 과학학습동기를 3월 시작하는 시점에, 기초 실험 교육을 마친 7월, 과제조사 발표와 심화 실험을 마친 11월 경에 조사하였다. 총 3번의 시점에서 과학학습동기를 조사하였다. 과학학습동기는 Glynn et al.(2011)의 연구에서 개발된 것으로 5단계 리커트 척도를 사용하는 도구이다. 이 도구는 세계적으로 널리 활용되는 과학학습동기 측정 검사도구로, 25개 문항을 수행하는 데 약 5분 이내에 소요되는 검사도구이다.

표 12.3 Glynn et al.(2011)의 과학학습동기 검사지

내재 동기	나는 과학 학습이 흥미롭다.
	나는 과학의 발견들에 호기심이 있다.
	내가 학습한 과학은 나의 삶과 관련이 있다.
	과학 학습은 나의 삶을 더 의미 있게 해준다.
	나는 과학 학습을 즐긴다.
직업 동기	과학 학습은 나중에 내가 좋은 직업을 구하는 데 도움을 줄 것이다.
	과학을 이해하는 것은 내 직업에 많은 이점을 줄 것이다.
	과학을 아는 것은 내 직업에 많은 이점을 줄 것이다.
	나는 과학 문제 해결을 내 직업에 사용할 것이다.
	내 미래 직업은 과학과 관련될 것이다.
자기 의지	나는 과학 공부를 열심히 한다.
	나는 과학 시험과 실험 수업에 준비를 잘한다.
	나는 과학 학습에 충분한 노력을 한다.
	나는 많은 시간을 과학 학습에 사용한다.
	나는 과학 학습을 잘하기 위해 전략들을 사용한다.
자아 효능	나는 과학에서 우수한 성적을 얻을 것으로 믿는다.
	나는 과학 시험에서 잘 할 것으로 확신한다.
	나는 과학 지식과 기술을 익힐 수 있을 것으로 믿는다.
	나는 과학을 이해할 수 있을 것으로 확신한다.
	나는 과학 실험 수업을 잘 할 것으로 확신한다.
점수 동기	나에게 과학 시험과 실험 수업에 높은 점수를 받는 것은 중요한 문제이다.
	과학에서 우수한 성적을 받는 것은 나에게 중요하다.
	나는 과학에서 받을 점수에 대해 생각한다.
	좋은 과학 점수를 받는 것은 나에게 중요하다.
	나는 과학 시험에서 다른 학생들에 비해 더 잘하고 싶다.

crimCV 모델을 사용하여 분석을 수행하는 과정은 다른 통계분석과 다르지 않다. 데이터는 엑셀에 담아서 저장할 수 있으며 R 프로그램으로 데이터를 불러올 수 있다. crimCV의 사용방법을 참조하여 3개 시점의 점수를 활용하여 2개 집단부터 모델링을 수행한다. 추세모형의 적합성은 Bayesian Information Criteria(BIC), Cross—Validation Error(CVE), Akaike Information Criterion(AIC) 지수를 바탕으로 판단한다. 가장 널리 사용되는 CVE 값은 교차타당화(cross—validation)의 관점으로 추정하여 이 값이 가장 작을 때 최적이다. CVE 등의 값이 가장 적절한 모델을 선택하고, 해당 모델의 집단수를 결정한다. 각 학생별로 집단에 포함될 확률을

계산하고, 가장 높은 확률로 지정되는 집단으로 결정하면 된다.

4) 분석 결과의 해석

5개의 과학학습동기 항목별로 세 시점의 궤적을 집단으로 구분한 결과는 다음과 같다.[2] 내재동기 점수와 자기의지 점수 두 항목을 예시로 보여준다. 내재동기 점수의 변화는 4개 집단으로 구분된다. 높은 점수에서 더 높은 점수로 향상되는 G1, 중간 점수에서 정체되는 G2, 낮은 점수에서 약간 상승하는 G3, 중간 점수에서 아주 낮은 점수로 떨어지는 G4이다. G1과 G3의 점수가 향상되었지만 G4의 비율이 5.5%이고, 하락한 점수가 크기 때문에 전체적인 평균의 변화는 약간 상승하는 수준이다. 하지만 단순히 사전에 비해서 사후에 얼마나 향상되었는지를 확인하는 것을 넘어서 어떤 변화의 양상이 있는지를 확인할 수 있다. 예를 들어서 자연계열을 선택한 학생 중에서 4.3%가 G4집단이다. 이 학생들은 7개월간 과학 프로그램을 수행하면서 내재동기 점수가 상당히 낮아진 학생인데 자연계열을 선택하였다. 이 분석을 통해서 G4집단에 있으면서 자연계열을 선택한 학생에게는 특별 진로 상담을 제공할 수 있을 것이다.

자기의지 점수의 궤적을 살펴보면 5개 집단이다. G1과 G2 모두 향상된 집단이지만, 향상의 양상이 다르다. G1은 T1에서 T2에서는 크게 향상되었다가 T2에서 T3에서는 주춤한다. G2는 T1에서 T2에는 주춤하지만 T2에서 T3에는 크게 향상된다. 두 집단 모두 비슷한 수준으로 향상되지만 양상과 점수 수준은 모두 다르다. G5는 점수가 너무 많이 떨어진 집단이다. 이 학생들에게는 특별한 피드백이 제공될 필요가 있을 것이다. 이처럼 3번에 걸쳐 진행된 간단한 설문 조사와 집단 중심 추세모형 분석을 통해 학생의 학습 동기의 다양한 면을 살피고, 피드백에 대한 방법을 세울 수 있다.

---

2) 이 자료는 다음의 논문에서 발췌함. '하민수, 이기영, 최은환, 김일찬, 유지혜, & 원복연. (2019). 집단중심 추세모형을 이용한 과학중점학교 1학년 프로그램이 고등학생들의 과학과 핵심역량과 과학학습동기에 미치는 영향 탐색. 한국과학교육학회지, 39(6), 799−807.'

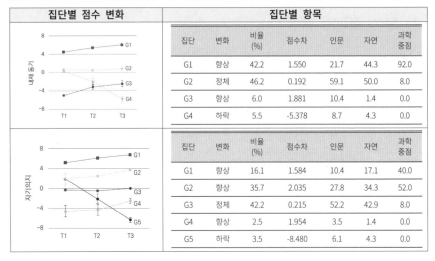

그림 12.2 과학학습동기의 궤적분석 결과

집단	변화	비율 (%)	점수차	인문	자연	과학 중점
G1	향상	42.2	1.550	21.7	44.3	92.0
G2	정체	46.2	0.192	59.1	50.0	8.0
G3	향상	6.0	1.881	10.4	1.4	0.0
G4	하락	5.5	-5.378	8.7	4.3	0.0

집단	변화	비율 (%)	점수차	인문	자연	과학 중점
G1	향상	16.1	1.584	10.4	17.1	40.0
G2	향상	35.7	2.035	27.8	34.3	52.0
G3	정체	42.2	0.215	52.2	42.9	8.0
G4	향상	2.5	1.954	3.5	1.4	0.0
G5	하락	3.5	-8.480	6.1	4.3	0.0

4 서술형 응답을 활용한 자동평가 모델의 개발

1) 학습 관점에서 서술형 평가의 중요성

학생 맞춤형 수업을 위해 필요한 정보는 학생이 수업 전에 어떻게 이해하고 있으며, 어느 수준인지에 관한 정보이다. 이와 같은 평가를 학습을 위한 평가라고 하며, 진단평가와 형성평가가 대표적인 예이다. 교사는 이러한 평가를 통해 자신의 수업이 효과적으로 학생들의 지식을 발달시키거나 선개념을 변화시켰는지를 확인하고, 차후 수업을 계획하기 위한 중요한 정보를 얻는다. 학생의 개념이나 지식수준에 관하여 더 많은 정보를 획득할 수 있다면 학습을 위한 평가의 관점에서 더 우수한 평가라 할 수 있다. 이와 같은 관점에서 서술형 평가가 널리 사용되고 있는 선택형 평가보다 더 우수하다. 선택형 평가에서 교사는 학생들이 가지고 있을 것이라 짐작되는 여러 개념을 예측하여 제시하고, 학생은 그 중에서 답안을 선택한다. 여기서 학생들이 가진 생각이나 지식이 일부 드러날 수 있지만, 학생이 선택한 것이 학생의 인지구조에 있는 형태라고 판단할 수는 없다. 서술형 평가는 학생이 직접 자신의 생각을 표현하기 때문에 학생이 쓴 답안에 있는 단어, 표현, 생각 모두 학생의 인지구조에 있다고 판단할 수 있다.

하지만 서술형 문항을 활용한 평가는 많은 시간과 노력을 요구한다. 교사가 학생 개개인이 작성한 내용의 의미를 이해하여 빠른 피드백을 제공하기 위해서는 많은 시간을 채점에 사용해야 한다. 일 년에 2~4회 실시하는 총괄평가에서의 서술형 문항 채점도 교사에게는 큰 부담인데, 수업마다 서술형 평가를 진단평가와 형성평가로 사용하는 것은 사실상 불가능한 일이다. 이에 대한 대안으로 제시되는 것이 인공지능 자동채점이다. 교사의 채점 자료를 활용하여 다양한 인공지능 기술을 활용하면 자동채점 모델을 만들 수 있다. 이 장에서는 실제 학생 평가 데이터를 활용하여 인공지능 모델이 어떻게 생성될 수 있는지 그 과정을 소개한다.

2) 자연어 처리와 지도학습

문장으로 된 학생의 응답을 분석하고 의미를 찾아내기 위해서는 언어를 처리하는 기술이 필요하다. 언어를 자동으로 분석하고 의미를 구별해 내는 기술을 자연언어처리(Natural Language Processing)라고 한다. 자연언어처리 연구에는 다양한 기술들이 있다. 먼저 형태소 분석이다. 자연어 문장에서 의미를 가진 최소 단위인 형태소(명사, 동사, 형용사, 부사, 조사, 어미 등)를 분석하는 기술이다. 개체명 인식 기술은 자연어 문장에 포함된 인명, 지명, 기관명 등과 같은 개체명을 인식하는 기술과 특정 개체를 표현하는 단어에 대한 의미를 확인하는 기술이다. 의존 구문분석 기술은 자연어 문장의 구조를 분석하는 기술로, 문장 내 각 어절에 대해서 지배소 어절을 인식하고, 주격, 목적격과 같은 세부 의존관계 유형을 인식하는 기술이다. 자연언어처리 기술을 활용하여 문장 내에 다양한 정보들을 추출할 수 있다. 학생 응답에서 추출된 정보와 인간 채점 결과와 관계를 활용하여 채점모델을 생성한다.

채점한 자료가 있다면 채점 결과별로 학생의 응답에서 중요한 차이를 찾아낼 수 있을 것이다. 교사가 정답이라고 한 응답과 오답이라고 한 응답이 있다고 가정하자. 정답의 응답 뭉치와 오답의 응답 뭉치 사이에는 중요한 차이가 분명히 있을 것이다. 아마도 중요한 키워드일 수도 있으며, 여러 단어들이 묶어진 언어 표현이 있을 수 있다. 학생 응답에서 추출한 많은 정보들을 활용하여 그 차이점을 알아낸다면 그 이후에 채점도 가능하다. 정답과 관련된 표현이 많이 포함된 응답은 정답일 가능성이 높으며, 이런 표현들을 인공지능이 확인하여 정답을 예측할 수 있다. 그런 표현들이 없다면 아마도 오답에 가까울 것이다. 이와 같은 것을 분류기라고 한다. 분류기는 그 원리에 따라 매우 다양하다.

학생응답에서 형태소를 추출하고, 분류기를 활용하여 채점모델을 생성하는 과정에는 프로그래밍이 요구된다. 하지만 형태소 분석기나 분류기 대부분 코드가 이미 개발되어 누구나 쉽게 사용 가능하도록 준비되어 있다. 프로그래밍에 대한 약간의 지식으로 오픈 소스를 활용하여 채점모델을 생성할 수 있다. 또는 프로그래밍을 전혀 할 수 없어도 쉽게 채점모델을 만들 수 있는 프로그램도 있다. 자동 채점모델을 만드는데 프로그래밍 지식보다 더 중요한 것은 서술형 평가 데이터이다. 정해진 기준에 따라 일관된 평가를 한 데이터가 있다면 반드시 성능 좋은 채점모델이 생성될 수 있을 것이다.

3) 형태소 분석기와 분류기를 활용한 서술형 평가 모델 개발

다음의 문제는 대학생의 진화 개념을 확인하기 위한 문항이다. 이 응답에 '변이' 개념이 있는지를 교사가 평가한 자료가 엑셀에 담겨 있다.[3] 이 평가 데이터를 활용하여 '변이'개념을 채점하는 모델을 개발한다. 기계학습 모델은 응답에서 추출하는 특징(품사-Part of Speech, POS-, 명사 등), N-Gram(연결된 요소의 수), 분류기에 따라 성능이 다를 수 있다. 모든 가능성을 가진 모델을 다 만들고 성능을 비교한 뒤 가장 높은 성능의 모델을 선택하면 된다.

---

3) 이 자료는 다음의 연구에서 발췌함 '최민석, 주재걸, & 하민수. (2022). Development and Application of Web-based Machine Learning Program for Automated Assessment Model Generation. Brain, Digital, & Learning, 12(4), 567-578.'

표 12.4 진화 개념 평가 문항 및 채점 데이터

서술형 문항
1. 달팽이(동물)의 한 종은 독성이 있습니다. 이 독성이 있는 달팽이가 어떻게 독성이 없었던 조상 달팽이 종으로부터 진화하게 되었는지 생물학자들은 어떻게 설명할까요?

학생 응답과 채점 데이터

	A	B	C
1	id	응답	변이
2	1	장미의 조상종 역시 환경변화 포식자에대한 방어기작으로 가시를 생겨나게 했다.	0
3	2	달팽이들이 사는 환경을 연구한 후, 독성이 있는 달팽이가 사는 환경을 먹이가 부족하여 독으로 먹이를 잡기위해 독을 스스로 만들도록 진화하였다.	0
4	3	가시가 있던 조상장미종은 wild상태에서 조식동물에게 먹히지 않도록 자신을 보호하기위해 가시를 가지고 있었을 것이다. 그러나 사람이 화단에 장미를 심어 가꾸는 상황과 같이 직접적으로 야생의 상태에서보다 자신을 보호해야할 필요성이 떨어지게 되면 가시보다는 잎을 더 만들어 양분을 더 만드는 쪽으로 진화하게 될 것이다. 이에 따라 가시가 없는 장미종으로 진화하게 될 것이다. 라고 설명할것이다.	0
5	6	날 수 있던 조상 펭귄들이 먹이를 물에서 구해 먹다가 물 속에서 직접 먹이를 잡는 것이 효율적이기 때문에 날개가 지느러미처럼 변형된 돌연변이 개체가 많이 살아남게 되면서 진화가 이루어졌다.	1
6	7	우연히 날 수 없는 개체가 등장하였고 무작위적인 교배에 의해 날 수 없는 형질을 가진 펭귄의 비율이 증가했다. (날수 있는 펭귄은 활동영역이 넓어 날 수 없는 펭귄보다 번식에 투자한 시간이 상대적으로 부족했을 것으로 생각됨.)	1
7	8	가시를 만드는 것보다 가시를 없애고 다른 형태, 예를 들면 꽃에 투자함으로써 생식력이 증가될수 있는 환경에 노출되어 가시없는 장미 종이 출현하게 됬을 것같다.	1

 '변이' 개념 채점모델 개발은 교사가 프로그래밍을 하지 못해도 채점모델을 생성할 수 있도록 개발된 WA3I–ML을 사용하여 만든다. 이 프로그램은 기계학습과 지도학습에 대한 기본적인 지식이 있으면 할 수 있도록 개발되었다. 교사가 평가한 평가 파일을 업로드한다. 그리고 학생 응답에서 다양한 특징들을 선택한다. WA3I–ML을 사용하여 평가 모델을 개발하는 과정은 다음의 표에 제시되어 있다. '변이' 개념 모델을 만들 때는 '변이' 개념에 관한 평가 결과를 활용한다. 만약 같은 응답을 다른 기준으로 채점하고 싶다면 해당 기준으로 채점한 데이터를 입력하면 된다. 실제 이 응답에는 '변이'개념 이외에도 '제한된 자원', '생존의 차이', '목적론'의 4개 평가 결과가 있었으며 각 평가 기준에 따라 채점 모델을 훈련하였다.

WA3I-ML
인공지능 기반 서술형 문제 자동채점 UI.

WA³I에 오신 걸 환영합니다!
WA³I-ML (Web-based Automated Assessment using Artificial Intelligence - Machine Learning)은 선생님들을 위하여 학생들의 서술형 문제들을 분석하여 자동으로 채점할 수 있도록 만들어진 인공지능 기계학습 기반 교원들을 분석하게 접할 수 있는 웹 인터페이스(Web interface)입니다.

새로 학습하기 | 불러오기 | 세션 종료

WA3I-ML의 초기 화면으로 WA3I-ML에 대한 설명이 있다. '새로 학습하기'는 평가 모델 훈련으로 이동하며, '불러오기'는 평가 모델을 저장한 경우에 바로 점수 예측으로 이동한다. '세션 종료'는 로그아웃이다.

1. 학습 파일 업로드

WA3I-ML을 사용하기 위한 첫 단계로 학습 파일을 업로드한다. 응답은 엑셀에 입력되어 있어야 하며, A열에는 학생 id, B열에 응답, C열에 점수가 입력되어야 한다. C열의 점수는 0과 1로 제한된다.

2. 특징 선택

분석 단위	N-그램	전처리
POS	유니그램	구두점(punctuation) 제거
형태소	바이그램	불용어(stopwords) 제거
명사	트라이그램	정규화(normalization)
		어근화(stemming)

추출하기

WA3I-ML의 특징 선택 단계이다. 분석 단위, N-그램, 전처리 과정을 선택할 수 있다. 선택에 따라 모델의 성능이 달라질 수 있으므로 다양하게 조합하여 그 결과를 비교해야 된다.

3. 추출 평가

특징	Agreement	Precision	Recall	F1	κ	r
출결변이/Noun	0.5010	1.0000	0.7266	0.4417	0.1723	0.7891
생기/Noun	0.7161	0.7778	0.3022	0.4352	0.2916	0.3500
성하다/Adjective	0.7057	0.7407	0.2876	0.4145	0.2658	0.2188
개체/Noun	0.7031	0.7451	0.2734	0.4000	0.2553	0.3120

WA3I-ML의 특징 추출 후 각 특징이 평가에서 얼마나 중요한지를 확인하는 특징 평가 단계이다. 평가에서 중요한 단어가 상위에 있을 경우 적절히 추출되었다고 판단할 수 있다.

4. 모델 학습

모델 유형	
Naïve Bayes	K-Fold Cross Validation
Logistic Regression	5
Support Vector Machine	
Decision Tree	Train/Validation Ratio
Random Forest	
All	

WA3I-ML의 분류기 선택 단계이다. 널리 활용되는 5개의 분류기를 포함하고 있고, 한번에 모두를 분석할 수 있다. k겹 교차검증(k-fold cross validation)은 데이터 수에 따라 적절히 선택한다.

5. 학습 결과

모델 유형	Accuracy	Precision	Recall	F1
Naïve Bayes	0.7969	0.3475	0.4701	0.6231
Logistic Regression	0.7714	0.3405	0.4078	0.5644
Support Vector Machine	0.7891	0.3371	0.4585	0.6088
Decision Tree	0.9582	0.3603	0.3182	0.3582
Random Forest	0.9038	0.3741	0.7529	0.8470

WA3I-ML 학습 후 k겹 교차검증의 결과이다. Accuracy, Precision, Recall, F1 score의 값을 참고하여 모델을 선택하고, 저장한다.

6. 모델 저장	7. 예측 파일 업로드
WA3I-ML의 모델을 저장하는 기능이다. 모델은 저장하여 다음 채점에 계속 활용할 수 있다.	저장된 평가 모델을 활용하여 채점할 데이터를 예측하는 과정이다. 채점이 필요한 응답을 업로드한다.
8. 예측 모델 업로드	9. 예측 결과 저장
WA3I-ML에서 학습한 모델을 업로드한다. 평가 모델은 총 3개 파일로 저장되며, 각 파일을 업로드 해야된다.	평가 모델이 예측한 점수이다. 하단에 평가 결과를 다운로드할 수 있는 버튼이 있다.

4) 서술형 자동평가 결과 해석

교사는 384개의 학생 응답을 활용하여 채점 모델을 생성하였다. 채점모델은 학생 응답에서 추출한 정보(명사만 활용한 경우, POS를 모두 활용한 경우), n−gram(연결된 단어의 수), 분류기에 따라 성능이 전부 다르다. 성능을 평가하기 위해 사용할 수 있는 지표도 다양하다. 정확도(accuracy)는 평가 모델이 예측한 것이 얼마나 많이 정확한지를 확인하는 비율로, 정확한 예측을 전체 예측수로 나눈 값이다. 정밀도(Precision)는 평가 모델이 개념이 있다고 분류한 것 중에서 실제 개념이 있는 것의 비율이다. 재현율(Recall)은 실제로 개념이 있는 응답 중에 얼마나 정확히 예측되었는지에 관한 비율이다. F1점수는 정밀도와 재현율의 조화평균이다. 마지막으로 Cohen의 kappa인데, 가장 널리 사용되는 채점자 간 일치도에 관한 지표이다. 여러 연구에서 kappa값에 대한 기준을 제시하였는데, 가장 널리 활용되는 Landis, Koch(1977)의 기준에 따르면 0.21~0.40(그럭저럭, fair), 0.41~0.60(적당한, moderate), 0.61~0.80(상당한, substantial), 0.81~1.00 (거의 완벽한, almost perfect)으로 구분한다.

그러면 384개의 교사 평가 데이터로 만든 채점 모델이 128개의 다른 응답을 채점하였을 때 실제 인간 채점과 비교하여 얼마나 정확한지를 다음의 표에서 확인해보자. POS와 명사, n-gram은 4개 개념 요소에 따라 다른 양상을 보이고 있다. 분류기는 전반적으로 Decision Tree 모델이 우수하나, 일부는 Random Forest가 우수하다. 변이 개념의 경우 '명사 + Bi-gram + Random Forest'의 조합이, 자원 개념의 경우 '명사 + Bi-gram + Decision Tree'의 조합이, 생존의 차이 개념은 'POS + Uni-gram + Random Forest'의 조합이, 목적론 오개념은 'POS + Bi-gram + Decision Tree'의 조합이 최적의 조합이었다. 두 번째로 평가 정확도 관점에서는 생존의 차이 개념을 제외하고는 모두 '거의 완벽한' 수준의 정확도이었다(kappa > 0.8). kappa가 0.8 이상인 모델일 경우 실제 평가에 활용하여도 큰 문제는 없을 것이다.

표 12.5 인공지능 자동평가 모델의 성능 비교표

개념	특징	N-gram	분류기	평가(n=128)				
				정확도	정밀도	재현율	F1	Kappa
변이	POS	Uni	Decision Tree	0.922	0.875	0.913	0.894	0.832
	POS	Bi	Decision Tree	0.922	0.846	0.957	0.898	0.835
	명사	Uni	Random Forest	0.961	1.000	0.891	0.943	0.913
	명사	Bi	Random Forest	0.961	1.000	0.891	0.943	0.913
제한된 자원	POS	Uni	Decision Tree	0.891	0.794	0.794	0.794	0.720
	POS	Bi	Decision Tree	0.875	0.750	0.794	0.771	0.686
	명사	Uni	Random Forest	0.906	0.958	0.676	0.793	0.735
	명사	Bi	Decision Tree	0.938	0.964	0.794	0.871	0.830

생존의 차이	POS	Uni	Random Forest	0.813	0.811	0.754	0.782	0.618
	POS	Bi	Naive Bayes	0.734	0.667	0.807	0.730	0.473
	명사	Uni	Naive Bayes	0.703	0.656	0.702	0.678	0.403
	명사	Bi	Naive Bayes	0.688	0.635	0.702	0.667	0.374
목적론	POS	Uni	Decision Tree	0.891	0.886	0.813	0.848	0.763
	POS	Bi	Decision Tree	0.914	0.951	0.813	0.876	0.811
	명사	Uni	Decision Tree	0.883	0.902	0.771	0.831	0.742
	명사	Bi	Decision Tree	0.883	0.867	0.813	0.839	0.747

　　서술형 평가의 중요성이 확대되면서 학생의 응답을 빠르게 분석하여 피드백을 제공하는 다양한 인공지능 학습 도구가 늘고 있다. 하지만 인공지능 시스템이 지속적으로 발전하기 위해서는 끊임없이 새로운 문항과 응답을 분석할 수 있는 평가 모델이 개발되어야 한다. 만약 교사가 문항을 개발하고, 학생 응답을 수집하여 분석한 뒤 인공지능 평가 모델을 훈련할 수 있다면 인공지능 자동평가 시스템은 지속적으로 발전할 수 있을 것이다. 위의 과정을 보면 매우 간단한 방법으로 평가 모델이 생성되는 것을 확인할 수 있다. 결국은 평가 데이터의 관리가 가장 중요하다. 학교 현장에서는 끊임없이 새로운 문항이 생성되고 있다. 평가 데이터를 관리하고 효율적으로 활용하는 방안에 대해 많은 관심을 가질 필요가 있다.

참고문헌

임언, 정윤경, 상경아2001). 직업가치관 검사 개발 보고서. 서울: 한국직업능력개발원.

Boone, W. J., Staver, J. R., & Yale, M. S. (2014). Rasch Analysis in the Human Sciences. Springer Science & Business Media.

Glynn, S. M., Brickman, P., Armstrong, N., & Taasoobshirazi, G. (2011). Science motivation questionnaire II: Validation with science majors and nonscience majors. Journal of research in science teaching, 48(10), 1159−1176.

Landis, J. R., & Koch, G. G. (1977). The measurement of observer agreement for categorical data. biometrics, 159−174.

Linzer, D. A., & Lewis, J. B. (2011). poLCA: An R package for polytomous variable latent class analysis. Journal of statistical software, 42, 1−29.

Nielsen, J. D. (2018). Package 'crimCV': group−based modelling of longitudinal data. See https://CRAN. R−project. org/package= crimCV.

Şahin, M., & Aybek, E. (2019). Jamovi: an easy to use statistical software for the social scientists. International Journal of Assessment Tools in Education, 6(4), 670−692.

CHAPTER

13

AI · 디지털 교육의 미래

13

AI · 디지털 교육의 미래[1]_박휴용

1 기술기반 사회에서의 교육의 변화

1) 미래 교육의 성격 변화

(1) 지식기반학습에서 실천기반학습으로의 전환

학습을 위한 경험이 이루어지는 공간이 실질적으로 확장될 수 있고, 그에 따라 기존의 학습 방식보다는 훨씬 실천기반 학습으로의 전환이 촉발될 수 있다. 실천기반 학습의 기본 방향성은 지식 자체가 학습의 목적이 아니라, 지식을 습득하고 활용하는 과정에서 다양한 비판적/창의적 사고와 협력, 사회성 및 정서성의 함양, 그리고 자기주도적 탐구활동과 활용능력을 기른다는 교육적 목적을 달성하려는 것이다.

① 협업적 학습

학습자들이 서로의 강점을 파악하고, 서로 도움을 주며 함께 문제를 해결하는 능력을 키울 수 있게 해준다. 그런 의미에서 인공지능을 대표하는 다양한 기술적 도구를 이용하여 학습자들이 서로 협업하며 학습하는 방식이 더욱 개발될 것이다.

② 사회 · 정서적 학습

인공지능 기술이 발달하고 더욱 보급될수록, 인간적 학습이나 인간성 고취의

---

1) 이 챕터는 대한민국 교육부와 한국연구재단의 연구지원을 받아 수행된 연구임(NRF−2021S1A3A 2A01090926).

필요성을 강조하는 목소리나 사회적 요구가 더 강해질 가능성도 있다. 산업이나 직업의 영역에서도 인간적 경험과 전문 지식이 강조되거나, 학습자들이 인간적인 가치를 중심으로 학습하는 것에 대한 수요나 사회적 기대가 더 커질 수도 있다. 따라서 인공지능 기반 학습과 인간 중심 학습의 장단점을 골고루 파악하면서 균형있는 학습 방식을 개발할 필요도 있다.

③ 자율적(자기주도적) 학습

인공지능이나 기술을 어떻게 활용하느냐와 인간학습자가 자율성을 유지할 수 있느냐는 분명 '기술' 그 자체에 의해 결정된다기 보다는 그러한 기술을 개인이나 인류집단이 어떻게 활용할 것이냐의 여부에 달려있다는 것이다. 결국 자율성과 자기주도성 교육은 인공지능 시대의 인간의 역할과 의미를 되새기는 가장 중요한 전략이 될 것이다.

(2) 인지적 학습에서 직관적, 통찰적 학습으로의 전환

직관력이나 통찰력이 학습의 중요한 요인으로 작용한다는 것과 메타버스와 같은 가상현실을 활용한 학습이 그러한 능력들을 증진시키기 위한 효과적인 전략이 될 수 있다는 사실에 주목할 필요가 있다. 몇 가지 예를 들자면, 메타버스 속에서 이루어지는 학습은 물리적 공간의 제약을 받거나 시간적 제한을 받지 않고 이루어질 수 있으며, 시청각, 촉각, 후각, 그리고 공감각적 자극들을 큰 위험에 노출되지 않고 원하는 만큼 적절하게 제공할 수 있으며, 가상현실 및 증강현실 기술을 활용하여 학생들의 상상력이나 감각적 경험을 극대화시킬 수 있다(Griffiths & de Freitas, 2007).

메타버스라는 새로운 기술적 환경의 등장은 사회적 소통과 학습이 대부분 뉴미디어나 스마트기기와 같은 새로운 형태의 매체들을 통해 이루어진다는 것을 의미한다. 이러한 기술적 변화로 새로운 학습 방식과 사회적 관계망의 형성과 더불어 기존의 사회적 규제나 관습에서 벗어나서 훨씬 자유로운 소통이 이루어짐으로써 창의성 발현에 도움이 되고, 이용자의 몰입감이나 참여도도 상대적으로 훨씬 높일 수 있다(Kye et al., 2021). 특히 빅데이터나 인공지능 등과 같은 정보통신 기술의 발달로 인해 인간의 지적활동이나 정보탐색 활동이 과거보다 훨씬 용이하고 효율적으로 이루어질 수 있기 때문에, 미래의 학습은 논리적 작업보다는 직관성, 창의성, 감각성 등을 활용하는 것이 훨씬 유용한 학습활동이 될 수 있다는 것이다(Crisp & Turner, 2020; Hodgetts et al., 2020).

(3) 구성주의 학습에서 기술기반 학습으로의 전환

기술기반 학습은 학습자의 역할 만큼 학습 매체나 학습을 보조하는 여러 가지 기술적 도구들(컴퓨터, 스마트/유비쿼터스 기기, PPT, 각종 앱 등)의 역할과, 학습자와 학습도구들의 상호협력적 작용을 중요시한다(Ghavifekr & Rosdy, 2015). 메타버스에서 이루어지는 학습도 기술기반 학습의 일종으로, 메타버스라는 기술적 환경을 활용하여 학습의 유형이나 학습 목표에 따라 적합한 학습 환경을 재현하면 매우 효과적인 학습의 도구가 될 수 있다. 이때 학습은 막연히 학습자의 정신(mind) 속에서만 구현된다고 간주하는 것이 아니라, 학습이 이루어지는 과정이나 장면을 가상현실 기술을 통해 디지털로 재현할 수 있다는 것이 메타버스의 가장 중요한 역할이다.

2) 미래 학습의 성격 변화

(1) 학습의 초연결성

인공지능과 인터넷의 발전은 지식의 생태계나 정보 공학의 측면에서 혁명적 변화의 원동력이 되고 있다. 학습이 개인학습자의 수준이 아니라 네트워크, 글로벌 연계성, 가상 공간 및 확장현실의 차원에서 확대되는 것은 거의 정해진 미래 학습의 패러다임이다. 이러한 초연결적 학습의 시대에는 과거와는 완전히 다른 지식이나 교육, 정보의 전문가에 대한 사회적 기대가 생길 것이다.

(2) 평가 기술의 발전

지금까지의 교육은 목표설정, 교육 내용, 교수방법이나 수업설계, 실제 학습 경험의 개선에 비해 평가의 타당성이나 정확성 분야는 상대적으로 발전이 더디었다. 하지만 인공지능과 빅데이터 기술의 발전은 이러한 교육 평가의 취약성에 있어서 획기적인 전환점을 가져올 수 있다. 예를 들어, 인공지능 기반 자동채점 기술은 주관식 문제나 문장 완성 문제 등의 단답형 문제를 자동으로 채점하는 기술이다. 이를 위해 자연어 처리 기술과 머신 러닝 기술을 활용하여 채점 모델을 구축하며, 채점 정확도를 높이기 위해 학습 데이터를 이용하여 모델을 학습시킨다. 따라서 교사들은 시간을 효율적으로 관리하면서 학생의 수행에 대한 개인화된 피드백을 제공해줄 수 있는데, 다음과 같은 플랫폼은 몇 가지 사례이다.

① EdX(www.openedx.org/the-platform/)

EdX는 대학과 대학원 수준의 온라인 강의를 제공하는 교육 플랫폼으로, AI 채점 시스템을 활용하여 대규모 온라인 강좌에서 주관식 문제를 포함한 다양한 종류의 문제에 대한 수많은 학생들의 답안을 채점해준다. 이를 통해 강사는 단시간에 많은 학생들의 답안을 확인하고, 학생들은 실시간으로 피드백을 받을 수 있다. 즉, 머신 러닝 알고리즘을 활용하여 채점 모델을 구축하며, 학생들의 답안을 자동으로 분석하여 채점 결과를 제공한다. 또한, 채점 결과를 기반으로 학생들의 학습 성과를 평가하고, 개별적인 피드백을 제공해준다.

② Duolingo(www.duolingo.com/)

Duolingo도 인공지능 기술을 활용하여 다양한 종류의 문제를 자동으로 채점해준다. 학생들의 답안을 자동으로 분석하여 채점 결과를 제공하며, 학생들의 학습 성과를 평가하고 맞춤형 학습 경로를 제공한다. Duolingo의 자동채점 기술은 매우 정교하게 구현되어 있어서, 학생들이 직접 채점하는 것과 거의 동일한 결과를 제공한다.

③ Turnitin(www.turnitin.com/)

Turnitin은 학생들의 논문과 에세이를 플래그하고, 표절 여부를 검사하며, AI 채점 시스템을 사용하여 논문과 에세이의 내용을 분석한다. 이를 통해 교사는 학생들의 표절 여부를 신속하게 확인하고, 학생들은 자신의 논문과 에세이에 대한 피드백을 받을 수 있다.

(3) 개인 맞춤형 학습

미래 사회는 집단적 특성보다는 개별적 특성이 더욱 강화된 개인들의 모임으로 나아갈 것이며, 이는 학습의 방식에도 영향을 미쳐서, 개인 맞춤형 학습에 대한 강한 수요를 만들어내게 될 것이다. 따라서 인공지능 기술은 그러한 학습자의 학습 행동을 분석하고, 개인 맞춤형 학습 자료를 제공함으로써 학습자들이 더욱 효과적으로 학습하도록 돕는 데 필수적인 기술이 될 것이다.

① 적응적 학습 플랫폼

적응형 학습 플랫폼은 기계 학습 알고리즘을 사용하여 학생의 학습 스타일, 강점 및 약점에 따라 개별적인 학습 경로를 생성해줄 수 있다. 이를 위해서 개별 학생의 진행 상황을 식별하고 학습 목표에 부합하는 새로운 활동과 콘텐츠를 제안해준다. 이러한 적응적 학습 플랫폼은 AI 기술을 사용하여 학생들과 상호 작용하면서 학업 과제에 대한 지원과 안내를 제공해준다는 의미에서 지능형 학습지도 시스템(Intelligent Teaching System)이라고도 불리는데, 대표적 예로 DreamBox (인공지능을 활용하여 학생들의 학습 데이터를 수집하고 분석하여, 해당 학생에게 최적화된 학습 경로를 제공하는 수학 학습 플랫폼이다. 학생들의 능력과 수준을 파악하여 문제의 난이도를 조정하고, 개인의 학습 스타일에 맞춰서 학습 자료를 추천해준다.)나 Carnegie Learning(인공지능을 활용하여 학생들에게 수학 학습을 제공하는 교육 기업인데, 학생들의 학습 데이터를 수집하여 개인화된 학습 경로를 제공하며, 학생들의 학습 결과를 분석하여 개선할 수 있다. 아울러 학생들의 학습 결과를 실시간으로 모니터링하고, 교사들이 학생들의 학습에 대한 피드백을 제공할 수 있도록 돕는다.) 등이 있다.

② 지능형 학습 알고리즘

학습 알고리즘의 구축은 앞서 논의한 두 가지 특성을 반영한 '지능형 적응적' 학습 환경(AILE: Adapted Intelligence Learning Environment)이 그 대표적 사례이다. 즉, 지능형 적응적 학습환경은 다음 [그림 13.1]과 같이 인공지능 알고리즘 (지능형)을 기반으로 한 가상 교사(캐릭터)가 교육과정의 목표 및 구조와 교육 내용(지식)에 대한 참조(빅 데이터)를 바탕으로 개별 학습자의 학습 스타일과 진도를 파악하면서(적응형 모델), 이를 바탕으로 학습을 안내해가는 시스템을 말한다.

그림 13.1 지능형 적응적 학습 환경(AILE)의 기본 모형

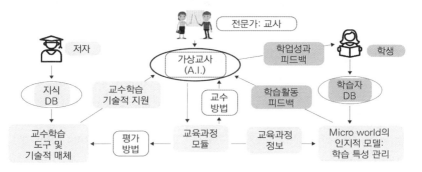

출처: 박휴용, 2021, p. 356.

이 AILE 모형과 관련하여 두 가지 핵심적 연구들이 수행되고 있는데, 하나는 적응적 교육용 하이퍼미디어(AEH: Adaptive Educational Hypermedia)이고 다른 하나는 지능형 튜터 시스템(ITS: Intelligent Tutoring Systems)이다(Herder, Sosnovsky, & Dimitrova, 2017, pp. 109-114). 우선 2000년 들어 등장한 적응적 교육용 하이퍼미디어(AEH)는 e-learning 환경에서 다양한 학습자들의 특성에 따라 교육콘텐츠와 학습 경로를 최적화하여 학습과정에서의 혼선이나 인지적 부하를 줄여줌으로써 학습효율성을 극대화시키려는 적응형 시스템을 의미한다(Somyürek, 2015. p. 222). 이 시스템의 구축을 위한 주요 구인으로써는 기기 적응성(device adaptation), 소셜 웹(social web), 기계 학습(machine learning) 기술, 데이터 마이닝, 학습모듈 구조(modular frameworks: 예, LMS/LCMC), 시맨틱 웹(semantic web), 그리고 메타 데이터 처리를 위한 표준화 과정(standardization)의

구축이 필요하다. 이 시스템의 가장 큰 특징은 '적응형'이라는 명칭에 나타나듯이 학습자의 특성과 학습전개 과정을 최대한 반영하면서, 네트워크나 데이터베이스 상의 다양한 자료와 정보들을 빅 데이터의 차원에서 융통성있게 활용하려는 시스템이라는 것이다.

③ 인공지능 튜터(AI tutor)를 활용한 학습

인공지능 기반 가상튜터는 학생들이 학습 과정에서 발생하는 질문에 대해 즉각적으로 답변을 제공하며, 개인화된 학습 경로를 제공하는 등 학생들의 학습을 돕는다. 학생들에게 실시간 피드백과 지원을 제공할 수 있고, 학생의 진행 상황을 모니터링하고 그들의 강점과 약점에 따라 교수방법을 조정할 수 있다.

지능형 적응 학습을 위한 환경적 요소로 학습자들의 학습이 이루어지는 가상적 공간으로서의 미시세계(micro worlds)의 설계가 필요한데, 이러한 환경적 요소는 앞서 언급한 지능형 튜터 시스템(ITS: Intelligent Tutoring Systems)에도 필수적이다. 1980년대부터 개발되기 시작한 지능형 튜터 시스템은 컴퓨터공학(AI), 심리학(인지/지능), 교육공학(교수학습)의 세 분야의 연구결과들을 종합한 것으로, 다음 그림과 같은 일반적으로 지식전문가-학생모형-튜터링-사용자환

그림 13.2 지능형 튜터 시스템(ITS)의 초기 모형(좌)와 발전된 모형(우)

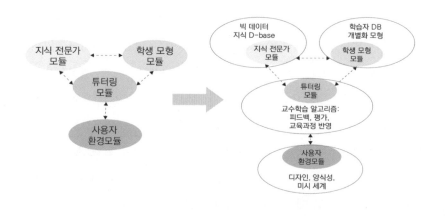

경 모듈이라는 구조(architecture)를 기반으로 출발하였다(Nwana, 1990). 이러한 구조가 최근 빅데이터와 인공지능의 발달에 따라 다음 그림과 같은 확장된 모델로 발전하였다.

위와 같은 확장된 모형에서 최근 주목할만한 점은 사용자 환경 모듈이 단순히 디자인이나 사용편의성 등의 사용자 인터페이스(user interface)를 개선하는 것에서 메타버스(metaverse) 같은 가상 환경이나 현실 세계와 별개로 존재하는 미시 세계(micro world) 환경 속에서의 학습자의 활동에 주목하기 시작하고 있다는 것이다. 예를 들어, 구성주의에 기반을 둔 미시세계 설계는 학생들의 각각의 활동이 그것과 관련된 지식의 핵심이 자연스럽게 만나도록 환경을 조성하는 것이다(Noss & Hoyles, 2017).

2 메타버스의 등장과 미래 학교의 변화

1) 메타버스 환경의 잠재력

인터넷의 등장과 디지털화로 대표되는 이러한 통신 환경의 기술적 변화는 단순히 인간의 소통 수단(매체)이 급격하게 변화하고 있다는 것을 의미하는 것이 아니라, 인간의 활동의 장이 생태적 환경에서 가상적 환경으로 확대되고 있음을 의미한다(Feldstein et al., 2020). 그리고 이렇게 인간의 소통 수단이 디지털화, 네트워크화, 가상화(사이버화)되는 것은 인간의 경험과 학습의 방식이나 내용 자체도 근본적으로 변하고 있음을 인식할 필요가 있다. 그런 의미에서 본 장에서는 기존의 '현실(real) 대 가상(virtual)'의 대립적 개념이 더 이상 적절하지 않음을 지적하고자 한다. 기존의 '가상'이란 용어는 "거의 현실과 유사한(almost real)"이라는 의미로 사용되어 왔는데, 이는 가상은 '현실을 모사할 뿐, 현실과 다르거나 현실의 수준에 미치지 못한다'는 함의(connotation)를 갖고 있었다. 하지만 오늘날 인류가 경험하는 '가상' 현실과 과학기술적 연구가 지향하는 '가상' 세계는 단순히 현실을 모사하거나 복제하는 데 그치지 않고, 현실을 넘어서서 확장하거나 새로운 세계를 창조한다는 개념(예: 증강현실, 확장현실 등)의 차원에서 쓰이고 있다 (Kardong—Edgren et al., 2019).

메타버스의 등장과 그 속에서의 인간 경험의 변화를 설명하는 포스트현상학의 관점과 기존의 현실—가상 이원론에 기반한 현상학적 관점의 차이는 다음 [그림 13.3]을 통해 정리할 수 있다.

그림 13.3 아날로그에서 디지털(포스트-현상학) 세계로의 전환

이처럼 세상의 디지털화로 촉발된 메타버스의 확장 속에서 인간은 생태적(아날로그적) 환경과는 상당히 다른 수준의 감각적, 인지적, 정서적 경험을 수행하고 있고, 그 속에서 타인과 소통하거나 세상을 학습하고 있다. 최근 등장하고 있는 확장현실(ER: Extended Reality), 증강현실(AR: Augmented Reality), 메타버스(meta—verse), 대체불가토큰(NFT: Non—Fungible Token) 등의 용어들을 바로 다양한 디지털 및 미디어 도구들에 의해 인간의 경험(소통과 학습)이 변화하고 있다는 것을 잘 보여주고 있는 것이다.

2) 메타버스 속에서의 인간의 학습

기존의 아날로그적 학습이 디지털 학습으로 변하게 된다면 이는 인간이 '지식'을 습득하는 매체의 양식성(modality: 문자, 도식, 그림, 소리, 영상 등)만 달라지는 것이 아니라, 지식의 내용이나 성격 자체도 변화를 유발하게 된다. 예를 들어, 수학 공식이나 과학적 원리를 문자적 기호나 개념적 설명을 통해 학습하는 것과 그 공식이나 원리를 실현해주는 물리적 사물들의 작동을 다양한 감각적 통로(시각, 청각, 촉각, 미각 등)나 재현 양식(emode of representation)을 통해 학습하는 것은 본질적으로 다를 수밖에 없다. 본고에서 논의하는 가상학습의 개념 범주를 기존의 교육공학 분야에서 다루었던 학습의 유형과 비교하면 다음 [그림 13.4]와 같은 도식으로 설명될 수 있다.

그림 13.4 가상학습의 지형도

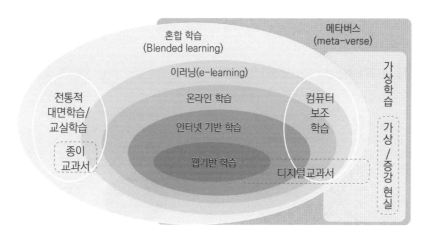

위 그림에 제시된 것처럼, 가상학습은 기존의 오프라인(offline) – 온라인(online)의 대비적 개념의 차원이 아니라, "전통적인 교실 환경에서의 대면적 학습을 넘어서 컴퓨터나 인터넷과 같은 정보 매체의 환경 속에서 학습자의 학습 경

험이 현실 세계의 물리적 공간을 넘어서는 메타버스(meta-verse) 속에서 이루어지는 학습"의 차원에서 정의될 수 있을 것이다. 여기서 메타버스는 그것을 지칭하는 여러 가지 개념들 중 '상위 세계'란 의미로 이해될 수 있으며(Sparkes, 2021), 가상학습의 핵심은 단순히 현실을 '대체'하는 것이 아니라 현실을 초월하고(transcend) 증강(augmented)하는 학습의 양상을 모두 포함하게 된다.

3) 메타-학습을 위한 교수디자인

메타버스는 위와 같은 기술적 매체를 활용한 학습의 외부화를 가능케 함으로써, 학습자의 인지 속에서 일어나는 학습과정을 명시화하고 구체화하며, 재현가능성을 높여주는 데 결정적인 역할을 하고 있다. 메타버스의 이러한 특성이 바로 인간학습의 메타-학습적 성격을 보여주는데, 그 대표적 예가 바로 최근 교육공학에서 활발히 논의되고 있는 다음 [그림 13.5]와 같은 메타-학습을 위한 교수학습 설계(instructional design)의 모형이다.

그림 13.5 메타-학습을 위한 교수디자인 구조

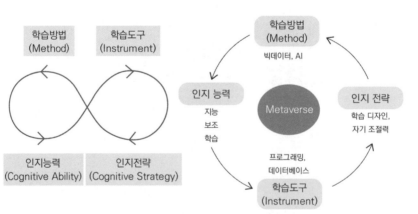

출처: Li & Xiong, 2022, pp. 350-352.

위 [그림 13.5]는 메타버스를 활용한 교수설계 디자인의 네 가지 요소(학습 방법, 학습도구, 인지능력, 인지전략)와 그 요소들이 메타버스라는 기술적 공간에서 어떤 방식으로 구현될 수 있는지를 보여주고 있다. 즉, 학습자는 자신의 인지 능력을 기반으로 학습방법이나 학습 도구를 적절히 활용한 인지 전략을 수립하여 학습을 수행해나가야 하는데(왼쪽 그림), 메타버스라는 가상적 공간은 학습자가 자신의 인지 능력을 기반으로(지능형 보조 학습: intelligent assisted learning), 컴퓨터 프로그래밍이나 데이터베이스를 활용하거나(학습도구), 빅데이터나 인공지능 알고리즘을 활용하여(학습방법) 학습과정을 디자인하고 자기조절력을 바탕으로(인지전략) 학습을 수행해나가는 데 유용한 도구가 된다는 것을 보여주고 있다. 실제로 메타버스를 구현하는 여러 방식들인 시뮬레이션, 증강현실, 가상세계 등을 기반으로 한 문제해결학습(problem-solving learning)의 실천적 사례들은 위와 같은 원리를 기반으로 설계된 것이다(Kemp & Livingstone, 2006; MacCallum & Parsons, 2019).

요컨대, 인간의 학습이 반드시 인간의 이성적, 능동적, 직접적 작용에 의해서만 이루어지는 것이 아니라, 다양한 환경, 도구, 전략적 수단에 의존하여 간접적으로 이루어지는 과정으로 이해할 필요가 있다. 이러한 메타적 학습 전략은 미래 기술적 환경에 맞는 보다 효율적/고차원적 학습이 될 수 있다.

3 빅데이터 시대에서의 교육

빅데이터 사회는 거의 모든 개인과 집단(시장)이 감당할 수 있는 수준의 적은 비용(비트당 전송비용의 감소)으로 광대역 인터넷을 활용할 수 있게 되는 정보 보편주의의 등장을 기반으로 시작되었다. 아울러 지금의 스마트폰과 같은 개별 통신 수단의 발전과 보급으로 정보화 사회는 더욱 확장될 수 있었는데, 그 단계적 변화가 갖는 사회적 의미는 다음 [표 13.1]과 같다.

통신기술의 발달에 따른 데이터 교류 환경의 변화

구분	특징	사회적 변화
개인컴퓨터 (1970-80년)	-멀티미디어 디지털 통신 확산의 기초 -정보나 매체를 생성하고 타인과 소통을 위해 컴퓨터 사용	디지털 사회
인터넷 (1990년 초)	-통신사업의 규제 완화 및 WWW으로 웹통신의 시대 -정보검색 시스템의 등장(Web 1.0)	네트워크 사회
휴대폰 (2000년 초)	-WWW: 세계적 정보 보관소 및 매체 콘텐츠공유의 장 -P2P 파일 공유 프로그램들의 확산(저작권 문제 대두) -소셜 네트워킹을 통한 개별 콘텐츠 선호(SNS 시대)	이동통신 사회
스마트폰 (2010년초)	-합법적 콘텐츠 공유의 장(Apple itunes/Google store) -직관적 사용성(user interface)을 지닌 멀티미디어 통신기기 (iPhone) 출현 -효율적인 대규모 콘텐츠 공유 플랫폼 등장(Web 2.0)	스마트 사회
클라우드 컴퓨팅 (2020년 초)	-대규모 저장장치, 저전력 프로세서의 개발 -대량의 매체와 정보를 경제적, 효율적(정보 지연성과 처리율의 신속성)으로 처리하는 클라우드 시대(Web 3.0) -서포트 벡터 머신(svm)이나 신경망 등에 기초한 기계학습과 같 은 인지 기술의 발전을 촉진	플랫폼 사회
만물인터넷 (2030년~)	-단일화된 새로운 통신 패러다임의 등장(Web 4.0) -만물인터넷/완전 자율주행차의 일상화 -멀티태스킹, 비간섭성, 즉시성, 지속성, 비주목성(공공장소에서도 개별적인 메시지 교환이 이루어짐)	초연결 사회

위 [표 13.1]에 정리된 것처럼, 통신기술의 발달에 따라 인류가 지식과 정보를 다루는 방식은 한 단계씩 진화해왔다. 그 핵심적 패러다임의 변화가 바로 디지털 사회(컴퓨터), 네트워크 사회(인터넷), 이동통신의 사회(휴대폰), 스마트 사회(스마트폰), 플랫폼 사회(클라우드), 그리고 초연결 사회(만물인터넷)의 등장인 것이다.

이러한 정보통신 기술의 발전은 지식 생태계와 교수학습의 방향에도 큰 변화를 요구하고 있다. 예를 들어, 지식을 획득하기 위해서는 데이터의 수집(Capture), 이용 가능한 데이터 전체에 기초한 계산(Compute), 그 결과로 얻은 통찰의 통신(Communicate)을 수행할 수 있는 능력이 요구된다. 그런데, 이 세 가지 C(수집, 계산, 통신)는 정보의 비용 감소와 직접적으로 관련을 맺으며, 미래 사회의 정보 인프라를 다음과 같이 바꿀 것이다.

첫째, 데이터와 정보의 무료화이다. 데이터가 도처에 존재하며 필수품화 됨에 따라 데이터 집합들이나 데이터 사이의 관계를 구하기 위한 비용은 제로에 접근할 것이다.

둘째, 빅데이터의 소형화이다. 빅데이터 현상에 대한 과장은 실질적 지식과 가치를 제공하는 스몰 데이터의 응용으로 전환된 것이다. 현실적으로 데이터의 대부분은 기존 데이터의 복제본이나 실질적 내용이 없고 통찰에도 기여하지 않는다. 스몰데이터는 데이터 집합 크기에 가치를 두지 않고, 유용한 정보를 추출하고 최소한의 데이터 집합으로부터 의사결정을 내릴 수 있는 능력에서 가치를 찾는다. 그 목표는 적절한 분량의 데이터를 측정하고 저장하는 것이다.

셋째, 지능의 증강이다. 새로운 증강 지능 도구들이 정보를 탐색하고 세상과 상호작용하는 방식을 변경할 것이며, 지식 획득을 위한 인지(cognition)의 강화를 낳게 된다. 강화된 인지는 새로운 증강지능 도구를 적용하는 설비들을 통해 지원된다. 그 결과 인류와 자연환경 합의 현상과 프로세스에 대한 새로운 이해와 제어가 가능해지며, 세상의 상호작용 방식을 완전히 바꾸게 된다(Manyika, 2011).

그렇다면, 위와 같은 빅데이터 시대에 학교교육은 어떻게 변하게 될 것인가? 미래 학습의 성격을 보여주는 일례로 뉴미디어 활용 학습이 있다. 뉴미디어 활용 학습은 기본적으로 교실이라는 물리적 공간의 한계를 넘어서서 비대면 학습, 온라인 플랫폼, 가상공간, 지역사회 밀착형 등과 같은 탈공간적 학습을 의미한다.

그림 13.6 뉴미디어를 활용한 학습의 확장적 생태계

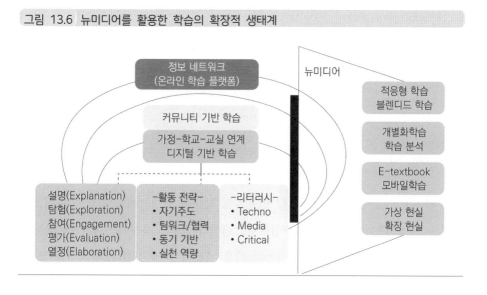

위 [그림 13.6]은 뉴미디어 활용 학습이 단순히 SNS나 모바일 폰을 활용하는 것만을 의미하는 것이 아니라, 기존의 학습환경에 그대로 적용되어 학습의 범주와 매개를 온라인 환경으로 확장할 수 있음을 강조하는 것이다. 문제는 미디어 자체가 아니라, 새로운 기술적 환경과 매체의 변화에 맞게 그러한 매체(뉴미디어)들을 어떻게 새로운 세대의 특성에 맞게 활용할 것인가의 과제를 안고있다는 것이다.

따라서 미디어 리터러시 교육이 미래 교육의 핵심적인 형태 중의 하나가 될 것이다. 디지털이 일상화가 된 요즘 리터러시에 대한 용어도 디지털 리터러시, 정보 리터러시, 테크노 리터러시, 미디어 리터러시 등의 용어의 차원에서 많이 쓰이고 있다. 여기서 미디어 리터러시는 미디어 사용 능력을 높이기 위해 디지털 기기나 콘텐츠를 잘 활용하는 것을 가리키는 용어로 쓰이다가, 최근 인공지능의 일상화로 인해 다음 [표 13.2]와 같이 그 의미가 컴퓨터 및 인공지능 활용능력으로 확장되어 쓰이고 있다(Valtonen, et al., 2019).

표 13.2 인공지능 시대에 필요한 미디어 사용능력 7가지 기술

기술	특징
추적(Tracking)	가상 세계, 물리적 세계에서의 사람 추적
추천과 최적화(Recommenders and optimization)	관심 대상, 콘텐츠 유사성, 비슷한 관심사 데이터 예측 및 제공
역동적 콘텐츠 생성 (Dynamic content generation)	팔로워 생성, 사용자 관심사에 맞는 가짜뉴스 제작
딥러닝(Deep learning)	텍스트 번역, 음성 및 물체 인식 등
강화학습(Reinforcement learning)	대화 유지, 자동차 운전 등에서의 행동을 컴퓨터 스스로 학습
사용자 유도 공학(Attention engineering)	사용자가 서비스에 소비하는 시간을 극대화하기 위한 콘텐츠 조정
콘텐츠 선별 및 안내(Content filtering/curation)	사용자가 클릭할 가능성이 높은 콘텐츠 큐레이션

위 [표 13.2]에 나타난 것처럼 인공지능 시대에 학생들에게 필요한 리터러시 능력은 인공지능이 탑재된 미디어(프로그램이나 툴)를 자신의 학습이나 활동의 목표에 맞게 효과적으로 잘 활용하는 능력을 가리키게 된 것이다. 물론 이러한 미

디어 리터러시는 단순하게 기술적 미디어(인공지능)를 잘 사용하기만 하는 것이 아니라, 다음 그림과 같이 다양한 측면에서 비판적으로 활용할 수 있는 능력을 의미한다.

그림 13.7 비판적 미디어 리터러시의 적용

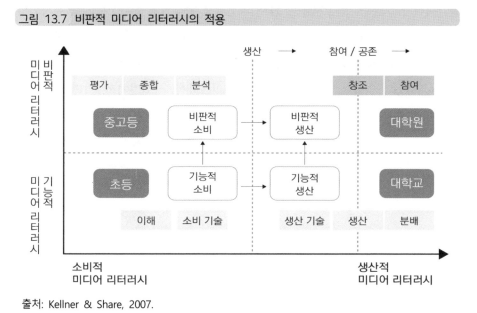

출처: Kellner & Share, 2007.

미디어 리터러시도 '기능적'과 '비판적'이라는 세로 축과 '소비적'과 '생산적'이라는 가로축에 따라 네 가지로 나눌 수 있는데, 단순히 지식이나 정보를 이해하고 소비하는 차원에서 점차 비판적 시각으로 미디어 리터러시를 활용하여 공동체에 참여하고 자신의 역량을 만들어나가는 방향으로 발전할 필요가 있다는 것이다. 따라서 교육도 처음에는 기능적이고 소비적인 리터러시를 배우기 시작하지만, 점점 비판적이고 생산적 리터러시를 함양하는 데 목표를 두어야 한다는 의미이다.

정리하자면, 최근 생성형 AI로 대표되는 인공지능 기술의 급격한 발달로 점점 현실화되어가고 있다. 요컨대, 미래의 학습은 점차 인공지능 및 빅데이터 등의 도움을 받아 개인맞춤형(personalized), 집단소통형, 시공간 초월형, 학습-놀이 통합형의 특성을 갖춘 개별화된 통합 교육시스템(Personalized Integrated Educational System: Watson, Watson, & Reigeluth, 2015)에 기반하여 이루어지게 될 것이다.

위와 같은 맥락에서 미래학자들은 미래 사회에서 인간과 인공지능의 협력은 불가피하다고 본다. 인공지능은 점차 발전되고 확장되어 갈 것이고, 인류사회의 한 구성원으로서 인간과 공존하게 될 것이다. 그러므로, 어떤 방식이나 목적으로든 인간과 인공지능의 협력관계는 피할 수 없으므로, 그러한 시대에 인간의 역할과 인공지능의 역할이 무엇인지에 대한 윤리철학적, 사회정치적, 그리고 교육적 고민과 대응이 이루어져야 할 것이다.

참고문헌

박휴용(2021). **4차산업혁명과 인공지능시대의 포스트휴먼 학습론.** 전북대 출판문화원.

Crisp, R. J., & Turner, R. N. (2020). *Essential social psychology.* SAGE Publications.

Feldstein, S. (2019). *The global expansion of AI surveillance* (Vol. 17). Washington, DC: Carnegie Endowment for International Peace.

Ghavifekr, S., & Rosdy, W. A. W. (2015). Teaching and learning with technology: Effectiveness of ICT integration in schools. *International journal of research in education and science, 1*(2), 175－191.

Griffiths, M. D., & de Freitas, S. (2007). Online gaming and synthetic worlds as a medium for classroom learning. *Education and Health, 25*(4), 74－76.

Herder, E., Sosnovsky, S., & Dimitrova, V. (2017). Adaptive intelligent learning environments. Technology enhanced learning: Research themes, 109－114.

Hodgetts, D., Stolte, O., Sonn, C., Drew, N., Carr, S., & Nikora, L. W. (2020). *Social psychology and everyday life.* Red Globe Press.

Kardong－Edgren, S. S., Farra, S. L., Alinier, G., & Young, H. M. (2019). A call to unify definitions of virtual reality. Clinical simulation in nursing, 31, 28－34.

Kellner, D., & Share, J. (2007). Critical Media Literacy, Democracy, and. Media literacy: A reader, 1.

Kemp, J., & Livingstone, D. (2006, August). Putting a Second Life "metaverse" skin on learning management systems. In *Proceedings of the Second Life education workshop at the Second Life community convention* (Vol. 20). CA, San Francisco: The University of Paisley.

Kye, B., Han, N., Kim, E., Park, Y., & Jo, S. (2021). Educational applications of metaverse: possibilities and limitations. *Journal of Educational Evaluation for*

Health Professions, 18.

Li, Y., & Xiong, D. (2022, February). The Metaverse Phenomenon in the Teaching of Digital Media Art Major. In *2021 Conference on Art and Design: Inheritance and Innovation (ADII 2021)* (pp. 348−353). Atlantis Press.

MacCallum, K., & Parsons, D. (2019, September). Teacher perspectives on mobile augmented reality: The potential of metaverse for learning. In *World Conference on Mobile and Contextual Learning* (pp. 21−28).

Manyika, J., Chui, M., Brown, B., Bughin, J., Dobbs, R., Roxburgh, C., & Hung Byers, A. (2011). Big data: The next frontier for innovation, competition, and productivity. McKinsey Global Institute.

Noss, R., & Hoyles, C. (2017). Constructionism and microworlds. Technology enhanced learning: Research themes, 29−35.

Nwana, H. S. (1990). Intelligent tutoring systems: an overview. Artificial Intelligence Review, 4(4), 251−277.

Somyürek, S. (2015). The new trends in adaptive educational hypermedia systems. The international review of research in open and distributed learning, 16(1)m 221−241.

Valtonen, T., Tedre, M., Mäkitalo, K., & Vartiainen, H. (2019). Media Literacy Education in the Age of Machine Learning. Journal of Media Literacy Education, 11(2), 20−36.

색인

공저자 약력

정제영(이화여자대학교 교육학과 교수, 미래교육연구소장)
서울대학교 교육학박사
전) 이화여자대학교 기획처장, 호크마교양대학장
jychung@ewha.ac.kr

계보경(한국교육학술정보원 연구위원, AI디지털교과서기획부장)
이화여자대학교 교육공학박사
전) Univeristy of Michigan HICE 연구소 초빙연구원
kye@keris.or.kr

김갑수(서울교육대학교 교수)
서울대학교 계산통계학과 박사
서울교육대학교 s/w영재교육원장, 인공지능교육연구센타장
kskim@snue.ac.kr

박보람(강원대학교 윤리교육과 교수, 교육연수원장)
한국교원대학교 교육학박사
boraming@kangwon.ac.kr

박휴용(전북대학교 교육학과 교수, 전북대 교육문제연구소장)
미국 Univ. of Wisconsin-Madison Curriculum & Instruction PhD
현) SSK 'AI기반 교수학습 설계' 연구책임자
phy1@jbnu.ac.kr

전우천(서울교육대학교 컴퓨터교육과 교수)

미국 오클라호마주립대 공학박사

전) 서울교육대학교 전자계산소장

wocjun@snue.ac.kr

정영식(전주교육대학교 컴퓨터교육과 교수, 기획처장)

한국교원대학교 컴퓨터교육학 박사

전) 한국교육개발원 연구위원

nurunso@jnue.kr

조헌국(단국대학교 과학교육과/교육대학원 AI융합교육전공 주임교수)

서울대학교 과학교육과 교육학박사

hjho80@dankook.ac.kr

최숙영(우석대학교 정보보안학과 교수)

Nova Southeastern University, Instructional Technology and Distance Education Ed.D.

sychoi@woosuk.ac.kr

하민수(서울대학교 생물교육과 교수)

The Ohio State University, Science Education PhD

전) 강원대학교 과학교육학부 교수

msha101@snu.ac.kr

디지털 교육의 이해

초판발행	2024년 2월 29일
초판4쇄발행	2024년 11월 1일

지은이	정제영·계보경·김갑수·박보람·박휴용·전우천·정영식·조헌국·최숙영·하민수
펴낸이	노 현
편 집	배근하
표지디자인	권아린
제 작	고철민·김원표
펴낸곳	㈜ 피와이메이트
	서울특별시 금천구 가산디지털2로 53 한라시그마밸리 210호(가산동)
	등록 2014. 2. 12. 제2018-000080호
전 화	02)733-6771
f a x	02)736-4818
e-mail	pys@pybook.co.kr
homepage	www.pybook.co.kr
ISBN	979-11-6519-995-1 93370

정 가   20,000원

박영스토리는 박영사와 함께하는 브랜드입니다.